首都文化与科技商务旅游融合发展研究

李建盛　陈　镭　王林生◎著

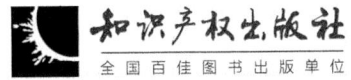
知识产权出版社
全国百佳图书出版单位

图书在版编目(CIP)数据

首都文化与科技商务旅游融合发展研究 / 李建盛,陈镭,王林生著. —北京:
知识产权出版社,2018.11

ISBN 978 - 7 - 5130 - 5922 - 0

Ⅰ. ①首…　Ⅱ. ①李…②陈…③王…　Ⅲ. ①城市发展战略—研究—北京
Ⅳ. ①F299.271

中国版本图书馆 CIP 数据核字(2018)第 238786 号

责任编辑:赵　军　　　　　　　　责任校对:潘凤越
封面设计:邓媛媛　　　　　　　　责任印制:刘译文

首都文化与科技商务旅游融合发展研究

李建盛　陈　镭　王林生◎著

出版发行:知识产权出版社有限责任公司	网　　址:http://www.ipph.cn
社　　址:北京市海淀区气象路50号院	邮　　编:100081
发行电话:010 - 82000860 转 8101/8102	发行传真:010 - 82000893/82005070/82000270
责编电话:010 - 82000860 转 8127	责编邮箱:zhaojun@ cnipr.com
印　　刷:北京九州迅驰传媒文化有限公司	经　　销:各大网上书店、新华书店及相关专业书店
开　　本:720mm×1000mm　1/16	印　　张:17.25
版　　次:2018 年 11 月第 1 版	印　　次:2018 年 11 月第 1 次印刷
字　　数:282 千字	定　　价:68.00 元

ISBN　978 - 7 -5130 - 5922 -0

目　录

第一章　国际国内视野中的北京文化
科技商务旅游融合发展

　　融合发展既是近几十年来兴起的理论问题，更是当代社会经济和文化科技发展中的实践性问题。自从 20 世纪 80 年代以来，全球产业结构呈现出一种重要的转变，即从工业型经济向服务型经济、从物质性生产向非物质性生产的转变。在这个转变中，融合发展在产业转型中发挥着极为重要的作用。"融合正以长期发展的方式进行着一个全球化和地方化过程，并改变着包含人类活动的经济、社会——文化和政治结构。"[1]澳大利亚学者哈特利（John Hartley）等人认为，"很多与融合有关的发展都是全球化的，当民族国家政府和政策制定者试图在地方和国家层面上进行控制的时候，融合给他们带来了严峻而急迫的挑战"[2]。本书的研究表明，这种挑战是全方位的。既然融合发展是一个全球化和地方化的过程，那么，融合发展也就既是一个全球化的问题，同时也是一个地方化的问题。在这个全球化的语境中，中国当代的发展既是一个不断现代化的过程，同时在某种意义上也是一个全球化的问题，毫无疑问也是一个地方化的问题，现代化、全球化和地方化的问题并存。因此，对于首都北京的文化与科技、商务和旅游的融合发展问题的研究，就必须具有一种国际融合发展的理论和实践视野，也必须具有一种融合发展的中国视野，必须在这个视野中紧密结合北京文化与相关领域融合发展的实际来聚焦北京文化与科技商务旅游融合发展的问题，这是本章的基本思路，其实也是本书的基本思路。

一、国际理论与实践中的融合发展

　　关于融合发展的问题，无论其理论产生的背景，还是理论研究的方法，抑或是融合发展的模式都源自西方对文化发展、技术创新以及向相关领域产生

---

[1] Zizi A. Papacharissi, A Private Sphere: Democracy in a Digital Age, Polity 2010.

[2] John Hartley, Jason Potts, Stuart Cunningham, Terry Flew, Michael Keane, John Banks, Key Concepts in Creative Industries, SAGE, 2013, p.36.

的扩张、延伸和拓展，尤其在科技创新和技术运用影响和作用下的相关产业和领域的融合，相互之间的延伸、拓展和跨界加快了产业和领域间的相互作用，产生了某种程度、某种维度和某些层面上的融合。从理论上看，国外学术界对融合发展问题的研究可以从产业融合理论、创意产业理论、城市规划理论和区域创新理论四种模式来分析。产业融合理论发端于产业经济学，它所关注的是不同产业间的相互渗透，更多地偏重于对技术、产品、市场和企业组织形式的考察。这种理论大多以数字信息技术为基础，侧重于网络、电信、广播电视、传媒、消费类电子产品的融合发展方面的研究。创意产业理论把技术融合和技术产品的问题纳入文化生产和消费的更大范畴中进行分析和考察，可以说，创意产业概念是产业边界模糊的结果，涵盖的范围比较广泛，它不仅包含影视传媒、娱乐演艺、出版印刷等传统文化产业，而且包括建筑、设计、时装、广告等行业。可以说，城市规划理论和区域创新理论包括城市发展定位、城市发展目标、城市生产和城市生活等方面，其中文化生活、科技发展、商务活动等方面成为重要内容，而城市复兴的规划则充分考虑到城市历史文化发掘与利用的问题，同时也涉及文化旅游的问题。

事实上，产业融合理论、创意产业理论、城市规划理论和区域创新理论这四种理论模式都显示，融合发展是复杂的社会现象、经济现象和文化现象，实际上都包含着人类社会活动和城市发展的方方面面，文化、科技、商务、旅游当然也是其中具有的重要因素。文化与科技、商务、旅游一体化的融合发展不仅仅表现在技术、市场、文化产品和服务、人才培养、企业组织形式等方面，而且以更宏观、更复杂的形式体现在城市规划、区域发展和国家战略等更高层面。综合国外理论界关于融合发展的研究来看，可以归纳出四种重要的基本路径，即技术革命、企业一体化、政策扶持、全球化，这是四个层次不同且具有递进关系的基本路径。技术革命是社会发展的一种重要动力，它不仅促进人类生产方式、生活方式的转变，而且带来人们思维方式的转变，技术在文化创新发展、在推动经济发展和增强人类的交流交往等方面所具有的重大作用是不言而喻的，在不同领域的交互作用和跨界融合中，尤其在当代信息技术条件下具有极为重要的作用。而在全球化语境中，文化、科技、经济等相关因素都处于全球性的流动之中。正如斯克莱尔写的："全球化研究实际上围绕两种现象展开，在过去的几十年里，这两种现象日益重要。第一种现象是一种全球经济的兴起，其基础是生产、财务和消费的新体制，其驱力是全球化的跨国公司。……第二种现象是全球文化理念，其焦点是具体的跨国公司的全球规模。这些公司占有并控制大众传媒，尤其是其中的电视频道和跨国广告公司，这样的全球化常常和某种消费模式联系在一起。……并非所有研究全球化的人都完全接受全球经济和全球文化存在的现象，但是大多数人都同意，无论你如何界定全球化，但正是由于全球化，重大的经济、政治与文化——意识形态变化都正在全世界发生。"❶ 从这里可以看出，在全球化中，文化、技术、资本、生产、传播、消费常常是在跨领域、跨产业、跨行业之间交互、渗透和融合，在相互渗透、相互融合中发挥着创造性的作用。

在融合发展的实践维度上，国外不少重要城市做出重要的示范，并为我们提供了值得借鉴的经验。例如纽约既是深刻地影响世界金融、政治、教育发展的城市，同时也是世界性的时尚、旅游和文化城市。在融合发展上，它首先非常注重文化与商务、旅游的融合，是世界著名的"商务旅游之都"，是世界金融、商务中心，总部经济和生产性服务业最发达的世界城市，在20世纪八九十年代的"再城市化"过程中，纽约市政府对曼哈顿地区进行了有针对性的重建，曼哈顿中央商务区不仅发挥了金融商务功能，而且强化了文化旅游和会展业的功能。而技术与产业的融合创新发展则有力地升级改造了文化传媒产业，1995年提出"数字纽约，联网世界"的口号便是数字和信息技术推动融合发展和全球化的有力证明。与加州北部的计算机制造业基地"硅谷"不同，这是一个新媒体和互联网企业的创意产业园区，体现了区域创新体系的城市融合发展战略。在城市文化空间规划上，纽约采取分散建立文化创意集聚区的策略，在很大程度上避免了区域经济发展不平衡带来的问题。20世纪50年代以来，纽约先后在格林尼治村、苏豪（SOHO）、翠贝卡、威廉斯堡、邓波等地建立艺术区，为城市发展提供了新的文化活力。相关的措施还有很多，如政府投资支持草根文化团体、小型企业和城市公共文化创意活动的发展以及相关公共设施的建设，都促进了城市不同领域之间、不同区域之间和不同产业之间的融合发展。

伦敦作为英国的首都已经发展成为英国文化创意产业中心，是世界创意之都。创意产业自2001年以来的年均产值超过210亿英镑，是仅次于金融的第二大支柱产业，2012奥运年更是达到300亿英镑的峰值。创意产业的艺术基础设施占英国的40%，伦敦拥有英国80%的电影行业、74%的证券交易和基金管理

---

❶ 转引自吉姆·麦奎根：《重新思考文化政策》，何道宽译，中国人民大学出版社，2010，第169-170页。

行业、46%的广告业从业人员。这些成就在某种程度上取决于大伦敦政府发展计划。1997年，布莱尔政府成立了英国文化、媒体、体育部（DCMS），管理艺术、博物馆、图书馆、历史遗迹、体育、博彩、旅游、广播、电影等多个领域，而贯穿这些产业门类的东西就是"创意"，它在大文化理念和思路下包含多行业、多领域的文化发展战略，跨行业、跨领域融合发展的特征非常明显。在这个发展过程中，政府的政策规划发挥了极为明显的作用，从本书的主题来看，大伦敦政府的规划设计是伦敦实现文化与科技、商务、旅游一体化融合发展的关键因素，并且产生了世界瞩目的效果，即在全球化的时代建设具有世界影响力的文化中心、创意中心和科技之都。伦敦还充分利用举办2012年奥运会的契机，把金融、商务与文化旅游结合起来，特别值得注意的是，伦敦政府在强化城市中心区功能的同时，积极扶持伦敦东区的发展，形成合力共同推动相关的商贸、金融、保险、广告等现代服务业和创意产业。"伦敦将历史感、前沿创意以及生机勃勃的流行文化熔于一炉。作为当今世界上最为世界性的、有包容力的首都之一，伦敦吸引了真正多样化的人民——从极端的激进主义者到商业领域，从知识分子到时尚人士。"❶在这种"熔于一炉"中，文化与科技、商务、旅游融合发展在众多国际大都市的转型发展或城市复兴中起到了关键性作用。从本书的研究和分析中可以看到，不仅纽约和伦敦，而且巴黎、柏林、东京、新加坡等大都市的发展也同样根据它们自身的基础条件和城市定位提出了各具特色的融合创新的城市发展战略和措施，并取得了重大成效。

从城市战略与具体途径来看，融合创新的城市可持续发展要求深刻地影响着城市领导者和规划设计者，一种符合城市发展历史、城市发展目标要求的城市规划将对整个城市的硬实力和软实力，城市的社会经济与文化生活产生重大的影响。从城市发展的总体战略上看，本书所探讨和分析的伦敦等六大城市在某些方面具有相同的特征，主要体现在这样几个方面：其一，在全球视野和世界城市体系中谋划城市的战略发展，高度重视面向世界的经济、文化和科技活动。可以看到，英国伦敦的"文化大都市""世界科技之都"计划、法国巴黎以城市基础设施建设为依托的"大巴黎计划"、德国柏林的博物馆岛修复计划、新加坡的"城市复兴计划""全球艺术城市"计划等，都是综合性的系统城市工程，都系统综合考虑城市发展、经济建设和文化建构的各领域因素，全方位增

---

❶ 罗伯特·保罗·欧文斯等：《世界城市文化报告2012》，黄昌勇等译，同济大学出版社，2013，第75页。

强城市要素的聚合和辐射，以城市综合竞争力提升世界影响力。其二，纽约、伦敦等六大城市都改变了以往单一地对城市文化功能的认知，它们不仅高度重视城市文化的软实力，而且善于把城市软实力转化为城市发展的硬实力，把文化作为一种推动社会经济发展的基础性要素融入城市整体发展之中。伦敦等城市的发展规划把过去各自独立的城市建设规划、地方经济规划、文化规划相结合，例如《东京愿景 2020》的水系建设规划便把市政建设、景观塑造、文化旅游、环境保护、江户时代历史文脉传承等多种工程融为一体。"随着世界各地日益关注城市的可持续增长和伴随增长而来的经济问题、社会问题和环境问题，文化在城市语境中的地位已经得到更加明确的认可。艺术对于城市经济生活的重要性和艺术城市的再造的促进作用早在几十年前就得到了承认。最近，人们的兴趣扩展到了更加广泛的问题，如城市文化结构、社区价值观和从环境敏感性与文化敏感性角度对城市的前景的再思考。"❶其三，"创意城市""创意产业"本身就是一种融合创新的发展，文化、技术、金融、创意、设计等成为创意产业和创意城市的动力要素。在伦敦等重要国外城市的发展战略中，创意产业得到空前重视并获得政策上的延续性。最后，纽约、伦敦等六城市的发展战略普遍突出了数字产业的优先地位。从 20 世纪 80 年代末开始，纽约便在下城等区域建设"硅巷"（Silicon Alley），实施"数字纽约，联网世界"计划。又如伦敦以数字产业为主的东部科技城计划、"世界科技之都"计划均以数字产业为重点。而柏林的"传媒斯普雷""柏林新媒体园"等城市开发项目均是以发展数字内容产业为主要内容，文化生产与科技创新的融合在这里发挥着巨大的作用，"如果不注重对文化生产的根源，即创意过程本身的研究，任何关于经济与文化之间的关系的认识都将是不完整的。如果艺术和文化方面的创意活动促使了经济价值和文化价值的产生，那么可以预测，经济因素和文化因素都会影响创意形成和表现的方式。"❷

20 世纪许多国家和地区出现的跨越式发展加速了全球化的进程，"这个概念意指全球的压缩，整个世界逐渐被看作'一个地方'，在数量和速度都激增的货币、商品、人口、信息、技术及符号之激流中，民族国家也越来越难以退

---

❶ 戴维·思罗斯比：《经济学与文化》，王志标等译，中国人民大学出版社，2011，第 135 页。

❷ 戴维·思罗斯比：《经济学与文化》，王志标等译，中国人民大学出版社，2011，第 102 页。

出或难以避免被拖入一个渐渐紧密的实体的结果。"❶在这个全球化的进程中，信息、技术、商品、文化等都处于相互流动中，并且相互发生作用。全球化语境中的城市融合发展问题是一个复杂的问题，需要立足自身的城市发展战略定位和目标，对融合创新发展进行深入的理论研究，站在城市可持续发展的战略高度进行城市规划和城市设计，紧密结合城市本身的多种动力因素制定融合创新发展的战略措施和发展路径。

二、国内理论与实践中的融合发展

自从 20 世纪 80 年代以来，"全球化"这个概念不仅越来越成为人们谈论世界政治、经济、技术和文化等方面的时髦词语，而且成为人们思考和审视当今世界政治、经济、科技和文化的一个重要的视角，它体现了人类开始站在"世界的""全球的"角度思考全球性和地方性的各种问题。可以说，"全球化"远不只是一个简单的术语，一种命名式的概括，更重要的是，它已经成为一个必须正视和研究的问题。"作为一个概念，全球化既指世界的压缩，又指认为世界是一个整体的意识的增强。"❷随着现代科学技术的进步，尤其是信息技术的迅猛发展，世界越来越变成了一个"地球村"。全球化、国际性的理论和实践视野是现代化和全球化进程中的中国发展所需要的。在近些年中，国外的融合理论和融合创新实践为中国学者所重视，并用以阐释中国的融合创新发展的实践需要，并力图把这些国外的理论和经验运用于中国当代的融合创新发展。

国内学术界关于融合发展问题的理论首先来自西方产业融合理论，研究的重点也主要集中在产业间的融合问题。对于这个问题，与西方学者的谈论一样，产业融合的问题主要基于新的技术革命，即以信息技术为重要动力的第三次新技术革命，而这种新的技术革命又是推动全球化的重要力量。

关于产业融合的研究的文章还算不少，大致主要集中在这样几个方面：一是关于产业融合的概念，对于这个概念或者沿用国外学者特别是美国学者和日本学者的理解，或者在此基础上有所扩展和延伸，把产业融合看作为适应产业增长而发生的产业之间边界的收缩或消失的现象，是同一产业不同行业内或者

---

❶ 迈克·费瑟斯通：《消解文化——全球化、后现代主义与认同》，杨渝东译，北京大学出版社，2009，第113页。

❷ 罗兰·罗伯森：《全球化：社会理论与全球文化》，梁光严译，上海人民出版社，2000，第11页。

产业间通过相互交叉、相互渗透、跨界发展而融合一体的发展过程，从而产生新的产业、创造新的产品，推动经济的增长。例如周振华认为，产业融合是在电信、广播电视和出版这三个产业融合基础上的更大范围的拓展化，产业融合的拓展化过程实际上是信息资源、信息技术和信息运行平台在产业经济中转化为主导资源、核心技术和基础平台的过程，产业融合"只是在与信息有关的产业部门及产业关联环节中有可能进一步拓展，而不是可以无限制地拓展到所有领域及物质产品方面"❶。在这里，与西方学者一样，中国学者尤其关注新的科学技术革命，特别是技术创新，而被称为第三次技术革命的信息技术更是成为关注的重点。毫无疑问，信息技术所带来的变化不但是全新的，而且是全方位的，在很大程度上既改变我们的生产生活方式，也在某种重要的意义上重塑我们的思想观念以及对世界的认知。"20 世纪 90 年代末，对互联网所蕴含的经济及传播功效的欣喜的看法，助燃了关于'融合'问题的大量思索。"❷赫斯蒙德夫认为，互联网是文化生产和消费中一个极其重要且有意思的进步，并对文化形态的融合、公司产权的融合和传统系统的融合进行了分析。

二是对产业融合的主要方式进行分析。中国对这方面的研究同样具有共同性，就是都高度重视高新技术的渗透与融合，尤其是信息技术在这种融合中的作用。"技术创新开发出替代性或关联性的技术、工艺和产品，然后通过渗透扩散融合到其他产业之中，改变原有产业产品或服务的技术路线，因而改变了原有产业的生产成本函数，为产业融合提供了动力；同时，技术创新改变了市场的需求特征，给原有产业的产品带来了新的市场需求，从而为产业融合提供了市场空间。重大技术创新在不同产业之间的扩散导致了技术融合，技术融合使不同产业形成了共同的技术基础，并使不同产业间的边界趋于模糊，最终促使产业融合现象产生。"❸产业间的融合也是关注的重点，所谓产业间的融合是指通过产业之间的延伸、跨界和功能的互补以创造和生产出多功能的产品。目前讨论得比较多的是产业内部的重组融合。在融合发展的趋势中，也许值得注意的是出现了跨领域之间的渗透和融合，科技与文化、文化与旅游、科技与金融等之间的双向或者多向渗透与融合。

三是对产业融合动机的分析，对动机的分析有对内因、外因的分析，有对

❶　周振华：《信息化与产业融合》，上海人民出版社，2003，第 109 页。

❷　大卫·赫斯蒙德夫：《文化产业》，张菲娜译，中国人民大学出版社，2007，第 263 页。

❸　陈柳钦：《产业融合的发展动因、演进方式及其效应》，《郑州航空工业管理学院学报》2007 年第 4 期。

产业结构调整需要的分析，有对产业升级需要的分析等。最后是或多或少结合国内产业融合发展的需要，提出了相关的对策和建议。总体来说，我们的研究大多数是在借用和改用西方的理论，借鉴西方实践经验和案例，也存在融合发展的较为成熟成功的案例，学者们也针对中国的产业融合的现状提出了其中存在的问题。例如厉无畏提出了认识上和机制上存在的重要问题。"虽然我国也出现了产业融合发展的现象，但与一些发达国家相比还有较大的差距。一方面是认识不足，没有认识到不同产业间相互融合发展的重要意义，因此在不同产业间就会产生一定的排斥力，而政府也因认识不足而未采取必要措施去促进产业的融合发展。另一方面是受我国传统管理体制的制约，不同行业的企业可能分属不同部门管辖，商委、经委、科委等都有各自管辖的企业，有各自的利益；在这种管理体制下的企业又受到经营乏味的严格限制，从而使产业的融合发展变得难以协调。"❶ 因此，中国当前的产业融合由于多方面的原因，仍然处于初步的发展阶段，特别是跨领域间的发展，无论在理论上还是在实践上都仍然处于探索阶段。

国内对于文化、科技、商务、旅游一体化融合研究比较少，而对于相互之间的融合发展比如文化与科技、文化与旅游等方面的研究还比较多。跨领域的融合发展在国内也做出了一些有益的探索。

2015 年 7 月，国务院发布《关于积极推进"互联网 +"行动的指导意见》（以下简称《意见》），提出"互联网 +"是把互联网的创新成果与经济社会各领域深度融合，推动技术进步、效率提升和组织变革，提升实体经济创新力和生产力，形成更广泛的以互联网为基础设施和创新要素的经济社会发展新形态。力求在全球新一轮科技革命和产业变革中，加快推进"互联网 +"发展，有力重塑创新体系、激发创新活力、培育新兴业态和创新公共服务模式，打造大众创业、万众创新和增加公共产品、公共服务"双引擎"，主动适应和引领经济发展新常态。《意见》出台后，全国各省市相继出台相关实施意见。这将有力推进新常态下领域之间、产业之间和行业之间的多种形态、多种结构、多种形式的融合发展态势。如 2016 年 1 月北京市人民政府发布了《关于积极推进"互联网 +"行动的实施意见》，提出"互联网 +"将成为首都经济社会发展的重要驱动力量，同时提出了包括四大部分 15 个领域的发展重点。其中第

---

❶ 厉无畏：《产业融合与产业创新》，《上海管理科学》2002 年第 4 期。

一个重点领域就是要使产业转型升级取得显著成效，金融、商务、制造、文化、能源、环保、旅游等领域互联网应用不断深化，新兴业态加速发展，跨界融合型企业大量涌现，信息化和工业化融合发展水平、电子商务交易规模继续保持全国领先，智能化生产、数字化管理和网络化服务水平大幅提升。上海2016年2月出台的《上海市推进"互联网＋"行动实施意见》，提出抓住建设具有全球影响力科技创新中心和培育"四新"经济的契机，以创新、开放和包容的"互联网＋"思维改革创新，打造"互联网＋"产业融合新模式和"大众创业、万众创新"的宽松生态环境，实现经济提质增效和转型升级，形成对长三角乃至全国的产业辐射带动能力，确立形成上海"互联网＋"发展新优势，实施21项"互联网＋"专项行动，其中包括互联网＋研发设计、互联网＋协同制造、互联网＋金融、互联网＋电子商务、互联网＋商贸、互联网＋文化娱乐、互联网＋新业态和新模式、互联网＋旅游等。这实际上已经超越了简单的融合概念，简单的产业融合范畴，在新技术条件下的融合发展远不止限制在产业之间和行业之间，而是在全球性的新一轮科技革命和产业变革中扩大到不同领域，延伸到社会经济文化各领域，互相促进和融合创新推动产业变革和经济社会文化发展。

三、聚焦首都文化科技商务旅游融合发展

在经济全球化和技术信息化背景下，现代城市日益成为资源、市场、资本等各种要素配置和流动的中心，全球各地区之间的经济、文化和政治交流也日趋增强，如何整合各种有效市场资源、构建完善发达的城市发展体系，是摆在现代城市发展面前的重要问题。北京作为中国的首都和全国的政治中心、文化中心、国际交往中心和科技创新中心，许多资源，尤其是文化和科技教育资源在全国城市格局中始终具有优势地位，专业化和中心功能的集聚程度很高。但是，由于市场的开放程度和金融、资本的发达程度还有待进一步提高，城市要素的合理流动和融合发展还需要进一步提升，城市整体规划与布局以及充分发挥优势资源形成规模效益等层面都亟须北京做出有益的尝试。北京文化创意产业已成为仅次于金融业的第二大支柱产业，今后北京市的发展需要进一步积极依托第三产业和高新技术中心的现有优势，扩大产业规模和市场面向，加强不同行业和不同领域之间的融通和交流合作，并利用文化、经济、金融、科技、

旅游方面的有利资源，寻求有效整合资源，加快融合创新发展速度，促进产业转型升级的途径。

首都文化与科技商务旅游一体化融合发展应立足历史和现实，强调资源的优化合理配置，为促进首都文化发展，实现文化与科技、商务、旅游等产业的融合，全面推动首都经济、社会、文化、科技等的提升发展具有十分重要的作用。北京在文化资源、科技资源、商务资源和旅游资源上都有着极大的优势地位，如何整合这些力量，更好地发挥区域优势和资源特色，有效提升首都的经济社会效益和影响力，是一个重要的理论和实践课题。从文化与经济的关系角度看，它们之间的关系变得越来越密切，甚至有人认为："'全球'经济与文化的决定因素在重塑这个世界，其重塑的方式在超越民族国家的政治甚至政治本身。"❶当前首都经济服务业的主导格局总体上已经确立，首都的经济发展方式发生了深刻的变化，文化产业和文化创意产业开始成为北京市国民经济增长和经济结构调整的重要支柱，文化生产、文化消费推动着首都经济的发展，文化发展、文化创新开始成为首都科学发展的强大动力和强大引擎。从文化与社会的关系角度看，首都社会转型不断加速，社会结构和形态正发生着深刻变化，社会利益诉求更加趋于多元性和多样化，人民群众的物质文化和精神文化需求快速增长，文化在首都社会生活中发挥着日益明显而重要的作用，已经成为促进首都社会和谐的重要动力。北京作为中国的科技、教育中心，不仅有着丰富的科技教育文化，而且拥有强大的创新人才优势和文化创新优势，并且发挥着文化人才培养、文化创新和文化发展的支撑性作用。深化文化体制改革，推动首都文化大发展大繁荣，发挥首都全国文化中心示范作用，需要积极寻求首都科技创新和文化创新的结合点、融合点、增长点和生长点，形成科技创新和文化创新双轮驱动、深度融合发展的格局。尤其需要加强科技创新和文化创新的融合发展，在不断提高文化产品的文化内涵和文化品质的同时，进一步提高文化产品的科技含量和科技水平，整体提升首都文化的发展水平和创新能力；有效发挥科技创新与高新技术在文化设计、文化创意、文化产品生产中的作用，推动文化业态的创新发展；发挥首都高新技术优势，创新历史文化名城的保护措施，探索科学有效的保护途径，有效整合首都文化资源，把首都历史文化资源转化为首都城市文化建设发展的文化资本；积极推进首都三网融合的建设发

---

❶ 吉姆·麦奎根：《重新思考文化政策》，何道宽译，中国人民大学出版社，2010，第10页。

展，运用首都高新技术，特别是北京作为中国网都的网络技术、网络人才优势和网络文化优势，构建首都文化传播体系，增强文化传播的辐射力、影响力和竞争力。随着信息化、数字化进程的加快，文化与科技融合发展的程度日益加深，以文化创新、科技创新实现"双轮驱动"型增长，逐渐成为社会经济文化发展新的趋势和动向。北京大力推动文化与科技的融合发展，不仅是顺应时代发展潮流、参与城市高端竞争的需要，也是城市文化发展中进一步调整产业结构、加快产业升级、优化产业布局的必然选择，也是推动文化与科学及相关领域深度融合的重要途径。

近年来，随着北京市产业结构的优化，产业布局日益集聚化、高端化，越来越多的跨国公司和大型企业的总部设在北京，不同产业之间融合的趋势日渐增强。从精准把握城市功能定位、资源禀赋、经济发展水平和现阶段调整转型的角度出发，探索适应城市发展的专业化、集约化、规模化增长道路势在必行。北京在文化创意产业、科技和信息内容产业方面具有强大的竞争力，商务、旅游资源丰富，文化与科技商务旅游一体化融合发展能更好地带动不同产业的平衡发展，加快产业转型升级，以融合带动整体竞争力提升。2016 年 1 月，北京市人民政府提出要使"互联网 +"成为首都经济社会发展的重要驱动力量，力争到 2018 年，互联网与经济社会各领域的融合发展水平显著提升，初步形成经济提质增效、网络泛在安全、应用丰富普及、发展集约高效为主要特征的发展格局，努力打造全国互联网新技术、新服务、新模式和新业态的重要策源地。在融合创新方面，《意见》提出，要充分发挥首都互联网人才、技术和产业优势，加速推进互联网技术应用向经济社会等领域渗透，以深度融合促进创新发展，释放各类市场要素的创新动能，推动新兴产业发展，积极转变传统产业发展方式，创新城市管理和服务模式，形成经济社会发展新动力。其中"互联网 +"金融、"互联网 +"商务、"互联网 +"文化、"互联网 +"旅游、"互联网 +"创新创业等便与本书的研究有着密切的联系。

在整个社会经济活动中，文化生产往往与其他领域和行业有极高的融合度，文化与现代技术的结合、文化与商品贸易的结合、文化与旅游活动的结合都实现了双赢，文化与科技商务旅游的一体化融合发展将有力推动北京社会经济文化的发展。文化是一体化融合发展的关键性的、基础性的资源，也是融合的核心要素，科技是融合发展的必要促进手段，商务为一体化融合发展提供贸易环境，而旅游则依托与文化、科技与商务的融合促进了产业升级并开拓了一种新的营销模式。在首都文化的发展战略中，科技、商务、旅游都是文化发展的重要推动性力量，以文化和科技、旅游相结合推动文化创意产业和文化创意旅游的发展，以文化和商务联合推动商务区文化建设、提升商务区文化氛围，文化作为生产资源的巨大潜力得到彰显。首都文化与科技商务旅游一体化融合，从整合资源、发挥优势出发，以融合促深度发展，最大限度地发挥集约效应，增强文化、科技、商务、旅游的产业实力和竞争力，提高整体效益，推动首都产业和经济结构的转型升级。

在今天的城市发展中，文化与科技、文化与商务、文化与旅游等有着特别密切的联系和关系，既关系到城市文化的发展，也关系到城市经济发展方式的转变。推动文化与科技、商务、旅游资源一体化融合发展，是探索新形势下我国文化体制改革的重要内容。党的十八届三中全会指出，全面深化改革，推进国家治理体系和治理能力的现代化，激发全民族的文化创造力是进一步深化文化体制改革的中心环节。北京作为国家首都和全国文化中心城市，大力推动文化与科技、旅游、商务等资源的融合发展，不仅是顺应时代发展潮流和产业发展趋势，也是城市文化发展中进一步调整产业结构、加快产业升级、优化产业布局的必然选择。推动文化创新，促进文化与相关的诸要素的融合发展，充分释放城市文化活力，需要在改革过程中充分注重各要素、各部门间的整体性、协同性，这就决定了北京推动文化与科技、商务、旅游资源一体化融合发展，是一项既关乎顶层设计又关系发展实践的系统性工程。从总体来说，近年来北京在推进文化体制机制加强文化与科技、商务、旅游等资源一体化融合发展过程中，在政策优化、产业发展、环境净化等方面，取得一系列进展。

本书在深入系统地考察国内外关于文化、科技、商务和旅游融合发展的理论和实践基础上，更加全面深入地研究首都北京的文化、科技、商务和旅游发展的实际，并针对北京已有的各领域的资源优势和当前存在的问题提出有关对策建议。第二章从历史发展的维度分析国外文化与科技商务旅游一体化融合发展的背景、从理论上探讨国外文化与科技商务旅游一体化融合发展，从模式上分析国外文化与科技商务旅游一体化融合发展、从路径上考察国外文化与科技商务旅游一体化融合发展，从而从总体上把握西方国家融合发展战略提出的背景，西方理论界研究融合发展的方法，概括性地提炼出融合发展三大模式和四种主导因素。第三章选取伦敦、巴黎、柏林、纽约、东京、新加坡六大都市的发展作为典型案例进行研究，分析这些城市在从农业经济时代到工业经济时代，从工业时代到服务经济时代，从服务经济时代到创意经济时代的转变过程中，如何依据自身优势条件和面对的重大发展问题探索和实践城市的融合发展之路，这些城市的融合发展对北京的融合发展提供了值得借鉴的经验。第四章主要探讨国外重要城市文化与科技商务旅游融合发展的总体趋势、城市政策规划视角下的国外重要城市融合发展模式，并分析国外重要城市文化与科技商务旅游融合发展的现存问题，尤其是根据发展总体趋势和发展模式对融合发展与垄断问题、融合发展与知识产权保护、融合发展与城市战略定位、融合发展与区域发展不平衡和融合发展园区的不稳定性五个问题进行了剖析。

首都北京的文化、科技、商务和旅游融合发展问题是本研究的重点。文化在本书的研究中具有基础性的作用，文化与其他领域关系极为密切，而且文化在城市的发展中发挥着多方面的功能，诚如有学者指出的："文化对于城市生活至少存在四种互不排斥的作用。第一，特殊的文化设施本身就包含了影响城市经济的重要文化象征或文化魅力：比萨斜塔或者格拉纳达的阿罕布拉宫就是这方面的例子。第二，像在匹兹堡或都柏林已经发生的那样，'文化区'往往会成为一种区域发展模式。第三，文化产业，特别是表演艺术产业，可能构成城市经济的重要组成部分，不仅仅在伦敦或纽约这样的主要中心区城市是这样，即使在范围较小的乡镇和小城市也是如此。第四，文化可能利用城市及其居民所特有的文化特征和文化习俗，通过培育社区认同、创造力、凝聚力和活力对城市发展产生更加广泛的影响。"❶因此，文化以某种全方位的方式作用城市的各个领域和影响着人们的生产和生活，它不仅仅提升技术产品的内涵，丰富商务活动和旅游活动的内涵，而且对城市的整体发展提供重要的支撑。第五章分别考察首都文化、科技、商务和旅游所制定的相关政策法规，探讨各自在促进一体化融合发展中所发挥的重要作用。研究表明，北京的文化科技融合取得了重要进展，但作为全国文化中心和科技创新中心，发展潜力是巨大的，而当前北京的商务和旅游提升融合发展的驱动力显得更弱一些。主要问题在于，首都文化与科技、商务、旅游一体化融合发展的整体意识和全局观念还不强；政府的角色定位不够明确，管理职能和决策制定有待完善；文化、科技、商务、旅游各为政的发展模式并未被彻底打破，多元格局尚未形成，目前的融合式发展仍然缺乏有效的动力机制和长远的发展规划；首都文化与科技在一体化融合发

---

❶ 戴维·思罗斯比：《经济学与文化》，王志标等译，中国人民大学出版社，2011，第135页。

展中的作用和内涵有待深化；首都商务和旅游在一体化融合发展中的作用不明显；首都文化与科技、商务、旅游一体化融合发展的区域性合作政策比较缺乏。

本书第六章至第八章分析从文化与科技、文化科技商务、文化科技商务旅游的领域叠加融合的角度研究和分析首都北京的文化科技商务旅游融合发展的资源优势。第六章重点研究首都文化科技融合发展的支撑资源和文化科技资源融合发展的行业类型及规模，分析首都文化科技资源融合发展当前存在的问题，并推动如何进一步推动文化科技资源融合发展的对策建议。在文化与科技融合发展上，需要进一步打破体制束缚，加强部门的统筹与协调；加强技术创新，构筑文化科技成果应用体系；打造"文化航母"，提升企业对资源的整合力；加强知识产权保护，优化资源融合创新发展的内外环境；培育复合型人才，为文化科技资源的融合创新发展提供智力支持。第七章重点研究首都文化与商务融合发展的支撑资源、首都文化商务资源融合发展的行业类型及规模，分析首都文化商务资源融合发展存在的问题，并根据这些问题提出首都文化商务资源融合发展的路径与措施。研究认为当前存在的主要问题是，文化商务融合发展的体制机制改革仍显滞后；文化市场培育不完善，市场配置资源的能力没有充分发挥；文化"走出去"的步伐较慢，国际化水平不高；财政和金融的支撑体系尚不完善。为更好更快地促进文化商务资源的融合，需要积极探讨首都文化商务资源融合发展的路径与措施，深化体制机制改革，积极探索新形势下的管理模式；完善市场体系，构建融合服务平台；增加国际文化商务交往，加快开放步伐；完善金融财政支撑，营造良好的外部环境。第八章重点考察首都文化旅游融合发展的支撑资源和首都文化旅游资源融合发展相关行业的发展规模，分析首都文化旅游资源融合发展中当前所存在的问题，并提出相关对策建议。本章分析表明，目前主要存在文化与旅游融合度不深、产业链拓展与延伸性不强和高端文化旅游发展不足的重要问题，推动首都文化旅游发展需要进一步强化文化创意在推动文化旅游融合发展中的作用，不断延伸与拓展产业链在文化旅游产业发展的推动作用，积极培育高端文化旅游市场影响力。

成功的典型案例既是已有融合发展的实践，也为进一步推动相关领域的融合发展提供重要的借鉴经验。第九章至第十一章选取首都北京具有典型性的融合发展案例进行剖析，探测其路径，分析其成功经验。第九章分析首都文化科技融合发展中的具有代表性的案例，通过中关村文化与科技融合的国际化提升发展研究、水晶石文化科技融合发展研究，分析首都文化与科技融合中的自主创新、视觉创意、转型发展和数字科技，并根据目前各自存在的优势和问题的分析有针对性提出相关的对策建议。第十章从总部经济发展的角度研究北京中央商务区文化与商务的融合发展，从艺术品交易的层面阐述798艺术品园区艺术与商务的融合发展，同时分析其中存在的一些问题和进一步提升发展路径。北京有着极为悠久的历史文化资源和多样性的现代文化资源，同时北京也是国际性的旅游城市，文化旅游在当前城市发展和经济发展中具有举足轻重的地位，有力推动文化的发展传播和经济的增长，而文化与旅游的融合不仅提升旅游的品质，而且不断地把作为产业的旅游提升到文化旅游的层面，从而在融合发展中为文化经济的提升增长提供重要的贡献。第十一章以南锣鼓巷文化与旅游融合发展、三里屯文化旅游融合发展为例，分析文化与旅游融合发展中的休闲文化、时尚文化和民俗文化。

最后，在文化与相关领域日益交叉、渗透和融合的今天，文化与相关领域的相互渗透和融合也不断地向深度和广度延伸。北京作为全国的政治中心、文化中心、国家交往中心和科技创新中心，有着得天独厚的优势和丰富多样的资源，进一步从深度和广度上推动文化与相关领域的融合发展，既有非常好的基础，也有很好的发展前景。最后一章的重点是从总体上概述文化与科技、商务、旅游的融合发展现状、对存在的问题进行考察，并结合国际国外重要城市的融合发展给北京的启示，针对首都文化与科技、商务、旅游的融合发展提出具有针对性的建议。例如国外重要城市的融合发展经验给我们的重要启示有：深刻把握城市发展战略定位，明确城市发展目标；准确把握自身条件，明确融合发展的重点；加强北京城市融合发展的协调，深化融合发展格局；完善协调管理，形成融合发展协同机制；积极发展文化与相关领域融合发展的旗舰企业；积极推动创意集群从"自发自治"到"引导扶持"。国内重要城市的融合发展也同样为北京的发展提供了可资借鉴的经验，如不断提升园区集聚水平，加强融合型企业认定评估；积极扶植龙头企业，打造融合发展的战略支撑点；加强共性技术攻关，鼓励融合型人才培养；重视新兴产业领域，找到适合北京的新增长点；加快文化科技融合型产业"走出去"步伐。

对于首都北京的文化与科技、商务、旅游的融合发展，本章根据前面各章的研究提出如下主要建议：首先，树立全局观念，继续发挥好政府的综合统筹作用，在政府、市场与企业的多重关系中规范并完善一体化融合发展格局，重视市场需求，尊重市场在资源要素配置上的能力；集中精力重点打造产业基地和产业园区（功能区），为企业提供孵化与成长的平台，提升产业整体实力和集聚效益；进一步解放和发展生产力需要有体制改革的强力支撑；政府相关部门建立联席会议制度，成立融合发展工作办公室，健全一体化融合促进工作的长效机制。其次，继续加强政府的主导作用，稳步推进一体化融合发展，重视政府层面政策制定的理论先导性；进一步加强政策研究和制定，完善一体化融合发展政策体系；为规范和完善首都文化与科技、商务、旅游一体化发展格局，政府相关管理部门应制定长期有效的发展规划。建立融合发展的专项资金，加强财政金融支持，完善投融资体系；以公共文化服务带动首都文化、科技、商务、旅游一体化融合发展。再次，充分发掘文化、科技、商务、旅游在一体化中的贡献，突破各种资源要素的行业界限，加强一体化融合的优势整合。首都文化与科技、商务、旅游一体化融合发展是对首都文化、科技、商务、旅游等资源要素的综合运用，通过发挥各自优势和融合效益使整体水平得到提升；首都文化、科技、商务、旅游一体化融合发展中一个很重要的方面就是达成文化、科技、商务、旅游等资源要素的有机整合，凸显首都的整体实力和综合竞争力；充分重视北京得天独厚的人才优势，北京市拥有多所国内外顶尖的高等院校、科研院所和实验室，在全国人才市场中居于前列，北京市政府还利用多项优惠政策积极引进海内外顶尖人才，他们为北京城市的发展和繁荣做出了巨大的贡献。又次，进一步巩固文化与科技融合的现有成果，深化商务与旅游的融合贡献率，加快首都文化与科技、商务、旅游一体化创新融合的进程。进一步提升企业的原创研发能力，加大科技成果的转化力度，提高产品和服务的文化品质和文化内涵，推进完成从政府扶持向市场主导转变；积极引导市场竞争，优化资源配置。充分发挥市场的调节机制，文化与各种资源的融合发展主要以一种产业的形式出现，在产业化的过程中，既需要政府宏观政策的大力引导，也应尊重企业主体在市场化中的作用，通过市场竞争、市场选择进行资源的优化配置，充分发挥市场的调节机制；完善文化金融配套服务体系。最后，从政策层面加强区域协作与对外开放，打造一体化融合发展的良好外围环境。抓住机遇乘势而上，构建京津冀一体化融合发展格局；加快对外开放步伐，营造国际化发展格局，在全球化的世界交流与合作中，加强不同区域之间的协作，巩固优势、取长补短，以良好的国际品牌和形象彰显中国特色和北京特色，积极推动首都文化与科技、商务、旅游一体化跨界发展、纵深发展和融合发展。

第二章　国外文化与科技商务旅游融合发展的理论与模式

　　国外文化与科技、商务、旅游一体化融合发展的战略研究包括三部分，分别是国外理论界研究方法、国外重要城市融合发展实践成果、国外重要城市经验模式总结及其对北京城市发展的启示。本章分析西方国家融合发展战略提出的背景，梳理西方理论界的主要研究方法以及呈现出的一体化融合发展三大模式和四种主导因素。一体化融合发展直接影响了传媒、影视、演艺、出版等文化产业领域，也会对工业、制造业等传统产业领域产生影响。在重视工业设计和宣传营销的今天，传统制造业如家用电器、食品医药、生活类化工用品、家具产品的生产设计，甚至农、林、渔、畜也被赋予文化色彩；而几乎所有产业领域的现代企业，其生产流通过程（包括资本运作、原料采购、生产管理、市场营销等环节）都要依赖新的信息传播系统，这些一定程度上都反映了文化与科技、商务、旅游一体化融合发展的结果。由于工农业、制造业的核心竞争力并不在于文化文本，本部分侧重于研究与数字信息技术等新兴科技相结合、与商务旅游相融合的文化产业，也部分涉及与文化关系密切、但属于第一、二产业范畴的内容。

一、文化与科技商务旅游融合发展的背景分析

　　文化科技融合是一体化融合发展战略的核心要素，是本书讨论的重要问题。文化科技融合极大地提高了文化的表现力和传播力，利用新兴科技无处不在的触角影响到社会生产的各个部门，形成了一批新的文化产业形态，推动科技企业、商业、旅游业和其他传统产业的改造升级，并在宏观层面上促成城市的转型发展。

　　文化和科技之间的对立、融合问题由来已久。第一次工业革命以后，现代科学显示了强大的改变人类生活方式和社会面貌的力量，科技是第一生产力的

思想深入人心，然而，两次世界大战造成的灾难和资本主义工业文明带来的各种社会问题、环境问题又促使西方的哲学家、科学家反思对科学的滥用、工具理性和人的异化，希望科技进步的同时实现文化繁荣。英国科学家、人文学者斯诺（Charles Percy Snow）说："存在两种不能交流或不交流的文化是件危险的事情。在这样一个科学能决定我们生死命运的时代，从最实际的角度来看也是危险的。科学家能出坏主意，决策者却不能分辩好坏。另外，处于一个分裂的文化中的科学家所提供的知识可能只属于他们自己。"❶1956年，斯诺在《两种文化》中呼吁恢复科学与人文科学之间的联系，提出了著名的"斯诺命题"。文化科技融合的问题被观察家、研究者和各产业部门的从业者广泛重视并重新提出是在20世纪后期第三次科技革命浪潮出现、融合成为一种经济趋势之后。文化科技融合发展战略的提出可以从技术、产业形式和政策规划三方面的变革来考察。

第三次科技革命的主要成果包括电子计算机、数字技术、信息技术、生物技术、纳米技术、新能源等，对人们的生活方式、产业形态影响最大的是数字与信息技术。如果说以蒸汽机为代表的第一次科技革命和以电力、电话广泛应用为代表的第二次科技革命推动了传统制造业、工业的发展，第三次科技革命则跨越多个产业部门，是名副其实、全方位的产业革命，带来的巨大影响已经不能用"工业革命"来涵盖。数字技术（Digital Technology）与电子计算机相伴而生，是指利用特定设备（芯片）把图像、文字、声音等主要的人类文化表达转变为可存储、读取的二进制码（数字0、1之间的排列组合），包括编码、压缩、解码的过程。信息技术（Information Technology，IT）是用于管理和处理信息的各种技术的总称，当代信息技术主要包括传感、通信和计算机技术，数字化是信息技术革命的结果。

当代数字技术、信息技术进一步推动了技术与文化间的融合，数字信息技术看似简单，却带来复杂深刻的影响——20世纪70年代以后，数字信息技术从军事、科研领域走向民间，网络和个人数字产品逐渐普及，人们普遍注意到了"融合"现象的出现。格林汉姆等学者从创意产业角度把融合分为"技术融合""产业融合"和"政策融合"三个维度，"要管理这些正在迅速变革的产

---

❶ C.P. 斯诺：《两种文化》，纪树立译，生活·读书·新知三联书店，1994，第95页。

业，常常需要跨众多部门的政策融合"❶。另外一种更为宏观的划分来自英国传播学教授格雷厄姆·默多克（Graham Murdock），他认为"融合"至少有三部分含义❷：首先是文化形态的融合。声音、文字、图像形成了音乐、绘画、文学、戏剧等各种独立的文化艺术门类，现在它们都可以转码为数字信息存在于同一文本中，这使人们的文化生活方式发生了很大变化。其次是媒介融合。文化传播的载体原本有广播、电视、电话、报刊、书籍等不同形式，尽管电影、电视已经成功地把一些传播方式兼容在一起，但是大规模的联合、融合还是存在障碍，在数字技术应用之前，电话不能兼容图像，报纸不能出现声音。数字和信息技术则完美融合了以往的各种传播方式，"多媒体""跨媒体""新媒体""自媒体""全媒体"等概念纷纷出现。最后是企业产权的融合。随着数字和信息技术的广泛应用，全世界掀起新一轮的收购、并购热潮。消费类电子公司、影视娱乐公司、媒体、电信企业之间的融合十分频繁，索尼收购 CBS 唱片公司和哥伦比亚电影公司，时代华纳和美国在线合并；传统制造业、服务业企业也介入文化产业的收购并购，法国的自来水集团威望迪开展了强大的电信业务，收购欧洲最大的付费有线电视台 Canal+（法国四台）和美国好莱坞的环球影视公司，还拥有若干大型主题公园。

　　技术革命和文化消费、传播方式的变化，引起了新的产业革命，其最重要的结果之一就是跨领域的创意产业兴起。创意（Creative）并非当代专有名词，十八九世纪的人们通过工业技术创新来带动创意，为 1889 年巴黎世博会建造的埃菲尔铁塔，其形制、材料较之古典建筑无疑是创意之作。而第三次科技革命兴起以后，由于数字和信息技术本身即意味着文化保存、传播方式的革命，新一轮创意活动表现为科技文化的深度融合，最终形成种种具备高附加值的新产业——传统的出版、影视、动漫内部产生了数字出版、数字影视、数字动漫，而设计服务、广告会展、工艺美术品制作、艺术品交易也都进入数字化阶段，新媒体（网络、数字化的报刊和广播、手机短信等）、手机游戏、文化类软件则是前所未有的新行业。具有公共服务属性的博物馆、美术馆、图书馆、影剧院广泛应用各种声、光、电的多媒体技术，大大提高了展示和表现文化的能

---

❶ John Hartley, Jason Potts, Stuart Cunningham, Terry Flew, Michael Keane, John Banks, Key Concepts in Creative Industries, Sage Publications, 2013, p.36.

❷ Graham Murdock, Digital Futures: European Television in the Age of Convergence, Television Across Europe: A Comparative Introduction, Sage Publications, 2000, p.36.

力，为大众制造出丰富的文化体验。

这些变革最终影响到世界许多城市的政策规划。西方发达国家的重要城市结束了第二次世界大战后的高速发展，在 20 世纪 70 年代普遍迎来经济衰退，制造业的利润、市场份额大幅度下滑，技术革命和经济形势的变化促使这些城市调整自己的产业结构和发展方向。文化与科技融合发展，特别是发展"创意产业"被越来越多的城市作为一项重要战略。创意产业成为发达国家重要城市的支柱性产业，在经济增长中发挥关键作用，而"创意城市"（Creative City）成为许多城市转型的目标。伦敦 2004 年把维护和增强"世界卓越的文化和创意中心"作为城市发展目标，规划了若干创意产业集聚区，并成立战略发展机构"创意伦敦"；伦敦发展局于 2003 年公布《伦敦创新战略与行动计划（2003—2006）》，目标是建设"世界领先的知识经济"。大巴黎地区 2006 年颁布创新基金政策，构建了覆盖高校、企业、民间团体的科技文化创新体系，2007 年推出了以其城市文化资本打造世界之都的"大巴黎计划"。柏林利用其价格低廉的房屋及地租，从 2000 年开始发展高科技文化园区，利用"二战"和冷战时期遗留的众多历史文化遗存、工业遗产发展创意产业集聚区。东京围绕区域内丰富的水系进行文化、商务、旅游的综合开发，恢复江户时期"水之都"的文化风貌。新加坡克服了城市面积小、劳动力不足和历史文化资源较少的不利条件，把城市的文化复兴作为其转型发展的基本手段，发展了以传媒、软件、设计为代表的外向型创意经济，连续推出三期"城市复兴计划"，收到了很好的效果。这一轮西方重要城市转型发展的标志性事件是联合国教科文组织从 2004年开始，在全世界范围内建立"创意城市网络"，以文学之都、电影之都、音乐之都、设计之都等称谓命名了一批创新型城市。推动文化与科技、商务、旅游跨领域的融合式发展，可以帮助我国城市加快发展方式的转变，赶上世界城市发展潮流，甚至可以利用创意产业仍在发展、总体格局还在形成的大势，抓住世界城市体系格局重新调整的机遇，实现城市整体的跨越式发展。

二、文化与科技商务旅游融合发展的理论分析

文化与科技、商务、旅游融合发展作为一种社会现象、经济现象、文化现象，可以从经济学、科技哲学、传播学、城市学、文化社会学、文化研究等多种视角进行考察。如果着眼于经济发展模式和城市发展策略，国外理论界对

一体化融合问题的研究可以从产业融合理论、创意产业理论、城市规划理论和区域创新理论四种视角来梳理。其中发端于产业经济学的产业融合理论关注不同产业间的相互渗透，偏重于对技术、产品、市场和企业组织形式的考察；创意产业理论把融合发展放到一个大类中来思考，偏重于考察文化生产、消费方式；城市规划理论和区域创新理论帮助我们理解城市和集聚区、主题园区层面的一体化融合发展，偏重于对城市政策规划的研究，同时也是融合发展的空间结构问题。

（一）产业融合理论

产业融合理论研究不同产业之间的交叉、渗透和传统产业边界的消失，其理论源头可以追溯到马克思的经典论述和近代英国经济学家阿尔弗雷德·马歇尔（Alfred Marshall）的产业区理论，最初都是研究工业内部的产业融合现象。马克思认为社会大分工存在一定弊端，在提高生产效率的同时造成了阶层分化和人的异化。不过为了提高效益，同一产业链上的跨行业结合是有可能出现的；而且由于工业生产的方式并不固定，具体的分工也处于变动之中，发展到一定程度又可能重新结合。马歇尔在《经济学原理》中重点讨论了中小企业之间协作、创新与社会融合的现象。当代经济学家罗森博格（Nathan Rosenberg）的《机床行业的技术变革 1840—1910》等产业融合理论奠基性著作也都是讨论工业内部的融合问题。

20 世纪六七十年代，随着信息技术革命的发生，产业融合逐渐成为一种经济趋势，行业间的收购并购、集团化频频出现，产业融合研究也随之推进。"数字时代三大思想家"尼葛洛庞帝（Nicholas Negroponte）、乔治·吉尔德（George Gilder）、麦克卢汉（Marshall Mcluhan）都研究过融合问题，尽管他们都不是产业经济学家。麦克卢汉早在计算机技术尚未成熟的年代就思考过媒介融合，其判断是任何一种媒介与其他媒介都有互文关系："媒介杂交释放出新的力量和能量，正如原子裂变和聚变要释放巨大的核能一样"，"两种媒介杂交或交会的时刻，是发现真理和给人启示的时刻，由此而产生新的媒介形式。……这使我们从自恋和麻木状态中惊醒过来。媒介交会的时刻，是我们从平常的恍惚和麻木状态中获得自由解放的时刻，这种恍惚麻木状态是感知强加在我们身上的"。❶1978 年，麻省理工学院教授尼葛洛庞帝提出著名的"三圆交叠说"，认为广播和通信、电脑、出版等行业正在走向融合，三圆交叉处的新兴产业前景最佳（见图 2-1），"他预测三圆交叠到 2000 年将几乎全部实现。与他谈话的高管发现了令人信服的前景，他获得数百万美元的资金支持，使麻省理工学院得以在 1985 年建立起著名的媒体实验室"❷。进入 90 年代，乔治·吉尔德在他的三部曲《电视之后的生活》（1992）、《微观宇宙》（1994）和《遥观宇宙》（1996）中预言电视、传统 IT 产业将先后消亡，光通信和光子技术将带来新的产业融合。这一时期，产业融合开始作为一个正式的学术概念使用。1994 年，美国哈佛大学商学院举办题为"冲突的世界：计算机、电信以及消费电子学"的论坛，是国际上首次关于产业融合的学术论坛。另一个引起广泛讨论的事件是欧洲委员会 1997 年发表了《电信、传媒和信息技术部门的融合及其规制含义》"绿皮书"，该咨询文件做出较为科学的界定：产业融合是指"产业联盟和合并、技术网络平台、市场三个角度的重合"❸，产业融合不仅仅是个技术问题，也涉及服务、新的经营模式、与社会的交互影响等，新的服务和增长方式将扩展至全球信息市场。欧洲委员会认为，欧洲依托其丰富的文化遗产、创新潜能和创造的雄心可以找到新的发展路径，绿皮书为此提出了 5 个关于融合发展的管理原则。目前，从事产业融合理论研究的西方学者还把研究范围扩大到了制造、金融、运输等各类产业领域。

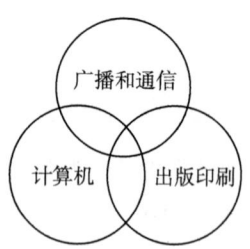

图 2-1 尼葛洛庞帝的"三圆交叠说"

产业融合理论在研究一体化融合发展的要素、模式和运行机制之时，比传统的管理学、社会学、文化研究视角更具阐释力，它把关注重点放在融合

---

❶ 麦克卢汉：《理解媒介：论人的延伸》，何道宽译，商务印书馆，2000，第 82、91 页。

❷ Rich Gordon, Digital Journalism: Emerging Media and the Changing Horizons of Journalism, Rowman & Littlefield Publishers, 2003, p.59.

❸ Green Paper on The Convergence of the Telecommunications, Media and Information Technology Sectors, and the Implications for Regulation. 见欧盟官方网站。

发展给不同产业带来的技术手段、产品业务、市场方面的变化以及企业产权和组织形式的变化上，很多产业融合理论著作都探讨了 20 世纪 80 年代以来有关文化产业的收并购案例。融合发展总体上被视为一种积极的经济现象，促使政府对市场的管制放松、社会资源进一步整合，日本经济学家植草益（Masu Uekusa）认为融合减少了行业壁垒，为企业提供扩大规模、扩展产业范围、开发新产品和新服务等巨大商机，企业借此演化出新的组织形式；另外，产业内部的企业群会处于更激烈的竞争状态。美国经济学家肖恩·格林斯坦（Shane Greenstein）和卡纳（Taran khanna）认为"经济边界的模糊是资本主义经济活力的一个信号，是一定时期美国经济的特征"❶。除融合发展的特点、机制和影响之外，产业融合理论的研究者们还思考了融合的策略问题，如戴维·约菲（David Yoffie）在《数字融合时代的竞争》（1997）一书中提出"棋局战略"（CHESS Strategy），CHESS 由产业融合"五要素"的首字母组成，其中第一项 C 是指好的创意联盟（Creative Combination）。他认为对具体的不同领域企业而言，融合发展并不一定就会实现双赢，电器制造商索尼和哥伦比亚影业，电信企业 AT&T 与管理企业 NCR，贝尔大西洋公司和电子通信公司 TCI 的合并都是融合发展的反面教材，就像著名经济学家熊彼得所说的"创造性破坏"。❷

产业融合理论还有两个优点：它们大多建立在对数字信息技术的观察基础上，对网络、电信、广播电视、传媒、消费类电子产品的融合发展有深入研究，这一类研究著作数量很多，可以为新兴文化产业研究提供帮助。其次，产业融合理论研究者会对融合发展的总体方向、新兴产业的未来趋势做出预判，事实证明其中一些观点有较强的预见性。

产业融合理论的局限性则在于，它界定的融合发展比我们一般意义上的"融合"定义范围更窄，文化与科技、商务、旅游的一体化融合发展在局部范围可能只是一种城市发展要素的协作关系，并不是严格意义上的产业融合。此外，产业融合理论的研究视角过于集中在新技术引起的变革，在分析传媒、出版、影视等产业与电信、通信等融合发展的时候，往往没有把它们看成是具有共同特性、提供文化产品的文化产业（Cultural Industry），只是强调技术的决定

---

❶ Greenstein & Khanna, What does industry convergence mean？ Competing in the age of digital convergence. Harvard Business Press，1997，p.201、p.202.

❷ David B.Yoffie，CHESS and Competing in the Age of Digital Convergence，Competing in the age of digital convergence，Harvard Business Press，1997，p.14。

性作用，没有深入探讨技术变革的文化意义。融合发展的现实状况表明，技术因素不能解释全部问题，比如迪士尼作为一家老牌影视娱乐公司在技术上并无明显优势，为何能把旅游、酒店、玩具制造、电子游戏、出版、传媒等整合在一起，成为年收入高达 450 亿美元的巨型企业，而一些高科技企业引导的大型并购却没有好的效果。影视、传媒、出版、娱乐等产业虽然都有类似于工业、制造业的生产过程，但它们提供的产品、服务的核心价值仍在于文本内容，应当辩证看待技术和文本的关系。

（二）创意产业理论

创意产业理论跟文化产业研究有很多重叠的部分，也受到当代传播学影响。"创意产业"在我国一般被看作文化经济、文化产业的高级阶段，多是指"文化创意产业"，而在很多发达国家，创意产业的概念往往要大于文化产业，包含了其他利用知识产权创造财富的产业（见图 2-2）。"创意"（Creative）一词的含义比较模糊，但研究者普遍认可创意产业以知识产权为特征，当代创意产业跟新兴科技有关，有文化上的高附加值。相比产业融合理论对融合原因、过程、运行机制的研究，创意产业理论更像是从前者终止的地方开始，一开始就突破了产业门类的界限，把它们整合到"知识产权""创意"的旗帜下。创意产业概念的出现正是产业边界模糊的结果，它涵盖的范围除影视传媒、娱乐演艺、出版印刷等传统文化产业之外，还包括建筑、设计、时装、广告等行业，在法国甚至包含烹饪，在丹麦包含体育……因各国的国情和发展战略而异。

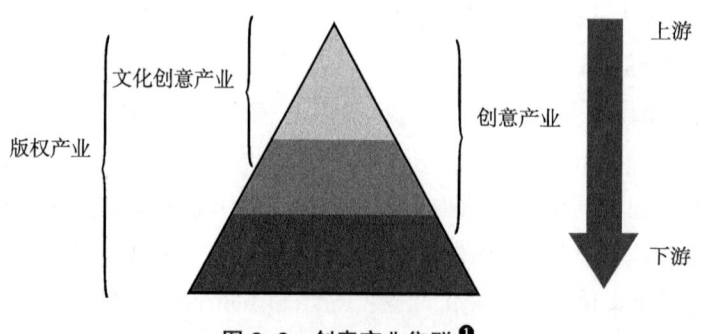

图 2-2　创意产业集群❶

对"创意"的强调，意在突破以工业流水线、简单重复劳动为基础的"福

---

❶ Economic Contributions of Singapore's Creative Industries，Economic Survey Of Singapore First Quarter 2003.

特主义"工业生活模式，这种创造性可能来自新技术，也可能来自新的文化文本，更多时候是两者的结合。创意产业理论研究了创意活动尤其是文化创意与一般生产活动相比有何特点，其特点主要集中在文本制作、知识产权、高附加值这几个方面，在文本制作阶段，劳动者的思想智慧起到了决定性作用。大部分创意产业理论和当代文化产业研究者都讨论科技文化融合问题，因为融合主导了欧美文化产业近期的主要变化。大卫·赫斯蒙德夫（David Hesmondhalgh）的《文化产业》（2002）把社会文化的变迁、技术变迁特别是信息技术与消费类电子产品的兴起作为解释文化产业变化、延续的主要原因，重点分析数字技术在产业融合发展中的作用。布莱恩·温斯顿（Brian Winston）的《媒介技术和社会：从电报到因特网的历史》（2002）梳理了文化产业各门类的技术变革及其文化影响[1]。"创意产业之父"约翰·霍金斯（John Howkins）在《创意经济》（2001）等著作中把享有知识产权的科学、工程、技术等产业全都算作创意产业："如果科技的升级实现了一些物理性和功能性产品升级的话，也算是创意经济。但不是所有科技层面的进步都属于创意经济。举个例子来说，消费者认为，德国奔驰一直是采用最先进技术的企业。但是，消费者对技术本身并不是很熟悉，他们购买的是对奔驰技术的信赖"，而苹果公司的消费类电子产品具有更加明显的文化价值，"现在普遍使用的 MP3、手机等，都是科技进步带来的精神享受"[2]。

　　与产业融合理论的技术主义倾向相比，进行文化产业、创意产业研究的西方学者在重视新技术革命的同时，大多能兼顾政治经济学立场，综合考察影响产业融合的历史、政治、社会因素。正如帕帕查瑞斯（Zizi A. Papacharissi）所说，融合既非科技发展的稳定特征，也不是所有技术都会走向融合，融合表明了人们与日常生活中社会、政治、经济、文化环境的交互方式发生了变化，"融合正以长期发展的方式进行着一个全球化和地方化过程，改变着包含人类活动的经济、社会—文化和政治结构"[3]。

　　创意产业理论这一立场有其渊源，文化产业理论最早可追溯到法兰克福学派在 20 世纪三四十年代建立的文化工业理论以及五六十年代伯明翰学派从事的文化研究，这两个学派都坚持了马克思主义立场。当文化产业在 70 年代全

---

[1] Brian Winston, Media Technology and Society: A History From the Telegraph to the Internet, Routledge, 2002.

[2] 霍金斯、孔繁任：《创意经济，中国机会》，见《在创意经济高地上舞蹈》，中信出版社，2008。

[3] Zizi A, Papacharissi: A Private Sphere: Democracy in a Digital Age, Polity, 2010.

面兴起之时，伯明翰学派批判了技术决定论，雷蒙·威廉斯（Raymond Henry Williams）在《电视：科技与文化形式》（1974）中全面考察了电视产业作为技术、作为文化形式和作为传播方式的三个维度。这些学术传统使创意产业理论比较重视文化政策的研究，包括政府如何处理市场机制与文化管理的关系，如何把一部分公共文化服务让渡给私人来完成，如何消除一体化融合发展所面临的各种行业壁垒，处理融合发展与垄断的关系；创意产业理论也深入探讨创意工作者作为一个新兴社会阶层面临的各种问题，如理查德·佛罗里达（Richard Florida）在《创意阶层崛起》（2003）中的研究；此外，创意产业理论还较为重视全球化的影响，实现融合发展的文化集团基本上都是全球性大企业，提供的文化产品内容也具有全球性特征。澳大利亚学者哈特利（John Hartley）等人合著的《创意产业关键词》（2012）认为，"很多与融合有关的发展都是全球化的，当民族国家政府和政策制定者试图在地方和国家层面上进行控制的时候，融合给他们带来严峻而急迫的挑战。"❶

用创意产业理论的视角来研究城市一体化融合发展战略也有其限度，并不是所有融合都以产业化发展为目标。首先，还有相当一部分融合发展项目属于政府主导的文化事业和公共服务，文化科技融合广泛应用于城市的历史文化遗产保护、博物馆图书馆等公共文化设施的建设，它们都不是以营利为首要目的。其次，在以创意为主要特征的经济领域内部，面向市场、规模经营的产业化发展虽然占据优势地位，也非全部内容。有很多个人化、个性化的创意活动、创意产品没有实现产业化，只能算是"创意经济"。个人化的创意活动在网络上尤其普遍，形成了一大批所谓的生产性消费者（Prosumer，产消合一者）。YouTube、Facebook 等世界著名视频网站、社交媒体的崛起都依靠数以亿计的生产性消费者，其盈利模式跟传统的文化产业又有不同。

（三）城市规划理论

文化与科技、商务、旅游融合发展是当代城市规划理论研究的重要内容。在城市规划建设中考虑文化因素，这本身不是新鲜的理念，但是把文化当作城市整体转型发展的主要动力，刺激科技、旅游、商业和其他服务业的全面发展，却是最近三十年才开始的。"二战"以后十几年的城市重建中，西方国家的

---

❶ John Hartley, Jason Potts, Stuart Cunningham, Terry Flew, Michael Keane, John Banks, Key Concepts in Creative Industries, SAGE, 2013, p.36.

城市规划理念是以分区为特征的功能主义，文化建设的主要手段是兴建大型公共文化设施，其余则建树不多，曾被城市学家雅各布斯（Jane Jacobs）在她的名作《美国大城市的死与生》（1961）中批评为物质方面整洁有序，精神上单调、缺乏活力。直到 20 世纪 70 年代以后，文化规划才逐渐成为城市规划的重要内容，其原因有三点：首先，西方发达国家的重要城市普遍耗尽了战后的经济增长期，面临失业率增高、内城衰败、环境恶化等问题，必须在工业、制造业之外另寻出路。其次，这时文化产业依靠信息技术革命的力量已经兴起，文化不只是精英艺术或非营利性的公益事业，也能带来巨大的商业利益，为城市转型发展提供了可能。最后，由于经济全球化和信息技术革命的影响，世界上许多国家的城市面临文化民族性和地方性的丧失，城市规划者和决策者们迫切需要对抗文化帝国主义、解决文化同质化的问题。

对许多世界重要城市而言，虽然它们在新的经济形势下丧失了工业时代的优势地位，几个世纪以来积累的城市文明成果仍然可以继续发挥重要作用。城市规划理论研究了以文化为主要动力的"城市复兴"（urban renaissance），也称为"文化复兴"（cultural regeneration）、"城市更新"（cultural-policy-led regeneration）等，总结这类城市文化规划的发展定位、规划方法、政策制度以及取得的成功和存在的问题。比安奇尼（Franco Bianchini）和帕金森（Michael Parkinson）合著的《城市文化政策与城市文化复兴：西欧的经验》（1993），埃文斯（Graeme Evans）的《文化规划：城市复兴？》（2001）等著作都是这方面的代表作，这些著作总结了伦敦、巴黎、维也纳、汉堡、利物浦、蒙特利尔等欧洲城市的实践经验。文化与科技、商务、旅游融合发展的思路主要体现在以下几方面的规划中：

1. 规划建设创意园区

除制定文化发展的总体战略外，最直接的手段就是规划建设创意园区：一种是推动文化与高新技术相结合的产业集聚区、孵化区，这类园区一般规模较大，建设在外城、郊区和卫星城，直接带来新兴产业的经济收入，也有些是把旧有工业园区进行文化主题的升级改造；另一种是容纳多种产业、整合利用城市资源的文化园区、街区，除文化产业收入外，还会有间接的餐饮、运输、商业服务等方面的收入，带来大量就业机会。例如，利用内城的工厂、电厂、商场、军事机构搬迁后留下的旧厂房、仓库等设施，吸引艺术家和创意阶层入驻。这一做法最早来自美国，例如，纽约下城的 SOHO 区建于 19 世纪中期，曾见证工业时代的辉煌，20 世纪 60 年代艺术家们自发迁入形成小规模的集聚区，政府在 70 年代通过城市规划予以保护培养，形成今天世界著名的艺术商业区。美国城市学家莎朗·佐京（Sharon Zukin）的《阁楼生活：城市转化中的文化与资本》（1982）研究了这一衰败地区如何通过文化创新变成艺术集聚区，从而恢复生命力。同时，这类创意园区因为其地理位置优越，在改造和转换中成为新的文化旅游和消费目的地。

2. 历史文化资源的保护利用

历史文化资源是一种综合体，他们通过各种方式把历史信息与变动中的语境联系在一起。围绕历史文化资源发展文化旅游，兴建配套服务设施，开展演艺和文化体验活动，能够带动相关产业的发展。与新技术结合之后，历史文化资源的保护利用本身也可以成为文化产业。历史文化资源保护中使用了网络保护平台、文物数据库建设等手段，近年来，还兴起了对 GPS（全球卫星定位系统）、GIS（地理信息系统）、RS（遥感）等技术的综合应用，文物保护鉴定部门的专业技术也有革新，这些都可以成为对外输出知识产权的文化科技型产业，佛罗伦萨就曾经向日本京都地区输出过它的文化保护修复手段，并且带来相关产业融合发展的积极成果。

3. 公共文化服务和城市新景观的塑造

利用数字时代的传媒和数据库技术、文物保护修复技术、声光电表现手段等兴建博物馆、美术馆、影剧院、文化中心，特别是有关现代艺术、时尚艺术的项目，在提供公共文化服务的同时，打造新的城市景观，推动文化与科技、商务、旅游融合发展。西班牙毕尔巴鄂市对古根海姆博物馆的综合利用，就强有力地推动了整个城市的复兴。和历史文化遗产保护利用相似，科技文化融合成果可以直接应用于这些公共服务设施，此类研究著作很多，如罗斯·帕里（Ross Parry）主编的《数字时代的博物馆》（2013）分析了从传统的"在地"（onsite）博物馆向虚拟"在线"（online）博物馆转变之后，博物馆的角色职能、组织结构、服务方式等发生的变化。

4. 举办文化节庆、大型会展和体育赛事

高质量的大型公共文化活动可以创造一个开放交流的文化空间，营造自由的创造氛围，激发公众的创造力，同时可以提高市民的文化认同感。大型节庆、会展和体育赛事通常都是各种高新技术展示平台，吸引众多服务商、参展商、赞助商以及电视传媒机构，伴有各种各样的商业推广活动，可以吸引大量消费者，本身就是文化与科技、商务、旅游融合的最好例证。

此外，在上述不同领域的城市规划方案中，往往包含城市文化空间布局的具体内容。一体化融合发展是对城市资源的整合利用，不同的项目有不同的发展规律和特定空间需求，在规划中尊重文化产业和文化事业发展的自身规律，才能取得好的融合发展效果，而文化空间布局又与城市规划中的市政道路建设、产业布局、房地产开发等问题息息相关。

（四）区域创新体系理论

区域创新体系理论是西方理论界近 20 年来关于创新发展的重要理论成果，也可以成为研究文化与科技、商务、旅游融合发展的理论资源。1992 年，英国经济学家库克（Philip Cooke）在《区域创新体系：新欧洲的竞争规则》一文中首创了"区域创新体系"概念，他主编的《区域创新体系：全球化背景下政府管理的作用》（2004）做出界定，"区域创新体系"是地理上相互关联的知识和科技的生产、传播、转化系统，包括企业、高校、研究机构等创新主体和推行创新的制度组织网络。很多区域创新体系研究使用的"区域"一词范围小于国家、超出单个城市，可以是指以大都市为中心的城市群，如大巴黎、大伦敦地区、鲁尔区等，也可以是美国硅谷这样的大型集聚区。理查德·约瑟（Richard Joseph）、海尔曼·皮拉特（Carsten Herrmann Pillath）等经济学家也开展过类似研究（见图 2-3）。

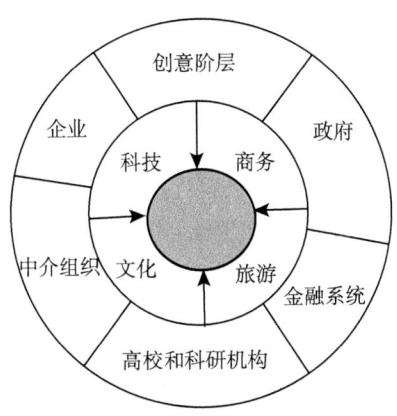

图 2-3　区域创新体系与融合发展

区域创新体系理论的关注点主要有三部分：组成创新体系的不同主体，包括政府、企业、高校科研机构、服务机构；创新体系的功能要素，包括技术、服务、管理和组织结构方面的创新；创新体系所需的制度环境、社会文化环境、基础设施环境。区域创新体系理论意图解释这些要素是如何相互作用组成一个动态系统，从整体上提高生产效率，形成持续的竞争力。

目前，我国的区域创新体系理论研究主要集中在科技创新和传统产业领域，对文化融合和创意产业问题研究未能得到更为深入的研究，而区域创新体系理论的创始者库克则已经开始把该理论用于这方面的研究，在《创意城市、文化集群和地方经济发展》（2008）一书中，库克区分了以文化创意产业为特色的创意城市和具有强大科技孵化功能的一般意义上的创新型城市，认为前者不但能与后者兼容，还拥有更大优势，主要体现在如下几个方面：

（1）更强的基础设施和教育科研机构。

（2）把城市历史变成"图像"的能力，更有利于发挥创造力的城市文化、价值体系和生活方式。

（3）包容性，以开放的方式倾听和回应市民，大众的和私人的文化组织。

（4）文化实体，甚至是实验性的、发掘和推动文化创新的空间。❶

区域创新体系内的不同行动主体（企业、政府、高校和科研机构、中介组织）有着不同的社会职能，在共同的制度条件下是一种相互协作、交互学习（interactive learning）的关系。库克认为体系内部分为两个平行的子系统：知识研发系统和知识开发系统，前者是高校、科研机构、创意阶层，后者是与商业创新有关的企业和中介组织，包括管理者、投资人、知识产权专家等角色❷。文化与科技、商务、旅游融合发展常常以区域一体化的形式来实施，创意产业园区、历史文化街区、文化旅游区、科技文化融合区、创意城市等只是融合类型、规模和发育程度的差别而已。这些集聚区、产业集群，既需要基础设施的规划建设，也需要好的制度环境、资金扶持、人才培养、媒体宣传等"软"性条件，更重要的是如何把这些条件成功地结合在一起。相比注重文化空间营造、文化设施建设的城市规划理论，区域创新体系理论更多的是研究这种动态

---

❶ Philip N. Cooke, Luciana Lazzeretti, Creative Cities, Cultural Clusters and Local Economic Development, Edward Elgar Publishing, 2008, p.27.

❷ Philip N. Cooke, Luciana Lazzeretti, Creative Cities, Cultural Clusters and Local Economic Development, Edward Elgar Publishing, 2008, p.11.

软环境的打造。

三、文化与科技商务旅游融合发展的模式分析

正如上述四种理论所显示的，一体化融合发展是复杂的经济现象、社会现象和文化现象。为了更好地梳理国内外城市一体化融合发展的现状，研究符合北京城市发展需要的融合战略，有必要在综合这些理论方法的基础上，总结融合发展的基本模式。前面提到的技术、业务、产品、市场、政府政策、企业产权等要素的变化是产业融合的不同表现，可能是融合发展的原因或结果，每一种基本模式都包含这些要素的变化。

产业融合理论对融合模式做出了分析，其中影响较大的是格林斯坦和卡纳的理论，他们认为融合有"替代""互补"两种基本模式："替代性融合"例子出现在 20 世纪 70 年代的电脑产业里，大型主机和微机本来分开卖给不同的消费者，用作不同的工作目的。前者一般是满足商务需要，执行复杂的运算；后者执行重复的控制过程，专注于单一任务。70 年代中期的技术创新消除了这些差别，使微机也能够执行复杂的财务运算，因此两者就可以相互替代了。替代性融合有两种表现形式：（1）一组给定的消费者，在任务数量增加的时候愿意使用替代产品；（2）在执行给定任务的时候，愿意使用替代产品的消费者数量是增加的。"互补性融合"则是指，两种产品一起使用时比分开使用效果好，它们现在一起使用比过去一起使用时效果好。按照格林斯坦和卡纳的划分，互补性融合同样有两种表现形式：（1）一组给定的消费者发现，在完成一个更大的任务时使用两种产品效果更好；（2）为实现特定目的、同时使用两种互补产品的消费者数量是增加的。电脑产业里也有互补性融合的案例：PC 机（个人电脑）最初的使用者是一些工程师、爱好者、职业玩家，他们既拥有 PC 机，也要使用更复杂的大型主机或微机。也就是说，从计算机产业发展的历史来看，个人电脑先是与微机互补，然后才成为它的替代品。❶ 互补性融合没有取消原有的独立产品，它们依靠某种共同的机制、技术、渠道被整合在一起。对于格林斯坦和卡纳的融合类型划分，可以用一组简单的等式大致说明：

替代性融合（1+1=1）

---

❶ Greenstein & Khanna, What does industry convergence mean？ Competing in the age of digital convergence. Harvard Business Press，1997，p.203–205.

互补性融合（1+1=3）

要判断一种融合现象是替代还是互补，有时候并不那么容易。当广播电视、新闻出版、互联网提供的文化产品都采用同种信息技术传递之后，网络似乎应当成为电视的替代品。但是，正如赫斯蒙德夫在《文化产业》中分析的那样，尼葛洛庞帝和吉尔德于 20 世纪 90 年代初预言的网络迅速取代电视并未出现，而新的调查研究表明，"电视收看行为在个人电脑时代几乎没有下滑，即使在频繁使用个人电脑的用户中间也是如此"[1]（赫斯蒙德夫写作的时间是 2000 年前后，近年来宣称不看电视只使用网络的消费者数量大大提高，但还没有达到一个颠覆性的比例，并且新的数字电视出现了）。反过来从电视产业角度看，是否多功能的数字电视兴起可以抵抗并替代新媒体？答案也是否定的。另外，作为电信产业数字化的结果，手机用户可以同时使用阅读新闻、收看视频的功能，却也没有替代电视和传统媒体。不同产业和产品背后有超越技术本身的人类文化行为习惯，这些习惯的养成有复杂的社会、历史原因，使产业发展趋势的预判变得不那么容易。

城市发展中的文化与科技、商务、旅游融合，并不都是产业融合理论限定的生产部门之间的合并或产生新的产业形态，很多时候只是体现了发展要素的融合以及一种提高生产效率、激发创新能力的整体协作关系。所以综合西方理论家的研究成果，可以把城市发展中的融合现象归纳为业态改造型、产业互补型、集成协作型融合三种基本模式。

（一）业态改造型融合

文化与科技融合主要表现为原有业态的改造升级。从传统文化产业来看，新闻、出版、广播、影视等行业是不同的产业领域，当数字信息技术出现之后，无论是电视图像、文字文本、音乐广播和其他声音都可以编码压缩，再解码复原成信息，使用的是同种传输渠道。这些行业通过与"科技"这一发展要素结合，进行集成式的数字化改造，实现业态升级。以产业融合的视角来看，首先，这些文化产业部门与科技产业部门——电信、计算机行业、光纤产业实现着融合，形成了所谓"TMT"大产业 [Technology（科技），Media（媒体），Telecom（通信）]。其次，这些文化产业部门之间发生着融合，提供的文化产

---

[1]　赫斯蒙德夫：《文化产业》，张飞娜译，中国人民大学出版社，2007，第 265 页。

品和服务越来越相似。目前我国的电视台面临着视频网站的激烈竞争，主流视频网站除依靠用户自行上传视频资料外，还会购买播出国内外综艺节目和影视剧（电视台一般为国企，译制播出外国节目的难度更大、周期更长），并自行制作一批视频节目播出，对电视台的传统业务形成了一定冲击（见图2-4）。

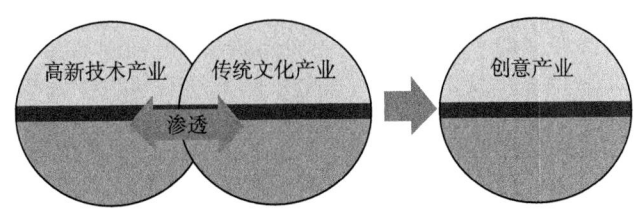

图 2-4　业态改造型融合

从科技企业一方来看，除了电信与文化产业这类深度融合外，更多的是科技企业直接把高新技术应用到不同产业领域，进行多元化的产业开发，拓展了业务范围。例如软件制造属于高科技产业，生产游戏、动漫的软件和生产操作系统、管理软件、杀毒软件、商务软件的基本技术原理是一样的，但动漫、游戏的发展使软件业内部派生出了"文化软件服务"（按照我国的产业分类标准属于文化产业）。又如现代的声、光、电技术可以用于房地产商的建筑效果展示，街道、商店、场馆、园林的美化装饰，用于医疗、教学科研、部队和运动队的训练演练，也可以用于大型会展、节庆、戏剧、演艺的舞台效果，实际上是在声光电的科技产业内部增添了专门为文化产业服务的企业或部门，其基本技术原理也是相通的，只不过要从文化角度来考虑设计方案。有的科技—文化型企业本身并不负责创意部分，只是按照客户和编导的要求设计执行方案，这是较为浅层次的融合发展。

此类融合不仅发生在文化产业与科技产业之间，也适用于文化事业领域，包括文化艺术教育领域的技术革新，文物保护、研究、修复、展示的专业技术革新，非物质文化遗产的传承与保护（文化资源数据库和数字化保护平台建设，改进工艺流程等），博物馆、美术馆、图书馆、文化馆等公共文化服务设施的数字信息服务、文献联合采编系统和相关的软件开发、利用声光电手段进行多维度的文化展示，公益性的网上阅读服务平台、文化艺术教育平台，社区文化活动的改造升级等。

（二）业态创新型融合

新兴科技除了帮助科技企业、文化创意企业改造升级、开辟新的生产服务领域之外，还催生了一批新的文化形态和文化业态，带来的文化体验和文化消费方式是前所未有的。例如网络社交媒体改变了纸媒体、电视媒体的单向度传播交流模式，具有即时互动和人性化特征，它所满足的人类社会交际需求虽然一直就存在，这种互动交流方式却是全新的。随着网络技术革新和智能手机普及，人们可以利用移动终端登录网络社交媒体，在线即时聊天、购物，获取 LBS 服务（电信运营商在地理信息系统平台支持下，为用户提供各种生活信息服务的增值业务），商家利用数据信息又可以开展相应的广告推送和文化服务（见图 2-5）。

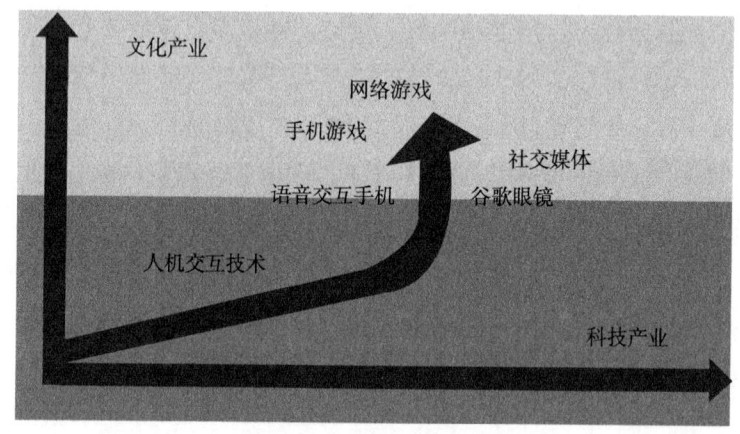

图 2-5　业态创新型融合

又如人机交互技术带来了文化产业、创意产业的巨大变革。人机交互是计算机用户界面设计的重要内容之一，通过计算机输入、输出设备，以有效的方式实现人与计算机对话，该技术涉及范围很广，其中的热点技术已经演化为新的文化行为方式，给人们的文化生活带来了无尽的可能性。网络游戏、手机游戏都是数字时代以前没有过的文化娱乐方式，还有大量应用人机交互技术的个人消费类电子产品，本质上也是科技文化融合型产品。语音交互技术在实现智能化、云端化的突破之后，开始通过智能手机、平板电脑等不同终端平台进入普通人的生活。苹果公司在 iPhone 上推出的 Siri 语音控制技术就是成功案例，谷歌公司推出的谷歌眼镜具有和智能手机一样的功能，可以进行声控拍照、视频通话和辨明方向以及上网、处理文字信息和电子邮件，这些电子产品具有很高的科技文化含量。现代设计行业总体而言也是一种新型文化产业形态，与电脑普及之前的传统设计业有很大区别，在构建专业化媒体超算（云计算）与协同式创意设计云服务平台之后，设计行业可以面向广告、会展、工艺品等领域开展更多类型的服务。

与业态创新型融合相比，业态改造型融合的研究重点更具有普遍意义，适应于各类传统文化产业，包括声光电综合集成应用技术、"三网融合"的关键支撑技术、影视动漫生产与集成制作技术、新媒体集成管理与分发传播技术等，并把新兴技术扩展到设计、制造、科教、体育、建筑、旅游、商务等领域。而业态创新型融合不但需要更强、更尖端的科技创新能力，还需要对人类文化生活方式、文化消费方式的微妙变化有敏锐把握，打开融合发展的思路和局面，乔布斯、扎德伯格等人不仅是当代 IT 产业、网络产业的技术专家，也是融合发展的创意领袖和商业领袖，对文化创意产业发展趋势有准确的前瞻性预判。

（三）集成协作型融合

无论是业态改造型融合还是业态创新型融合，都是严格意义上的产业融合，产生了手机游戏、文化电子商务、文化旅游、艺术品数据库服务、数字化时尚设计、艺术印刷等新行业。从更广的空间范围如创意产业集聚区、大型会展、大型文体活动、历史文化景区、创意城市角度来考察，可能会有严格意义上的产业间渗透，也可能只是在区域范围内集中各种发展要素，依靠它们的互补或协同效应（Synergy）产生创新性，其效果大于单独使用这些要素的效果之和。从城市规划角度看，这是一种以文化要素为基础、激发区域整体活力的功能混搭。文化不仅是具体的产业形态，也如城市学家佐京所说是经济发展基础和空间组织的手段❶，这种理念与过去依靠单一要素功能分区的城市规划思路是截然不同的。

文化与旅游、商务、餐饮（包含食品制造业和服务业）的融合大多是某区域内的产业互补与协作。消费者在某地旅游的时候，多多少少都会接触当地居民、感受当地文化，但一般旅游行为的主要内容还是观光、购物、餐饮、娱乐、住宿。"文化旅游"则是指有目的地参观当地的历史文化遗存、博物馆、美术馆，参加当地的文化节庆活动、文化展览，观看特色文艺表演，或者围绕

---

❶　莎朗·佐京：《城市文化》，张廷佺、杨东霞、谈瀛洲译，上海教育出版社，2006，第9-19页。

某文化主题对该地进行考察，比如考察居民的生活方式、民间艺术、文化习俗等。这种旅游行为可以追溯到歌德时代欧洲贵族和资产阶级进行"自我教育"的漫游行为，在今天已经实现大众教育和大众旅游的时代，它不再专属于中上阶层，普通人也乐于开展这种旅游。文化旅游是一个积极的互动交流过程，既可以传播文化也可以带动其他行业。文化旅游是产业融合的结果，但它没有使传统文化产业和旅游业的边界彻底消失，它们的产品服务拥有各自的特性和目的，满足不同的消费需求。文化旅游组织的有地方特色的文艺表演、围绕历史文化遗存进行情景再现的古装表演等跟当地其他娱乐活动并行不悖、分享市场。对博物馆、美术馆、历史文化遗产、野生动物园的保护管理均属于文化产业范畴，但为了当地的可持续性发展、避免大众旅游带来破坏，部分单位也可以不进行文化旅游开发，只作为文化保护区、专业的文化服务设施对研究者开放，或进行有限的商业开发。旅游业可以提供那些没有文化主题的旅游线路和服务，而抱有文化考察目的的消费者也可以不进行观光、餐饮、购物等活动，直接完成考察调研行为（见图2-6）。

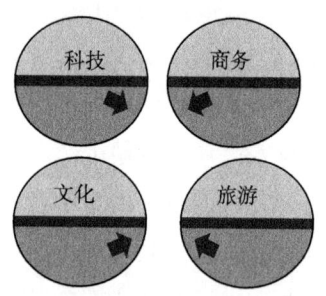

图 2-6　集成协作型融合

在区域内进行集成协作式的融合发展，有时被称为城市规划的 MXD 战略（混用战略，Mixed-Use Development）。一体化融合发展的集聚区分为两种：一种是游戏动漫产业、新媒体、数字娱乐产业、创意设计、数字出版等依靠科技文化融合产生新业态的集聚区，区域内是从产业链和分工角度建立的各类文化企业，形成同一主题的产业集群。另一种是利用历史文化街区、工业时代遗存、大型文体设施、文化艺术空间建立的集聚区，这种集聚区可能是政府进行文化规划设立的文化专区，也可能是和其他产业共享开发计划。文化集聚区的发展不是单纯的"文化+旅游"，而是各种要素混搭后产生的集团效应。这种规划方式把文化的生产、流通、消费相结合，把空间的不同使用方式、不同时段的商业、餐饮、文化、娱乐活动相结合。哈罗德·史内卡夫（Harold Snedcof）认为"混搭"已成为当今美国城市规划建设的潮流。

　　在美国的大小都市里，一种房地产开发的新趋势——混合了多种土地使用，包括艺术、文化空间的大宗开发计划，此际正风起云涌，其影响可说是无远弗届。博物馆、音乐厅、剧院、露天表演场所等艺术设施如今已摆脱了传统的使用方式，它们可以和办公大楼、旅馆、零售空间及住宅社区相结合，让市中心地带变成一个更适合工作及居住其间的地区。❶

无论服务于何种文化主题，集聚区内往往设有艺术工作室、设计工作室、购物中心、餐厅、酒吧、车库、银行、旅馆、表演场所、教育机构，配合艺术品生产、加工和物流还设有一些制造业和服务业用地。这些集聚区大多处于内城，附近建有商务区或者本身就是商业中心（例如伦敦泰晤士河北岸具有历史文化价值的金融街），收藏、投资艺术品的消费者很多就是商人和城市中上阶层。建设在内城特别是工业旧址上的创意园区，从另一个意义上捍卫了这些城市在全球体系中的地位，政府需要它们重塑城市形象、推动旧城复兴，艺术家和创意阶层需要建筑风格独特、文化氛围浓郁，相对廉价又便于作品销售的创意空间，私人投资者借此塑造独特的企业形象，而文化艺术活动带来了可观的顾客流。创意园区把地区形象从衰败的老工业区变成文化区，周边的房地产市场也从中获益。

集成协作型融合发展比一般的产业融合和产业集群建设更复杂，因为仅靠产业链和专业分工并不足以把区域内的不同主体融合在一起，它横跨多种产业领域，需要生产、服务、科研、管理部门的共同参与，需要政府部门、私人投资者、文化艺术工作者、市民的配合。而在外城规划建设的文化—科技园区则不用过多考虑园区的社会环境、历史传统、文化生态等本地特征，园区本身没有那么强烈的文化符号功能。

四、文化与科技商务旅游融合发展的路径分析

文化与科技、商务、旅游一体化融合发展表现在技术、市场、文化产品和服务、人才培养、企业组织形式、城市规划、国家战略等各个层面。如果我们

---

❶　哈罗德·史内卡夫：《都市文化空间之整体营造：复合使用计划中的文化设施》，刘麓卿、蔡国栋译，台北创兴出版社，2006，第1页。

已经认识到融合发展对于不同产业的重要性以及在当代社会中的战略地位，试图建构自己的融合发展体系，就应当研究从哪些环节开展具体工作，融合发展战略如何从一种理念逐级变成现实。我们可以参考西方理论界研究成果，为融合发展归纳出包含技术革命、企业一体化、政策扶持、全球化四个不同层次、递进关系的基本路径。在下一部分对世界重要城市融合发展的实践情况进行梳理时，回到这个基本的框架中来看这些城市都有哪些具体措施。

（一）技术革命

如前所述，信息技术革命对融合发展有决定性作用，尤其是产生了计算机、媒体、电信三大部门的融合，众多传播学和产业融合理论著作都分析了这一过程。数字信息技术革命起源于美国的军事科研领域，为了适应冷战时期的国防需要，美国花费巨额资金投入到计算机和通信的研究中，1964年成立计算机国防学院，搭建了互联网的前身"国防部高级研究计划ARP网"（Advanced Research Projects Net）。新技术很快显示其商业民用价值："二战"后跨国企业发展迅速，需要更有效的信息存储传播方式来帮助运行，数字信息技术逐渐成熟并推广到各产业领域，在苹果公司等个人电脑企业的努力之下，计算机70年代进入了普通家庭。如今美国在媒体、电信、计算机、娱乐等产业领域的融合发展可谓领先世界，IBM、微软、苹果、谷歌、雅虎、亚马逊、Facebook等最活跃的企业集团都来自美国。从这一历程可以看出，融合发展通常是从技术部门、高校科研机构和个人的创新开始（另一种情况是后发国家直接购买、引进先进技术），之后才谈得上商业化、产业化转移。但是，我们应当辩证地看待技术的地位作用，不能把科技与文化做二元对立的解释。赫斯蒙德夫认为，"技术决定论充斥于对文化产业的日常讨论中，这意味着我们在把技术视为一个因果因素的时候必须特别留心。因为技术变革本身便是经济、政治、文化领域中选择、决策、偶然与一致性的综合结果"❶。汤斯托（Jeremy Tunstall）的《媒介即美国》（1977）用夸张的题目概括了美国对产业化时代传媒经济的影响，但他也强调这不是由技术决定的，电视、广播、流行音乐均起源于欧洲，却在美国实现了真正的产业化❷，这是值得研究的现象。信息技术革命伴随着文化传播方式的革命，视频网站、社交媒体、即时通信工具、搜索引

---

❶ 赫斯蒙德夫：《文化产业》，张菲娜译，中国人民大学出版社，2007，第114页。

❷ Jeremy Tunstall, The Media Were American: U.S. Mass Media in Decline, Paddyfield 2008, pp.28–29.

擎网站等互联网企业都有独特的技术手段，相应地它们也拥有独特的文化产业模式和盈利方式。

（二）企业一体化

文化与科技商务旅游融合的第二个步骤是企业组织形式的变化，在原有的产业内部分化出具有外部特征的企业或部门，或是不同领域企业之间通过收购、并购进行重新组合。经济学把沿产业链若干环节进行的业务布局称作"纵向一体化"，依靠收并购同类产品生产企业以扩大经营规模的成长战略称作"横向一体化"。文化与科技、商务、旅游融合发展引起的企业组织形式变化，是跨产业领域的纵向一体化和横向一体化。

20世纪90年代以来，许多国际大公司实施了融合发展的战略。横向一体化除了美国的众多企业并购事件，还可以举出英国天空电视台的案例，天空电视台首席执行官托尼·波尔在2000年说："我们把融合视为一个巨大的机会，我们已有强大的团队，天空将来会稳稳占据个人电脑、移动传媒和电信领域。"[1] 同年，天空电视台斥资2.5亿英镑成立天空传媒投资公司，推出网络媒体sky.com、skysports.com以及电信的ADSL服务，均取得成功。2006年又以2.11亿英镑收购了宽带互联网服务提供商Easynet。2005年，天空电视台所在的新闻集团由另一家新成立的福克斯互动传媒出面，收购视频游戏网络公司IGN、体育媒体Scout Media和社交媒体Myspace.com。纵向一体化的著名案例是迪士尼公司建立的商业帝国，它在90年代收购了博伟影业和美国广播公司（ABC），但更多的业务是围绕知识产权打造的纵向一体化内容产业体系，影视、传媒、唱片、出版等部分的收益只占迪士尼总收入的一半，另一半来自全世界的6座迪士尼乐园。

收并购是快捷的融合发展方式。赫斯蒙德夫在《文化产业》里总结了20世纪后20年文化企业收并购的走势变化：20世纪80年代，众多消费类电子企业收购影视传媒企业（如索尼收购哥伦比亚公司、通用电气收购NBC、三菱收购MCA唱片公司），这种从硬件到软件的收购模式效果并不理想。90年代则主要是媒体（新闻集团）、休闲娱乐集团和电信集团发起的收并购。由于研究时间和条件限制，赫斯蒙德夫的《文化产业》没有预见到谷歌、Facebook这一类互

---

[1] Graham Murdock, Digital Futures: European Television in the Age of Convergence, Television Across Europe: A Comparative Introduction, Sage Publications, 2000, p.37.

联网科技企业在新世纪的崛起，谷歌本身就是科技文化融合发展的结果，同时具有科技企业和网络媒体的身份，主要业务是搜索、广告和云计算，后来收购了制造手机系统的安卓、消费类电子企业摩托罗拉等多家公司，甚至还收购了一家风力发电公司，最近开始大规模投资智能机器人行业。互联网企业发起的收并购是目前横向一体化融合发展的主导趋势，而文化艺术类电子商务则是它们纵向一体化融合发展的一个新趋势，如亚马逊公司 2013 年正式开通艺术在线销售平台，进入高端艺术品销售领域。

（三）政策扶持

政府为了推动文化与科技、商务、旅游融合发展，通常会使用金融、财税、采购、补贴、知识产权保护等多个方面的政策工具，并加强科技研发和教育培训。此外还要在三个层面改革政府的文化管理方式，否则会妨碍投资和新产品、新服务的出现。其一，解决公共事业与市场化的矛盾。欧美国家的电信、广播部门原属于国家公共事业范畴，新闻出版、影视娱乐等领域受到的管制次之。文化科技融合发展的结果是海量的文化产品被便捷地带到消费者面前，消费市场成倍增长，原有的产业领域边界变得模糊。科技企业和文化企业都意识到新的传播方式带来巨大商机，呼吁政府引入更多的市场机制。从 20 世纪 80 年代以来欧美国家电信和文化产业发展的实绩看，经过一番争论和博弈之后，国家在文化管理政策上逐步放开，电信、广播、电视都出现了更多的私营企业，一些国有电视台、电台转由私人经营，进入一个"新自由主义"时期，赫斯蒙德夫认为"市场化"一词更适于描述这一政策变化❶。引入市场竞争机制之后，更多的新产品出现，带来更多的就业机会。美国 1996 年的电信法案、欧洲委员会 1997 年的绿皮书《电信、传媒和信息技术部门的融合及其规制含义》都乐观看待融合的发展前景。后者不但倡导自由竞争、减少市场壁垒，还希望欧洲企业能占领全球市场。

其二，文化与科技、商务、旅游融合发展有可能使企业规模逐渐扩大，产生新的垄断，这一点跟国企的情况一样，必须予以监管。诸如 AT&T（美国电话电报）这样的私营公司从垄断转入竞争性服务，产品价格才随之下降❷，造福

---

❶ 赫斯蒙德夫：《文化产业》，张菲娜译，中国人民大学出版社，2007，第 124 页。

❷ David B.Yoffie, CHESS and Competing in the Age of Digital Convergence, Competing in the age of digital convergence, Harvard Business Press, 1997, p.8.

于更多的消费者。欧盟委员会有严厉的反垄断机构，谷歌公司被调查数年，在做出许多让步之后与欧盟还没有达成和解方案，涉及高达50亿美元的巨额罚款。因此，政府在鼓励本国企业进行一体化融合发展的同时，要建立反垄断规制，在特定产品市场和区域市场保持所有权的多样性。

其三，融合发展需要政府主管部门进行机构改革。原有的产业边界逐渐模糊之后，英国、法国、澳大利亚等国家都对文化管理部门做出合并调整，以协调跨领域的融合发展。同时，这些部门还要制定新的鼓励融合发展的政策，包括保护知识产权在新的传播方式下不被侵犯，制定优惠税收政策、建立产业投资基金，致力于融合型人才培养等。

（四）全球化

如果技术、企业组织形式、政府政策三个步骤的革新都能取得好的效果，进行文化与科技、商务、旅游一体化融合发展的企业或地区最终都将走向世界市场，争取全球消费者，这是信息技术革命的特点决定的。无论进行融合发展的文化企业是哪一类型，其提供的产品服务和数字信息技术结合之后都可以通过电子商务销售到全球，新闻出版、影视娱乐、动漫游戏产业自不待言，即使是文化旅游，其旅游产品的生产消费也可以实现全球化，博物馆、美术馆、文化馆也可以共享艺术资源的数字平台。欧洲委员会绿皮书《电信、电信、传媒和信息技术部门的融合及其规制含义》认为："信息技术、电信和消费类电子产品之间边界的模糊导致文化服务的日益全球化……用户可能希望在多卖方环境中从任何终端取得任何服务而不受所应用的技术和接入的地理位置的限制。"❶

全球化为科技—文化型中小企业提供了广阔的发展空间。由于企业在互联网上进行展示、销售所需的成本并不高，很多中小企业有可能凭借新技术的力量变成国际企业，只要它有足够好的创意产品。许多科技—文化型互联网企业都是在短短十年内就攀升到与那些工业、制造业"百年老店"比肩的位置，对传统文化企业形成巨大冲击，英国新闻集团的老板默多克集毕生之力，同时经营了上百家报刊、几十个电视台，其集团市值还是比不过只有11年历史的谷歌公司，使其不得不努力培育自己的网络媒体。

---

❶ Green Paper on The Convergence of the Telecommunications, Media and Information Technology Sectors, and the Implications for Regulation. 见欧盟官方网站。

第三章　国外重要城市文化与科技商务旅游融合发展案例分析

文化与科技、商务、旅游融合发展在众多国际大都市的转型发展或城市复兴中起到了关键性作用。按照美国学者理查德·弗罗里达的划分，世界经济形态经历了三次大的转型，分别是从农业经济时代到工业经济时代，从工业时代到服务经济时代，从服务经济时代到创意经济时代。伦敦、巴黎、柏林、纽约、东京、新加坡6大都市的发展初步印证了这一判断，它们依据自身的基础条件和城市定位走出了不同的文化科技融合创新发展之路，有许多可资借鉴之处，本章对这些实践进行了分别梳理，尤其注意其措施和成功经验的具体语境，避免生硬挪用。在全球化、信息化时代，网络普及和跨国集团的巨大影响力使人们忧虑文化地方性的丧失，然而从以上世界大都市的发展历程看，它们固有的商业、金融、文化、旅游等方面的优势恰恰为新技术的广泛应用创造了有利条件，使它们在新一轮的全球竞争中占据优势地位，形成新的文化地方性。

一、伦敦：文化与科技商务旅游融合发展打造创意中心

伦敦是英国的政治、经济、文化中心，第一大城市和第一大港口，曾经是世界上最重要的工业城市。伦敦遭遇过经济衰退、环境恶化、资源紧缺等问题，直到20世纪60年代初还有严重的雾霾困扰。此后进行了大规模的"去工业化"改造，积极发展现代服务业和创意产业，终于摆脱"雾都"的恶名，成为全球创意产业中心。大伦敦地区于2000年成立地方政府，原本散布在伦敦周围、碎片化发展的泰晤士河下游城市群随之进入区域一体化发展的新阶段。伦敦可以说是世界上把文化与科技、商务、旅游融合得最好的城市之一，其转型发展的许多背景与北京有颇多相似之处，其经验、教训和转型之路，值得我们深入研究。

（一）伦敦文化与科技商务旅游融合的背景

1.英国产业结构的变迁

伦敦城市转型发展的大背景是英国为克服经济衰退进行的数次改革，伦敦的文化与科技、商务、旅游融合发展跟国家层面的政策规划推动密不可分。英国本是工业革命发源地，在 19 世纪中期有"世界工厂"之称。由于受到 19 世纪后 30 年的经济危机和第一次世界大战影响，英国一枝独秀的工业霸主地位逐渐丧失，但是依靠工业优势建立起来的服务业特别是金融、商业仍然保持了高速增长。20 世纪 30 年代，伦敦再次遭遇全球经济危机的影响，第二次世界大战又使英帝国的海外殖民体系崩溃，在此基础上建立的全球金融体系受到巨大冲击，英国经济再次面临转型。"二战"以后，英国大力发展有高科技含量的现代服务业，在 20 世纪 90 年代与文化、旅游等充分结合，转入全面发展创意产业的新阶段，目前创意产业已经成为英国增长最快、容纳就业最多的产业，增加值的贡献仅次于金融业。"二战"结束之初，英国制造业在总就业人口中的比例高达 70%，而现在只占 16%，包括创意产业、金融服务、信息服务等多个行业在内的大服务业在总就业人口中的比例高达 80%。

英国和澳大利亚一样，是最早从中央政府层面推动创意产业发展的国家，成立了专门的管理、规划、指导机构，推出了许多鼓励文化与科技、商务、旅游融合发展的措施。1997 年，布莱尔领导的工党执政后，把散落于 7 个政府部门的文化管理职能集中起来与国家遗产部合并，成立了英国文化、媒体、体育部（DCMS），管理艺术、博物馆、图书馆、历史遗迹、体育、博彩、旅游、广播、电影等多个领域，负责制定文化政策、划拨文化经费。这一标志性的机构改革体现了一体化融合发展、兴办"大文化"的思路。跨界体育、文化、娱乐等领域的彩票业带来了巨大的资金支持，约有 30% 的彩票收入被用于文化、体育、慈善事业的发展，创意产业每年能获得 13 亿英镑投资。同年，英国文化、媒体和体育部成立了专门的创意产业项目小组（Creative Industries Export Promotion Advisory Group），于 1998 年出台《英国创意工业路径文件》，明确地提出"创意产业"（creative industries）概念。项目小组的三项重要建议包括：保证消费者权利，鼓励产业竞争和创新的市场架构；更多地发展具有创新、动态、成长特征的信息科技、电子和通信产业；培养具备"选择数字化产品与服务"能力的消费者和企业，这些都表明，创意产业主要是依赖新兴科技、

推动科技与文化融合发展的产业。1998 年，英国还成立国家科技艺术基金会
（NESTA），旨在资助和扶持创意和创新事业，促进科学、技术、艺术和教育领
域的创新及创意项目，并发布各种权威的研究报告。近二十年，英国政府在创
意产业的组织管理、人才培养、金融支持、生产经营等有关方面逐步完善了扶
持政策，建立了世界上最完备的创意产业政策体系。

英国经济具备成熟的一体化融合发展的基础条件。在世界经济论坛（World
Economic Forum）《全球竞争力年报》（2013—2014）中，目前英国可转化为生
产力的技术就绪度在全部创新驱动型经济的国家中处于领先地位（见图 3-1：
排名基于调查结果，调查结果权重值"非常弱"=1，"非常强"=7），同时发达
的金融市场、极高的商业成熟度、政策环境和基础设施也能够为文化与科技商
务旅游一体化融合发展提供良好条件。

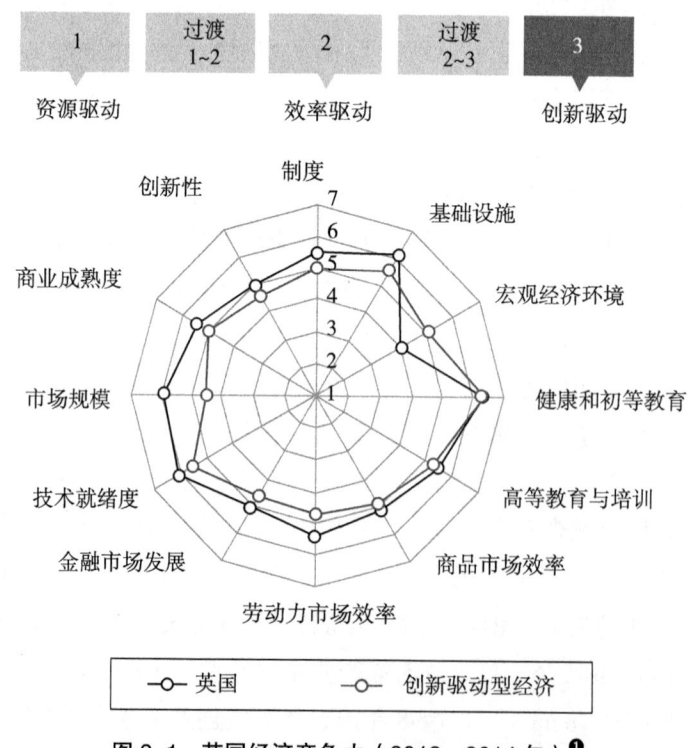

图 3-1　英国经济竞争力（2013—2014 年）❶

❶　资料来源：The Global Competitiveness Report 2013-2014，http://www.weforum.org。

2. 伦敦城市发展的历程

伦敦的兴起，最早是由于其港口城市的地理优势，大力发展航运、仓储、手工制造业、商业贸易等行业，在18世纪以前就已经是欧洲重要城市。第一次工业革命之后，伦敦成为英国最大的工业城市和世界金融中心，与工业相关的商业、航运、保险、信贷等行业都处于世界领先水平。马克思在伦敦学习、工作的时代，伦敦已有200多万人口，比同时期的巴黎多近100万人，19世纪末激增到670万人，是世界人口第一大城市。这一时期，伦敦从事服务业的人口已经占到全部就业人口的一半左右。尽管此后的几十年里，伦敦受到了纽约、东京等新兴城市的挑战，它整体的产业结构没有明显变化，依旧是以工业和服务业为主，此时的服务业有很大比重属于零售、批发、饮食等传统行业。

真正的变革是"二战"以后逐步开始、20世纪60年代末提速的"去工业化"运动。"二战"结束的前十年，伦敦大规模重建了战火中毁坏的工厂、企业，且大多数建设在郊外，以疏解中心城区人口和城市功能，实现郊区和城区的平衡；新增城市劳动力也主要填补到了这些传统行业中。然而此时伦敦的工业污染已经积累到十分严重的程度，发生了震惊世界的"1952年伦敦烟雾事件"❶，伦敦社会各界都意识到了城市转型发展的重要性，政府开始把一些高能耗、重污染的工厂企业、火力发电站迁走，鼓励使用电力和天然气，制定相关环保法规。从40年代后期到60年代后期，伦敦完成了战后重建带来的一拨经济增长，此后开始大幅度调整发展战略，把金融、商业、旅游和高科技企业作为主要发展方向，以应对20世纪后30年的又一次世界性经济衰退。这些产业结构调整效果明显，根据英国劳动统计局2000年发布的《劳动市场趋势》和伦敦政府2009年发布的《Focus on london》统计数据，1971年，伦敦制造业的就业人口在全部就业人口中所占比例为27%，服务业占68.6%；1981年，两组数据分别是19.2%和74.6%；1999年，两组数据是7.4%和89.3%。到了2007年，制造业就业人口比例为4.49%，服务业升至92.16%。而制造业的统计数据中，按照英国统计局分类标准，纳入了现在一般被视为文化产业的出版印刷行业，约占到总量的1/3（见图3-2）。

---

❶ 1952年12月5日至9日发生在伦敦的一次严重大气污染事件，也称为"伦敦雾灾"，约12000人因呼吸道疾病而丧生，这次事件促使英国及伦敦市政府加快环保事业的发展，《大气清洁法》《污染控制法》等专项法规先后出台。

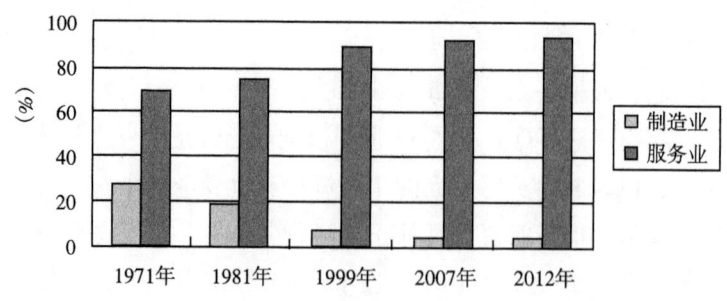

图 3-2　伦敦制造业和服务业在就业总人口中的比重 ❶

（二）伦敦城市发展定位和融合发展的措施

伦敦对整个英国政治、经济、文化发展有着举足轻重的影响，大伦敦地区人口数量约 820 万，相当于英国全国人口的 13%，比英国其他城市群要大得多，同样从工业城市发展起来的第二大城市群伯明翰地区人口仅有 368 万。伦敦的城市发展方向可谓整个英国经济的风向标。在 20 世纪后 30 年"去工业化"时期，伦敦也比较重视文化，但此时文化发展并未作为一项城市总体战略和跨领域的新兴产业提出。1986 年，作为大伦敦地区最高行政机构的大伦敦议会被首相撒切尔夫人废除，其目的是为了削弱工党领袖利文斯通的权力和减少开支，权力收归中央政府和自治市委员会，这一改革很大程度上阻碍了伦敦文化发展的步伐，包括文化规划、组织大型文化活动、吸纳社会力量参与建设等都受到影响。学者弗兰克·比安奇尼（Franco Bianchini）说，"大伦敦议会 1986 年被裁撤后，伦敦文化政策制定的分裂导致了伦敦作为国际性文化和经济创新中心的城市形象下滑。" ❷1997 年工党执政之后，创意产业作为一项新国策提出，伦敦地区成立大伦敦政府，利文斯通当选首任市长，迎来了文化和创意产业高速发展的新阶段。

伦敦市长系列规划成为文化规划、城市发展战略的经典案例。2003 年，利文斯通发布首份市长战略纲要，后来突出了文化的战略意义，更名为《伦敦：文化之都——发掘世界级城市的潜力》。市长规划意在建设"有示范意义、可持续发展的世界城市"，提出了四大原则：发展优秀的、有创造性、被公众认可、具备价值的文化。同时规划了创意产业的集聚区，并成立战略发展机构

---

❶ 资料来源：Focus on london、Naitonal on lines 等。

❷ Franco Bianchini, Remaking European Cities: The Role of Cultural Policies, Cultural Policy and Urban Regeneration: The West European Experience, p.16.

"创意伦敦"，下设 10 个城市创意节点。2008 年，第二任市长鲍里斯·约翰逊发布《文化大都市——伦敦市长 2009—2012 文化重点》，提出了文化发展的 12 个关键点，包括"保持伦敦作为全球优秀文化中心的地位""提高政府对伦敦文化的支持力度""对创意产业提供有针对性的支持""推销伦敦"等内容❶，特别强调要重视文化多样性和草根文化，鼓励中小型文化团体、创意企业的发展。

除了创意产业的总体规划，伦敦在文化、科技、商务、旅游融合发展方面还有具体措施：在废弃多年的西印度码头新建了金丝雀码头（Canary Wharf）金融街，把商务、金融与文化旅游相结合。伦敦发展局公布《伦敦创新战略与行动计划（2003—2006）》，提出建设"世界领先的知识经济"，从 2011 年开始实施"东伦敦科技城"规划，将其打造为全球科技创新中心。2014 年，市长鲍里斯·约翰逊又提出了把整个伦敦建设成"世界科技之都"的构想，成立 9 人的"伦敦技术大使团"（London Tech Ambassadors Group）。旅游方面两次发布行动计划，其中《伦敦旅游业行动计划 2009—2013》重点是围绕奥运会、残奥会等大型文化体育活动推出的系列营销推广，体现伦敦是"提供历史遗迹和多民族文化、充满活动的独特目的地"，围绕赛会打造世界传媒中心❷。在奥运举办期间，伦敦举办了包括"文化奥林匹亚""2012 伦敦庆典"在内的大量公共文化活动。

在城市空间规划布局上，大伦敦政府重点强化了中心地区特别是东西轴线泰晤士河两岸的城市功能，这符合其世界城市的定位。中心城区的老金融区有苏格兰银行、圣保罗教堂等众多历史建筑，是文化旅游的胜地，大伦敦政府成立之初重点突出这一区域的文化、金融、商务、旅游融合功能，包括批准建设更多吸引跨国集团总部的高大建筑。尽管部分计划遭到反对，"英格兰遗产委员会这样想要保护城市历史建筑的组织，经常强调对诸如圣保罗大教堂这样的历史建筑景观的不利影响"❸，但从塑造世界城市的角度看仍然是有成效的。威斯敏斯特地区强化了城市文化资本的保护利用，这里历史遗存众多，76% 的街区属于保护建筑，又拥有议会大厦等作为英国政治文化符号的设施。泰晤士南岸的另一中心地区南华克重点发展了新兴艺术、文化娱乐，利用废弃的电站等工业时代遗存建设了泰特现代艺术馆以及"白立方"画廊等文化设施，旅游业提

❶ Cultural Metropolis: The Mayor's Priorities for Culture 2009-2012，大伦敦政府官网 www.london.gov.uk。

❷ London Tourism Action Plan2009-2013，见大伦敦政府官网 egacy.london.gov.uk。

❸ 彼得·纽曼、安迪·索恩利：《规划世界城市》，刘晖等译，上海人民出版社，2012，第 181 页。

升带动了南华克地区的复兴。除中心地区外，伦敦重点加快了落后的东区的城市复兴。为举办奥运会新建的奥林匹克公园等文体设施主要位于伦敦东区❶，这一中心区域原本是城市洼地，集聚了大量外来移民和城市平民，而新的城市规划在伦敦东区重点发展了艺术、设计、特色餐饮等，围绕奥运会的举办在数年时间内就初步实现了产业升级，成为了在全世界范围内都有一定知名度的艺术区和创意集聚区。

（三）伦敦文化与科技商务旅游融合发展的成绩

伦敦已经发展成为英国文化创意产业中心、世界创意之都，创意产业自2001年以来的年均产值超过210亿英镑，是仅次于金融的第二大支柱产业，2012奥运年更是达到300亿英镑的峰值。创意产业的艺术基础设施占英国的40%，拥有英国80%的电影行业、74%的证券交易和基金管理行业、46%的广告业从业人员。伦敦文化与科技商务旅游一体化融合发展成就具体表现在几个方面。

集成协作型的文化旅游业。在国家彩票基金和私人的资助下，伦敦在过去20年间修缮和新建了一大批文化设施，大英博物馆、皇家歌剧院、泰特现代艺术馆、白教堂美术馆、圆屋剧场、国王广场等新老场馆展现了伦敦的城市文化特色。根据权威的万事达全球旅游统计，伦敦旅游业2013年的收入高达163亿英镑，位列世界第二、欧洲第一。

种类繁多、兼具文化、商务、旅游功能的文化活动。海德公园、维多利亚公园和泰晤士河畔的艺术节、格林尼治和码头区国际艺术节等、伦敦新年夜等艺术节、狂欢活动都是融合了音乐艺术、旅游、商贸购物的特色活动，弗瑞兹艺术博览会、伦敦设计节、伦敦时装周、伦敦科技周、"硅谷到英国"等活动为创意产业、创意工作者搭建了世界级的文化交流平台和商贸交易平台。

发达的数字类文化产业。伦敦新兴文化产业发展迅速，截至2014年已有34400家数字科技公司，其中设计业具有世界领先水平，专业设计院校众多，高水平人才储备丰富。越来越多不同领域的跨国公司如三星、诺基亚、雅马哈等，借助伦敦的工业设计来打造国际品牌。伦敦出品的著名游戏"古墓丽影"（Tomb Raider）系列在全球销售超过2000万张，许多跨国娱乐软件出版企业都

---

❶ "伦敦东区"的名称始于19世纪末，并非整个伦敦东部，也不是行政名称，而是指中心区东北部的一块区域，位于泰晤士河北岸、码头东部，现在包括哈克尼的南部和整个"塔村"（哈姆雷特塔）地区。

在伦敦建立了研发基地或办事处。伦敦的传媒、出版、影视制作、动漫、娱乐产业也十分发达。《哈利·波特》的全媒体传播和衍生产品收益惊人，全球经济收益高达上百亿美元。伦敦东区的霍克斯顿从90年代中后期开始涌入大量的设计公司和数字技术公司，被伦敦人称为"数字三角洲"，从工业区变为了艺术时尚与IT中心。

强大的区域创新体系。英国经济创新能力在创新型国家中占据优势地位，而伦敦的区域创新能力又在英国国内领先，集聚区的创新水平高，如霍克斯顿地区依托剑桥大学资源，拥有成熟创新体系，聚集了500多家创意企业和大量优秀创意人才。从近年来英国统计局数据看，伦敦R&D（Research and Development）投入在英国各地区中并不算高，而回报率却很高，英国工业贸易协会对新产品和改进产品的销售比例的统计显示，伦敦的新产品销售一直名列前茅。另据英国知识产权局2007/2008年专利授权量统计，伦敦专利授权量2007年为316件，占英国的15%，2008年专利授权量为361件，占英国的17%。

（四）伦敦文化与科技商务旅游融合发展的启示

1. 政府政策规划的重要作用

大伦敦政府的规划设计是伦敦实现文化与科技、商务、旅游一体化融合发展的关键因素。在很长一个时期内，政府对文化的干预特别是城市层面的文化规划在崇尚自由市场的西方国家并不被提倡，但实践证明伦敦市长规划获得了很好的效果，其目标非常明确，即在全球化的今天仍然保持和强化伦敦的世界城市地位，在世界范围内把伦敦建设成文化中心、创意中心和科技之都。在工业产能基本置换、金融业受到纽约、法兰克福、东京、香港、新加坡、上海等城市挑战的形势下，伦敦必须发展以科技文化融合为基础的创意产业，最终也取得了成功。由于伦敦在整个英国的战略地位和示范作用，两任市长的改革和文化规划得到了中央政府强有力的支持。2004年"创意伦敦"计划曾设想由私人团体来管理的创意中心，然而到2008年的时候，"只有一小部分创意中心建成，其中被用作创意生产中心的更是少之又少"，另外，国家和地方政府层面的计划方案却不断进行调整、重新推出❶。

---

❶ 吉拉尔迪：《英国视角下的创意城市》，见《创意城市的实践》，清华大学出版社，2013，第222页。

2. 以融合发展推动城市功能的整合强化

伦敦的文化与经济、商务、旅游融合化发展，有很明显的重点取舍。伦敦地区小城市众多，"二战"结束后根据唐纳德·福利（Donald L. Foley）的规划思路设立了遏制伦敦核心区增长、疏解城市功能的建设框架，发展了若干新城，加上扩大规模的固有小城市，这类卫星城的总数近三十个。❶大伦敦政府成立之后，原本碎片化发展的伦敦地区得以进入一体化的新阶段，周边小城市疏解了中心区的部分产能，中心城区则重点强化原有的金融商贸的优势产业，逐渐在世界金融中心的竞争中又回到前列。同时利用新老金融街以及泰晤士河两岸的历史文化遗存等文化资本，利用举办 2012 年奥运会的契机，把金融、商务与文化旅游结合起来。与我们通常理解的疏解城市功能就要迁出一些公司企业相反，伦敦政府的规划有明显的强化城市中心区功能、同时扶持伦敦东区的意图，而即使是落后的伦敦东区，其实也属于城市中心区域。伦敦世界城市地位的保持与强化，拉动了相关的商贸、金融、保险、广告等现代服务业和创意产业。

3. 科技文化融合造就"绿色伦敦"

伦敦在相当长的历史时期内患有严重的城市病，深受雾霾困扰，泰晤士河也遭到污染。而伦敦最终能够成功解决环境污染、交通堵塞等问题，一方面，源于严格的法律监管和轨道交通建设；另一方面，就在于发展以科技文化融合为基础的文化创意产业和现代服务业。这些科技含量、文化含量高的创意产业、现代服务业是真正低碳、环保的经济形态，对自然资源依赖程度小，替代了伦敦原有高能耗、高污染的支柱产业。另外，绿色宜居的城市本身又成为吸引世界优秀创意人才、文化人才的一个重要因素，最终形成良性循环。

二、巴黎：文化与科技商务旅游融合发展升级时尚之都

巴黎是欧洲最大的城市、全球文化艺术中心，法国的政治、文化和商业中心，自 19 世纪以来就有"花都"之称。巴黎和北京一样是内陆城市，离最近的海港城市都有一百多公里距离。跟伦敦、汉堡、巴塞罗那、里斯本等大航

---

❶ 布莱恩·贝利：《比较城市化——20 世纪的不同道路》，顾朝林等译，商务印书馆，2012，第 152 页。

海时代发展起来的欧洲港口城市相比，巴黎有地理位置上的局限，但很早就在发展制造业的同时把文化娱乐、时尚产业作为一个特色来打造，旅游、文化、商务等产业的融合发展走在了其他欧洲城市的前面，可以说是欧洲最早的创意之城。在 20 世纪后期的转型发展中，巴黎固有的时装、设计、传媒、餐饮、旅游等优势产业充分与新兴科技相结合，保持了世界领先水平。长久以来，巴黎的内外城发展很不平衡，巴黎市与大巴黎地区其他部分的发展也很不平衡，这一点与北京目前遇到的问题有相似之处，其解决区域发展均衡性的规划值得研究。

（一）巴黎文化与科技商务旅游融合的背景

1. 法国产业结构的变迁

法国经济发展的历程与英国从工业、制造业转型创意产业有所不同，法国的工业、制造业底蕴不如英、德等国深厚，但具备文化产业雏形的都市时尚产业一直是法国经济的一大亮点，这是法国在 20 世纪 90 年代之后开始大力发展创意产业的内在基础。

法国工业革命开展较晚，代表工商业和金融资产阶级利益的拿破仑执政后才真正开始工业化。受农业发达、政权更迭频繁、普法战争后被迫割让阿尔萨斯、洛林等多种因素影响，法国工业革命进程较为缓慢，直到 19 世纪末、20 世纪初才最终完成，这时法国的经济整体实力已不如英、美、德，在世界工业中占的比重不高。但是，法国纺织业发达，巴黎走在欧洲文化时尚的前沿，相关的食品、服装、旅游、娱乐产业有很高的水平，金融业也发展迅速，从 1855 年到 1937 年，巴黎每隔 11 年就举办一次世界博览会。第一次世界大战之后，作为战胜国的法国获得发展的黄金机会，依靠收回的阿尔萨斯、洛林两地矿产资源积极发展第一产业，工业地位大大提高，转变为工业国。"二战"中，法国经济遭受严重打击，战后在美国援助之下经济逐渐复苏。这时的法国拥有萨特、波伏娃、加缪、马尔罗、毕加索、戈达尔、特吕弗、罗兰·巴特、杜拉斯等新老文化名人，在文学、音乐、绘画、电影等多个艺术领域具有世界影响力，但国民经济仍是以重工业和劳动密集型为主，1952 年戴高乐总统领导的法兰西第五共和国建立之后，包括航空航天等现代高端制造业在内的第一产业快速增长，逐渐恢复大国地位。

　　以工业为主的产业结构一直到 20 世纪 90 年代经济放缓、失业率增高才发生转变，法国开始大幅度增加文化基础设施投资，鼓励创意产业的发展。在密特朗总统领导下，法国政府实行了"文化例外"的国策，在关贸总协定的谈判中反对把文化产品作为一般性贸易对象。为保护民族文化和文化多样性、反抗美国流行文化的霸权，政府严格限制了电视台、影剧院中美国文化产品的比例。原本比较发达的文化旅游、影视音乐、特色餐饮、娱乐时尚产业在政府推动下获得发展良机。近年来，法国就业结构发生明显变化，产业工人和农业人口数量已经降到很低的比重，整个第三产业的就业人口超过了76%。根据官方认可的《文化创意产业经济观察》（2013）数据，法国的文化创意产业占国内生产总值的 2.8%，高于欧盟和德国，比英国略低，其贡献超过汽车工业。

　　法国文化事业、文化产业的发展同样源自政府推动，与英国政府主要进行顶层设计不同的是，法国中央政府的强势介入更多，在文化政策制定和管理方面有较强的"中央集权"色彩。1959 年，法国成立了文化部来统一管理文化事务，经过数次改革形成目前的"文化通信部"，其权力和职能范围较为宽泛，横跨文化艺术、媒体、广告、通信、公共文化服务、历史文化遗产保护、建筑等多个领域，负责制定文化政策，向法国各大区的文化管理机构派遣官员，向罗浮宫、凡尔赛宫、国家歌剧院等重要文化设施、文化机构直接投资并派遣管理人员，这些工作人员都可享受政府公务员的待遇。文化通信部可以协调不同的管理部门，其设立本身就带有促进文化、旅游、商务融合发展的意图。巴黎作为法国历史文化遗产、文化设施最为集中、文化产业最发达的地区，接受中央政府投资和监管也最多。

　　从整体上看，法国与科技实力雄厚的英国相比，进行技术驱动型融合发展的条件要稍差一些，创新性略微逊色。世界经济论坛《全球竞争力年报》（2013—2014）显示，法国可转化为生产力的技术就绪度与世界上大部分的创新驱动型国家持平（图 3-3：排名基于调查结果，调查结果权重值"非常弱"=1，"非常强"=7），市场规模和基础设施相比其他国家有较大优势。法国的文化与科技、商务、旅游融合发展更多是采取对优势产业的重装升级。

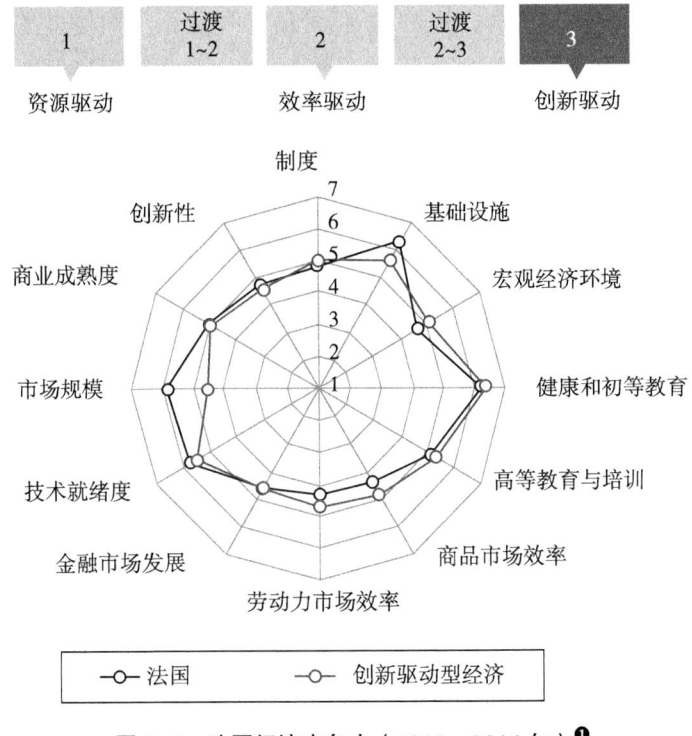

图 3-3　法国经济竞争力（2013—2014 年）❶

2. 巴黎城市发展的历程

巴黎是法国北部的内陆城市，在 18 世纪和 19 世纪的大部分时间里，巴黎经济形态都以农业、手工业、小工业为主，虽然 1789 年爆发了资产阶级领导的大革命，但直到 19 世纪后期才真正由农业为主的经济形态转向以工业、金融业为主。巴黎是革命旋涡中心，城市发展屡次受到政治动荡和战争影响，从法国大革命（1789 年）到巴黎公社建立（1871 年）不到一百年的时间发生 5 次大革命，可以说是在"革命的世纪"结束后才开始工业化。"一战"以后，巴黎获得发展良机，建立了完善的工业体系，成为仅次于伦敦的欧洲第二大金融中心。

与工业化进程上的曲折相比，巴黎在文化娱乐、时尚产业方面一直保持了前进势头。在 12 世纪建造巴黎圣母院之时，就已经是欧洲重要的文化艺术和教育城市。19 世纪以前的法国王室有重视文化艺术的传统，巴黎纺织业也异常发达，这些都为时尚产业发展创造了有利条件。巴黎作为时尚之城的崛起还要归功于 19 世纪中期奥斯曼男爵（Baron Georges-Eugène Haussmann）主持的城市

---

❶　资料来源：The Global Competitiveness Report 2013－2014，http：//www.weforum.org。

建设。拿破仑三世执政期间，从 1853 年至 1868 年，由奥斯曼男爵主持进行了大规模的旧城改造，通过征地、拆迁，建造了奠定今天大巴黎城区格局的林荫道，严格规划街道立面建筑物的高度、风格，开辟若干大型公园，建立起迷宫一般的地下排水系统。巴黎的改造不仅容纳了更多城市人口，也使商业、娱乐场所遍布林荫大道所到之处，把它迅速变为欧洲娱乐时尚之都。从 19 世纪中期到"二战"前，巴黎举办了 6 次世界博览会，这也是早期的科技文化融合的世界性大会，巴黎的工商业、旅游业、食品服装、艺术品交易都从中受益，还为举办世博会兴建了埃菲尔铁塔、夏洛特宫这样的地标性建筑，形成巴黎城市发展重要的文化资本。此外，巴黎的城市发展史上虽然充满了政治动荡和王朝更替，然而不同的政权都很重视兴建具有政治文化含义和象征意义的标志性建筑，经过数百年保护积累，形成了具备鲜明文化特色的城市景观（见图 3-4）。

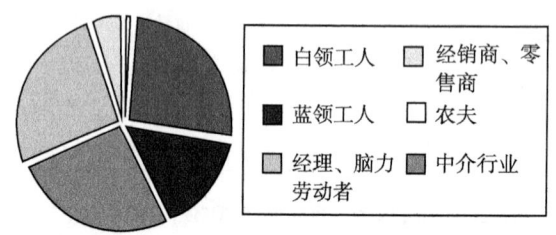

图 3-4　大巴黎地区就业结构（百分比）❶

　　同为首都城市，巴黎对所在国家政治经济文化的影响力比伦敦更大，大量的优势资源集中在这座城市，法语中甚至有巴黎和"外省"之分。巴黎的中心城区也跟伦敦、纽约不一样，基本是富人聚居，郊区生活着大量移民。1947年，地理学家格瑞尔（Jean-Francois Gravier）出版了影响力颇大的《巴黎与荒凉的法国》一书，批判区域发展不平衡的现象。在"二战"以后的重建阶段，工业和人口更加高度集中到巴黎，造成地价等生产成本的攀升以及环境污染。20 世纪 60 年代以后，法国政府对巴黎实施"工业分散"计划，把劳动密集型产业、传统制造业迁往郊区和其他城市，中心城区主要发展时尚产业、现代服务业，北部和东部地区进行了重点重建，市区西面的拉德芳斯商业带继续发展金融和总部经济；制造业的发展方向也逐步向光电、计算机、IT 产业等高新技术行业转移。进入 90 年代，巴黎的就业结构发生明显的变化，目前的农业人口降至 0.1%，蓝领工人占 15.1%。

---

❶　资料来源：Paris Region：Key Figures 2014，大巴黎城建与政治研究所网站 http：//www.iau-idf.fr。

（二）巴黎城市发展定位和融合发展的措施

巴黎的城市定位和发展规划对于整个法国意义重大。大巴黎地区（法兰西岛行政区 Ile-de-France）由巴黎市和近郊 3 省、远郊 4 省组成，人口超过 1200 万，占法国全部人口的 18%，2013 年的国内生产总值（GDP）占法国的 31%，接近欧盟全部 GDP 的 5%[1]，在全世界城市中也位居前列。巴黎还拥有众多的历史文化遗产、公共文化设施和法国近 1/4 的高校，文化教育资源十分丰富。巴黎的城市发展定位和文化规划受中央政府直接影响，20 世纪 80 年代以来进行过两次调整。继 60 年代实施"工业分散政策"之后，法国政府为避免文化上的区域发展不平衡，又在 1982 年颁布"文化分散政策"，把 2/3 的投资给予"外省"，90 年代希拉克执政时期在提高全国文化预算的同时，决定不在巴黎进行新的大型文化工程建设。然而这一系列的调控政策实施 20 年之后，巴黎的文化影响力和国际地位未见提高，两次申办奥运会都以失败告终，在文化产业和新兴科技产业的世界竞争中优势不明显，因此近年的政策规划又重新突出巴黎的战略地位。2007 年，萨科奇政府推出了规模宏大的打造世界之都的"大巴黎计划"。

进入新世纪以后，巴黎推动文化与科技商务旅游融合发展的措施主要有：（1）从 2005 年开始，把创意产业作为经济发展的优先领域，对创意企业给予资金和政策支持。（2）加大文化基础设施建设和投入，意在保持和强化巴黎的世界文化艺术中心地位。2001 年到 2007 年，政府投入 8700 万欧元用于对历史建筑修缮，自 2001 年起每年平均投入 900 万欧元实施"教堂计划"，对巴黎剧院、夏洛特宫等演出场馆每年增加上百万欧元的经费。十年间，巴黎的演出场所数量翻了一番。（3）举办时装周、设计周等各类文化活动以及法国网球公开赛、环法自行车赛等体育赛事。以文体活动带动文化、商贸、旅游及相关服务产业的融合发展。（4）加强以时装、设计为代表的时尚产业，利用新技术对现有产业体系进行了升级更新。重视创意、设计类高校和科研机构的建设。鼓励在工业设计中大胆创新，增加文化含量，纺织、服装、皮革产品甚至钟表、珠宝首饰、金银制品、眼镜、餐具、玩具、乐器、家具和室内装饰等领域的创新产品都可以得到优惠的税务待遇，"法国国内所有被授予'文化遗产'标识的企业，其在为设计全新系列产品时所花费的资金，也能够享受到类似的税务抵免

---

[1]　Paris Region, Key Figures 2014，见大巴黎城建与政治研究所网站 http://www.iau-idf.fr。

待遇，具体的抵免税率则为 15%"。❶（5）政府发起融合、协作的创新项目和大型会展。从 2003 年开始组织经济工业和财政部实施的"创新、发明、设计"合作计划，吸纳了企业、教育机构、工业技术中心参加，政府对不同产业部门间的融合项目予以资金支持。2003 年开始举办的"巴黎，创新之都"时尚展会，把对外宣传、商业会展、文化旅游、设计研发结合起来。

在城市文化空间布局方面，巴黎政府最近 20 年力图解决区域发展不平衡的问题，包括在东部修建迪士尼乐园，在北部圣丹尼斯的工业区旧址建造"创造区域"，利用废弃电厂修建吕克·贝松电影城，在少数族裔聚集、经济落后的 19 区修建"104 艺术中心"，这些房租低廉的园区成为多种门类艺术和创意产业的孵化器。2007 年以后，萨科齐政府发布规模宏大、到 2025 年总投资 325 亿欧元的"大巴黎计划"（Grand Paris），试图打破巴黎外城和内城的隔阂，拓展中心区的辐射力。这份面向全球的规划由让·努维尔等 10 名建筑规划大师负责设计，如能全部顺利实施，将在重塑世界文化中心的同时较好地解决巴黎城区的交通、就业、环保等问题。规划主体部分是改善大巴黎的交通体系，重建萨克莱科技园区，新建一批科技和时尚产业的园区，而巴黎文化版图将以塞纳河为轴向外扩展，在东西南北中五个方位根据不同的基础条件建立相应的文化艺术区。萨科齐政府还决定加大学校基础设施投入，培植拥有百万植株的森林帮助巴黎减少噪音、空气污染，而过去因为历史文化名城保护而被严格限制建设的摩天大楼只要有艺术美感也可以批准修建。❷

（三）巴黎文化与科技商务旅游融合发展的成绩

大巴黎地区当前的产业结构是以高增值服务业（金融、IT 服务）和现代制造业（电子、光学、汽车、航空航天、医药等）为主，仍然是欧洲重要的制造业中心之一，巴黎创意产业在国民经济中的比例没有伦敦高，但相关从业人员也占到了全部就业人口的 9% 左右，巴黎的一体化融合发展有其鲜明的特色。

巴黎文化与科技、商务、旅游融合发展的成绩首先体现在升级换代之后的时尚产业。著名管理咨询公司埃森哲的研究员史蒂芬·基罗（Stphane J.G. Girod）说，"直接或间接地，时尚业造就了法国经济中一个重大的战略性产

---

❶ 参见中国贸易促进会驻法代表处《法国新产品创意和设计产业现状》《法国新产品创意和设计产业的发展策略》http://www.ccpit.org/Contents/Channel_2632/2010/0505/250925/content_250925.htm。

❷ Walter Wells：Big Plans for Grand Paris，France Today，2009.6.

业，我们称为'生活方式和愉悦'产业。就直接贡献而言，时尚业带来每年350亿欧元的产值和15万就业机会"❶，时尚产业的很大一部分正是来自巴黎企业。在数字信息技术基础上建立的现代传媒，最大限度地帮助时尚产业保持其时效性。时尚产业的生产营销已经应用各种高科技手段，如众多奢侈品、工艺品的制造，时装业使用全息投影的时装秀、嵌入数码元件的电子织物、远程控制服装、LED技术的电子刺绣、网络测量服装尺寸、利用多媒体手段展示不同地区的时装展等。法国国家科研中心、法国电信公司和阿尔卡特公司1997年在巴黎南部联合建立了国家光电技术基地，世界级水平的光电技术不但应用在军事、医疗、传媒等领域，也能帮助娱乐、演艺、影视行业更新表现手段。

其次是发达的文化旅游业。巴黎城区的卢浮宫、凡尔赛宫、凯旋门、埃菲尔铁塔等历史文化遗存，夏洛特宫、巴黎国家歌剧院、法兰西喜剧院、巴黎音乐城、奥德翁国家剧院等文艺演出场馆，蓬皮杜中心、巴黎艺术中心等现代文化艺术设施，共同构成了旅游业赖以发展的文化资本。巴黎在2013年迎来3270万需要入住的游客，其中1430万是外国游客，旅游业经济收益达到127亿欧元❷，带动了巴黎餐饮、酒店和娱乐行业。

再次是文化与科技、商务、旅游融合发展的大型会展。巴黎各类文化节庆的参与人数与伦敦持平，在大型文化会展方面有优势，往往能够引领世界风尚。自2002年开始，巴黎利用丰富的文化设施资源举办"巴黎不眠夜"活动，重点扶持现代艺术、街头艺术，推动少数族裔文化与主流文化的融合，很快引领欧洲时尚，发展成"欧洲不眠夜"系列活动。集文化、科技、商务、旅游功能于一身的大型会展是成为巴黎历史文化传统的一部分。巴黎在举办世博会之前，曾举办过11次法国工业展览会和众多的文化沙龙，构成了世博会的前身，此后连续举办了6届世博会，如今这项盛会由世界各国城市轮流举办，已经成为世界性的科技、文化、商务、旅游盛会。巴黎举办的国际装饰艺术及现代工艺博览会、时装周、设计周等活动都有世界性影响力。

最后是文化与科技、商务、旅游融合的产学研用体系。目前，巴黎艺术和设计院校的学生数量大概只有伦敦的一半❸，但为法国的时尚产业、创意产业贡献了大量的研发和管理人才。巴黎的法国设计学院、高等工业设计学院、

---

❶　史蒂芬·基罗：《法国时尚产业给中国上的五堂课》，《商业评论》2012年3月。

❷　Paris Region: Key Figures 2014，大巴黎城建与政治研究所网站 http://www.iau-idf.fr。

❸　参见罗伯特·保罗·欧文斯等：《世界城市文化报告》（2012），同济大学出版社，2013，第136页。

法国时装学院、法国时尚学院等一大批高校科研机构与企业、政府主管部门密切协作，组成了成熟的产学研用体系。此外，巴黎的时尚产业还建立了畅通的艺术创意人才流通渠道，全世界的人才可以为巴黎所用，还兼为世界其他国家输出、培养创意人才，例如日本时尚业的很多代表人物高田贤三、三宅一生、森英惠高等都出自巴黎，获得了双赢的效果。基罗评价说："对本国和外国人才的一视同仁使法国时尚业保持了持久的吸引力。业界在未来还必须继续保持这种平衡。它的成功既来源于法国设计师如香奈儿、迪奥、圣罗兰、纪梵希、让保罗·戈蒂埃，也来源于那些外国的、在激烈竞争中脱颖而出的亲法设计师。"❶

（四）巴黎文化与科技商务旅游融合发展的启示

1.融合发展为传统时尚产业打开新天地

巴黎是欧洲制造业中心，时尚产业中的服装、饰品、珠宝、生活类化工产品、电子产品等都属于制造业范畴，餐饮、酒店、娱乐业等属于传统服务业范畴。然而数字技术、信息技术带来了传统产业发展模式的转变，文化信息的全球共享，文化与科技、商务、旅游的结合都释放了巴黎时尚产业的潜力，给这些时尚产品带来更大的消费空间。从巴黎的例子可以看出，新业态与传统制造业、服务业之间的关系，并非二元对立或此消彼长，而是相互促进、相互融合。我国是消费巴黎时尚产品、奢侈品的大国，路易威登、香奈儿、爱马仕等时尚产品拥有较高的文化附加值，价格昂贵，远远超出普通商品的使用价值，仍然吸引了众多消费者，与我国以粗加工、代工产品、山寨品为主的低端制造业形成鲜明对比。

2.以融合发展推动内外城一体化进程

巴黎过去着力解决的是区域发展不平衡的问题，包括内外城文化发展的不平衡，曾采取过"扬外、抑内"的方针，先后颁布工业分散政策和文化分散政策，进入新世纪之后转为"以内带外"，实施投资巨大的"大巴黎计划"。虽然发展思路不同，这些变革的目的都是要突破巴黎发展瓶颈，同时继续保持其世界城市的地位，引领法国经济向前推进。文化与科技商务旅游一体化融合发展是解决这一问题的重要思路之一，大巴黎政府把许多激发城市创造力的项目和

---

❶ 史蒂芬·基罗：《法国时尚产业给中国上的五堂课》，《商业评论》2012 年 3 月。

文化设施都放在城市的边缘区域，104 艺术中心、巴黎艺术中心都是利用废弃的工业设施或服务设施建立起来的。创意企业以小微企业为主，依靠主创人员的智慧和创新能力，对自然资源、地域条件的依赖性远远低于传统产业，城市欠发达地区低廉的场租正好为他们提供了便利条件。

3. 构建融合发展的区域创新体系

巴黎的文化与科技商务旅游融合发展得益于历史传统、丰富的城市文化资本和良好的基础设施条件，也与巴黎政府的政策规划分不开，一体化融合发展拥有一个理想的全面的发展环境，在局部形成区域创新体系。例如巴黎对现代时尚产业的扶持既有政府的资金投入、政策推动，为鼓励研发制定税务减免措施，又有高校、科研机构组成的教学研发系统，与生产销售企业、社会组织、行业协会密切协作，形成良好的人才培养输送渠道；同时还举办大量会展，为文化与科技、商务、旅游融合发展提供了世界性的舞台。另外，巴黎在法国"文化例外""文化多样性"的政策指导下，重视民族文化、少数族裔文化的传承，重视巴黎不同族群的文化交流，培养起开放、包容、自由的文化氛围，有利于激发城市的创造活力。

三、纽约：文化与科技商务旅游融合发展打造文化旗舰

纽约是世界商业金融中心，也是重要的文化之都，拥有发达的媒体、时尚、娱乐产业。它并非首都城市，在接受中央政府政策扶持方面没有太多优势，主要依靠市场竞争的力量推动文化产业发展。纽约利用现代科技对原本就是优势产业的影视、传媒、娱乐等产业进行了升级换代，同时利用曼哈顿等地区的世界影响力，把文化旅游与商业金融的发展结合起来。纽约一体化融合发展的突出成就是出现了一大批旗舰型文化产业集团，通过收并购把电信、IT 产业与传媒、影视、出版、娱乐等行业融合在一起，具有稳固的市场地位。

（一）纽约文化与科技商务旅游融合的背景

1. 美国产业结构的变迁

美国建国之初是以农业、纺织为主的国家，工业化时间比欧洲国家晚，19世纪末到 20 世纪初才宣告完成，但工业总产值已上升至全世界第一。此后的两

次世界大战，美国本土都没有受到战争破坏。经济大萧条时期，以百老汇和好莱坞为代表的美国娱乐影视产业与科技、商业、旅游相融合，逆势上扬，成为新的经济增长点，奠定了美国文化产业近一个世纪繁荣的基础。美国的军事工业和基础设施建设在"二战"时期提供了众多就业岗位，加上罗斯福新政的刺激，使其顺利度过了最困难的时期，战争中许多新兴科技取得重大突破，战后直接转入商业民用，开启了美国资本主义 30 年的黄金时期。

从 20 世纪 60 年代开始，美国产业结构进入调整期，工业、制造业进行了空间布局上的战略转移：传统产业从东北部的"冰雪带"迁移到南部"阳光地带"，后一地带西起加利福尼亚，东到北卡罗来纳州，北至密西西比河中游，南到墨西哥湾沿岸，位置相对偏远，但自然资源丰富，农业机械化以后转移出大量剩余劳动力，制造业的用工成本因此较低，适合转接东北部发达地区转移出来的产能。阳光地带不仅发展了传统制造业，还造就了一批新兴高端制造业城市，如发展航空航天的休斯敦，发展军事工业的菲尼克斯。这一时期除阳光地带外，美国经济的总体趋势是"去工业化"，工业制造业人口的比例大大下降。东部、北部地区的人口数量下降，部分大城市出现人口负增长，全国的城市人口增速也大大低于非城市地区。纽约等传统中心城市受到了制造业转移和去工业化的影响，造成了一定程度的经济滞缓。

进入 20 世纪 90 年代，美国又确立了发展"新经济"的战略。"新经济"的驱动力是 70 年代以来的技术革命，主要实现途径是改造传统制造业，大力发展以数字信息技术为基础的信息产业。"新经济"并不完全等同于"知识经济"，其名称并非政府部门拟定，而是来自 1983 年《时代》周刊的一篇封面文章。新的产业领域包括计算机制造、软件开发以及互联网、媒体、电信三大产业部门融合之后产生各种新业态，具有科技含量高、低失业率、低通货膨胀率、高增长、绿色环保等特征。新经济战略收到了较好的效果，为所谓"美国世纪"画上了一个圆满句号。

目前美国的大服务业（包括商业、金融、行政、文化等领域）的就业人口比例稳定在 80% 左右。新经济对美国城市发展的影响是出现了复兴中心城区的"再城市化"（二次城市化）现象。近年来受新一轮经济危机影响，时任总统奥巴马制定了"重返制造业"的战略，他在竞选时就提出著名口号："此时此刻，为美国制造业的未来而战就是为美国的未来而奋斗"❶，然而美国制造业的目标其实是高科技、高文化含量的制造业，人工智能、3D打印和纳米材料等都在发展计划之列。

美国经济具备成熟的一体化融合发展的基础条件。在世界经济论坛（World Economic Forum）《全球竞争力年报》（2013—2014）中，美国市场规模全世界第一，比英国、法国、日本等创新型国家要大得多，商业成熟度、创新能力、金融市场完备性也处于领先位置（图3-5：排名基于调查结果，调查结果权重值"非常弱"=1，"非常强"=7）。美国宏观经济环境并不理想，经济总体而言还没有摆脱下行通道，但对文化产业来说这恰恰是个机遇期。

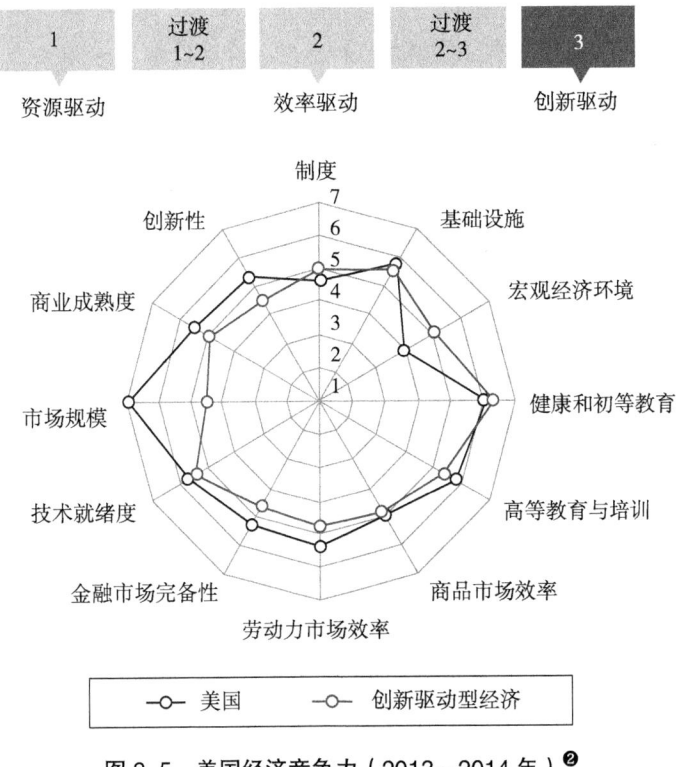

图 3-5　美国经济竞争力（2013—2014 年）❷

2. 纽约城市发展的历程

纽约位于美国东北部纽约州的核心地带，紧邻大西洋和哈德逊河，拥有便

---

❶ Obama's Speech on Manufacturing and Trade，April 14，2008. 见美国对外关系委员会网站 www.cfr.org。

❷ 资料来源：The Global Competitiveness Report 2013－2014，http：//www.weforum.org。

利的航运条件。虽然美国建国的历史不到 300 年，纽约作为现代城市的发展史却不逊于许多欧洲大城市，在 17 世纪荷兰殖民统治时期已成为北美商业中心，19 世纪在工业革命的推动下，成为北美制造业中心，同时完成了城市化。1898年，曼哈顿、布鲁克林、布朗克斯、皇后区、斯塔腾岛 5 个行政区合并为大纽约市。纽约的制造业中心地位一直保持到第二次世界大战以后，同时它在 19 世纪末就已经发展成世界金融中心，曼哈顿地区的作用尤其突出。20 世纪初，纽约在百老汇的引领下发展成为美国的文化娱乐中心城市。20 年代后期，纽约著名规划建筑师罗伯特·摩西（Robert Moses）主持了多项城市建设工程，特别是在长岛修筑林荫大道，从皇后区一直通向琼斯海滩，把人迹罕至的荒地变成了中产阶级的公共文化娱乐空间。

受美国幅员辽阔、联邦政体和发展策略等因素影响，纽约一直面临其他大城市的竞争，没有伦敦、巴黎、柏林等城市的特殊地位，其就业人口在全国就业人口中所占比例只有个位数。20 世纪中期，纽约受到西部大州加利福尼亚的挑战，进入 70 年代以后由于产业重心向南部"阳光地带"转移，加速了制造业的衰落。为对抗经济衰退，纽约市政府强化了曼哈顿地区的金融中心和总部经济功能，社会性服务业和生产性服务业（金融、法律、广告、银行业等）都有很大提升，制造业不断向城外和其他城市转移，产业结构实现大的改变（见图 3-6）。目前纽约的商业服务人口最多，占到全部就业人口的 1/3，医疗和社会救助行业、休闲和酒店业分列第二三位，制造业的比例已经很小。纽约的生产性服务业为跨国企业和全球金融市场服务，基本属于外向型经济。

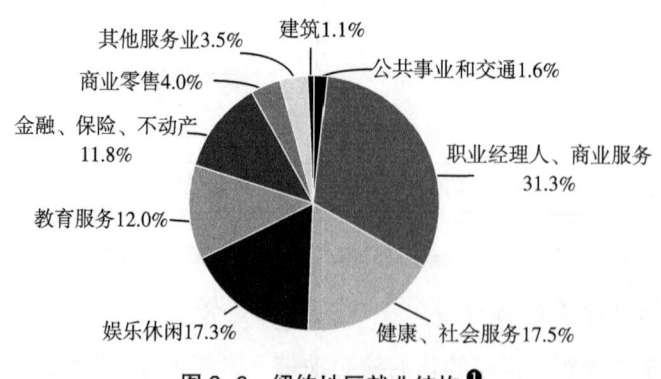

图 3-6　纽约地区就业结构 ❶

---

❶ 资料来源：NYC at a Glance 2011，纽约市经济发展局网站 http://www.nycedc.com。

保持经济增长的同时，纽约这一轮产业结构的转型也伴生了许多社会问题：首先，区域发展不平衡和贫富差距拉大。生产性服务业（包括商业金融）都集中曼哈顿地区，这部分行业从业人员的收入增长最快，导致这一地区与其他 4 城区的经济差距进一步拉大，布鲁克林这样的中心城区因为没有发达的金融业，市政建设步伐缓慢，成为贫民、少数族裔聚居之地，与繁华的曼哈顿形成鲜明对比。其次，金融业和总部经济使纽约房价飞涨，"再城市化"的过程中，曼哈顿地区大面积翻新，原来的工业用地、老旧公寓都变成了价格高昂的高档住宅和商业用地。政府不得不建设更多的公租房和实行租金管制，以解决普通劳动者的住房问题。根据纽约本地学者的研究，20 世纪 80 年代，政府财政收入用于住房供给的部分，比其他 50 个美国大城市加起来还要多。❶

（二）纽约城市发展定位和融合发展的措施

纽约是美国第一大城市，人口 870 万，影响着世界金融、政治、教育的发展，也是世界性的时尚、文化城市。美国没有专门的文化部，管理机制较为自由，对文化项目的资助大多以间接的方式进行，法国学者弗雷德里克·马特尔（Frédéric Martel）认为，对于非营利机构、多元文化、草根文化的巨额资助恰恰反哺了美国商业性文化产业，"不应忽视文化产业不断运用所谓的民主论据来树立或者加强一些经济和商业的思想路线。因此，商业文化的一种主要伪饰就是成功地混淆了大众文化和商业文化"❷。纽约地方政府文化事务部虽然把"提高文化对于经济活力的贡献度"作为工作目标之一，但政策规划却不像伦敦、巴黎、柏林等城市那样富于顶层设计色彩。纽约没有制定专门的文化发展战略，主要是根据自身特点和资源条件，采取了若干支持融合发展、激发城市创造力的具体措施。

其一，纽约一体化融合发展的特点首先是注重文化与商务、旅游的融合，打造"商务旅游之都"。纽约是世界金融、商务中心，总部经济和生产性服务业最发达的世界城市，制造业转移之后，金融业优势地位反而更加稳固。20 世纪八九十年代的"再城市化"过程中，市政府有针对性地进行了曼哈顿地区的

---

❶　Michael H. Schill, Housing and Community Development in New York City: Facing the Future Suny Press, 1999, p.2. 原数据来自纽约社会研究新学院学者的调研，见 Berenyi, Locally Funded Housing Programs in the United States: A Survey of the 51 Most Populated Cities, The New School for Social Research。

❷　弗雷德里克·马特尔：《论美国的文化》，周莽译，商务印书馆，2013，第 458–459 页。

重建，包括炮台公园城、时代广场、阿姆斯特丹剧院、新胜利剧院等公共设施的改扩建，使曼哈顿中央商务区在发挥其金融商务功能的同时，强化了文化旅游和会展业的功能，曼哈顿地区的联合国总部、百老汇、华尔街、帝国大厦、中央公园、大都会艺术博物馆、纽约证券交易所、格林威治村等均成为世界著名的旅游目的地。

其二，以数字信息技术改造升级文化媒体产业。纽约媒体产业的增长速度原本落后于洛杉矶，进入 20 世纪 90 年代以后重点进行了新媒体经济的培育，充分利用产业转移之后留下的闲置设施，为新媒体提供租金低廉的产业用地。1994 年，纽约新媒体协会成立；1995 年，曼哈顿地区开始建设"硅巷"（Silicon Alley），提出"数字纽约，联网世界"的口号，这一基地不同于加州北部的计算机制造业基地"硅谷"，而是一座新媒体和互联网企业的创意产业园区，具有丰富的区域创新体系的特征。

其三，从城市文化空间规划的角度看，纽约的策略是尽量分散建立文化创意集聚区，避免经济区域发展不平衡带来的连锁反应。除了兴建林肯中心这一类古典文化艺术中心之外，纽约从 20 世纪 50 年代以来先后在格林尼治村、苏豪（SOHO）、翠贝卡、威廉斯堡、邓波等地建立艺术区，相继为城市发展提供了文化活力。最近 20 年，曼哈顿地区的商务金融功能得到强化之后，艺术产业被搬到了曼哈顿以外的威廉斯堡、哈莱姆等地区，带动这些区域的文化旅游业，改变了就业结构，对缩小地区经济差距有一定的帮助。纽约市下一级地区层面开展过"布鲁克林市区合作计划""上曼哈顿激活区域""服务哈莱姆"等项目，扶助社区的文化复兴。❶

其四，政府把大量投资给予草根文化团体、小型企业和城市公共文化创意活动，可谓"一小一大"的策略。纽约市政府 2013 年在文化方面总投资为 1.5 亿美元，居全美第一，政府资金和来自私人的资助如福特基金会的钱被大量用到小型文化团体和落后社区的文化建设上，特别是赞助黑人、拉美裔、印第安人的民间文化团体，"通过艺术建立起社区的自豪感，人们要求他们开始用'社区的语言'说话"❷，促进了不同族裔之间文化的融合。市政府和纽约艺术基金会支持了 2005 年中央公园内的大型装置艺术品《门》、2008 年埃利亚松（Olafur Eliasson）的大型公共艺术"纽约瀑布"。这些脱胎于大地艺术的现代城市公共

❶ 罗伯特·保罗·欧文斯等：《世界城市文化报告》，黄昌勇等译，同济大学出版社，2013，第 87 页。
❷ 弗雷德里克·马特尔：《论美国的文化》，周莽译，商务印书馆，2013，第 391 页。

艺术虽然耗资巨大，却对纽约新形象的塑造有很大帮助，既是艺术家的天才创意，又体现了高超的工程技术和市政建设水平，是纽约文化与科技、商务、旅游融合发展的新成果。

（三）纽约文化与科技商务旅游融合的成绩

纽约文化与科技商务旅游一体化的融合主要是技术革命和市场竞争的结果，市政府也起到了很好的推动作用。纽约的创意产业、文化产业门类全、水平高，是美国电视、广告、音乐、新闻、出版的核心城市，建立了全球市场体系，引领着美国的创意产业发展。目前，文化产业、创意产业对经济贡献度仅次于金融业。

纽约的电信、IT产业与传媒、影视娱乐、出版行业高度融合，涌现出一大批旗舰型的文化企业集团，一方面利用了新兴的数字信息技术，另一方面则利用了纽约在文化娱乐产业方面的百年积淀。20世纪90年代中后期，以广播电视为主业的维亚康姆集团连续收购了派拉蒙影业、百视达和CBS集团，形成包含出版、影视、广播、主题公园等业务的大型文化产业集团；1989年，以新闻出版为主业的时代生活公司以149亿美元收购华纳影视，而2000年，新的时代华纳集团又与通信企业美国在线合并，组成巨大的文化旗舰；总部在纽约的ABC广播公司并入迪士尼。相对于微软、谷歌、Facebook等从美国西部的加利福尼亚、西雅图等地发展起来的计算机、互联网企业，纽约的旗舰企业主要是由文化娱乐背景的大公司主导。

纽约文化、商务、旅游融合的程度很高，其发达的商务金融和总部经济为纽约的文化旅游带来巨大的客流，金融街成为具有鲜明特色的城市文化景观，2013年时代广场经济圈年度营业总额约1100亿美元，占全市年度总产值的18%。同时，跟欧洲历史悠久的核心城市一样，纽约同样很好地保护利用了它的历史文化资源，虽然建国时间不长，这些文化设施和遗存都有极高的历史价值和文化艺术价值。目前，纽约的文化旅游项目除曼哈顿金融街外，还有以三大图书馆（纽约公共图书馆、布鲁克林公共图书馆、皇后图书馆）、两大博物馆（大都会艺术博物馆、布鲁克林艺术博物馆）为主体的文化服务系列，以百老汇剧院为主体的演艺系列，以中央公园为主体的休闲娱乐系列，以自由女神像等为代表的城市文化地标系列。根据纽约市旅游会展局2013年公布的数据，纽约年度游客流量为5430万人，比10年前增长50%，旅游收入达到了587亿美元，而 2015 年将达到 700 亿美元。

纽约在艺术、时尚、设计、广告等行业有世界领先水平，每年举办纽约时装周、设计周、广告节等大型文化活动，是世界时尚产业的中心之一。全球排名前八的广告企业就有 7 家总部在纽约。纽约举办时装周的历史最早可追溯到 20 世纪 40 年代，那时纽约就拥有纽约时装学院、帕森设计学院等一批教育、研发机构。纽约时尚产业已融入大量高科技成果，主要分为三类：其一是高科技灌注配件（Tech-Infused Accessories），如纽约时装周近年来展示的谷歌智能眼镜、手包等与时装配饰合一的消费类电子产品。其二是服装、鞋帽、生活日用品制造本身的技术进步，新材料和新技术的大量使用。其三是在时尚产业的宣传展示上使用了全息投影、影音串流等声光电手段。

（四）纽约文化与科技商务旅游融合的启示

1. 充分发挥市场机制，培育本土文化市场

与美国商业文化的整体氛围相反，纽约政府的很多投资不是用来支持创意产业园区，而是给予小的文化团体、个人和非营利性机构，纽约州文化事务部的政策就是"将品质与'发散'结合起来，换言之，就是兼顾卓越与普及，事务处始终寻求在这两个使命之间保持平衡。然而，由于它的早熟与活力，这个事务处在美国文化政策中起到了重要作用……它同样是其他渴望推广文化的各州的一个榜样"❶。政府不但很少干预文化市场，就连公共服务事务也较多地交给非政府组织、非营利性机构来完成。这种思路其实是依靠文化的内生力量，尽量多地培养文化市民，最终营造出城市整体文化生态，为文化产业提供良好环境。相比之下，我国地方政府的许多文化投资绩效欠佳，没有形成真正的产业链和消费市场，一大批文化创意产业园区有名无实，进行了变相的房地产开发。

2. 文化旗舰项目的引领作用

纽约的文化企业在融合发展的组织形式变革方面有众多举措，20 世纪 80 年代末以来的收并购事件造就了 AOL 时代华纳、维亚康姆等一大批位居世界前列的文化旗舰企业，形成庞大的文化产业集群。特别是美国在线与时代华纳的并购体现了当代电信、媒体、计算机企业融合成"TMT"大产业的趋势。大

---

❶ 弗雷德里克·马特尔：《论美国的文化》，周莽译，商务印书馆，2013，第 147 页。

型旗舰企业不但捍卫了纽约和美国在文化产业领域的优势地位，也提升了文化在整个国际商业领域的地位，使文化经济真正有实力追赶传统制造业、能源行业、零售业巨头的步伐。

3. 以文化融合改善区域发展不平衡

纽约的文化集聚区建设一直处于流动之中，根据不同时期的需要选址，全面地激发了城市创造活力。在经济落后区域加强文化建设，并不是揠苗助长之举，不能孤立地看待其功能。这些文化建设首先可以满足居民的文化生活需求，提高居住区的舒适度，有利于增强社区的认同感和自豪感，避免这些区域的居民往返于中心城区与所在社区之间，避免交通拥堵等问题。同时，这些文化设施、文化机构提升了经济落后区域的整体形象，增加了该区域的吸引力和客流量，有利于吸引更多的商业投资，最终形成文化与商务、旅游的融合发展。

四、柏林：文化与科技商务旅游融合发展推动城市复兴

柏林经历了两次世界大战和40多年的冷战时期，曾经背负沉重的历史包袱，在德国大都市群中属于相对落后者，经济水平不如慕尼黑、法兰克福、汉堡、科隆、斯图加特等城市，而且德国联邦政府机构也没有完全集中在柏林，而是分布在全国多个城市。柏林的地方经济真正开始复兴并发展出自己的特色，是从大力发展创意产业，把文化作为一种基础性要素，与科技、商务、旅游等领域相融合开始，城市文化规划使柏林从老旧的政治历史文化之都变成了欧洲的创意中心之一。

（一）柏林文化与科技商务旅游融合的背景

1.德国产业结构的变迁

德国是"二战"中破坏最严重的国家之一，它由于政治原因在1949年分裂成东、西德两部分，各自建立了一套经济体系。战后初期，东、西德的经济水平大致相当，此后西德受益于"马歇尔计划"等西方发达国家的援助，恢复建立了齐备的现代工业体系，经济高速发展，其增速大大高于欧洲其他资本主义国家。20世纪70年代，德国由于受本土自然资源储量少、劳动力

价格上升、国际竞争激烈等因素影响，鲁尔区、汉堡等地的钢铁工业出现危机，西德经济开始向第三产业转型，进入 80 年代以后第一、二产业的比重下降到 50% 以下。

20 世纪 90 年代东欧剧变前，西德经济水平远胜于东德地区。1990 年两德统一之后，德国经济区域发展不平衡的情况十分严重，虽然原东德地区的内需被拉动、国内市场扩大，德国整体经济发展仍然滞缓，失业率居高不下。德国不得不进行战后的第二次产业结构调整，国家扶持了"空中客车"这样的高端制造业以及机械电子、光电子、微电子、生物技术、新能源等技术为标志的新兴产业，数字信息技术领域也渐渐发展成为欧洲领先水平。经过高新技术升级换代之后，德国在新一轮全球竞争热潮中保持了制造业大国的地位，德国出品的汽车、飞机、医疗仪器、机械设备、电器产品等仍然是全世界制造业的标杆。

除升级制造业以外，德国政府近年连续提高文化预算，把"文化与创意经济"作为新的经济增长点。2006 年，德国进行了联邦制改革，2007 年由联邦政府文化媒体事务专员与经济部发起"文化与创意经济行动"，其范围包含了众多拥有知识产权、专利、高技术含量的新兴产业。成立联邦文化创意经济职能中心，设立了鼓励电影、游戏、音乐、出版等产业发展的专项基金。鲁尔区、汉堡等传统工业地区实施了以文化规划和发展创意产业为重要手段的城市复兴工程。目前，德国文化与创意经济在国民经济中的比例为 2.5%~2.6%，略低于法国，贡献度仅次于机械制造和汽车工业。从门类来看，最为活跃的是设计、建筑、广告、软件游戏、新闻出版等行业。

世界经济论坛《全球竞争力年报》（2013—2014）的统计显示，德国的商业成熟度列世界第 4，创新能力列第 3，市场规模排在第 5，基础设施水平列第 3 位。德国可转化为生产力的技术就绪度与其他创新驱动型国家大致相当（图 3-7：排名基于调查结果，调查结果权重值"非常弱"=1，"非常强"=7），但高教和技术培训较为逊色，这与德国文化给人的印象不一样，其原因在于德国教育并未实现产业化，虽然有一些历史悠久的学府，其影响力和对国民经济的贡献却不如英美国家的大学。

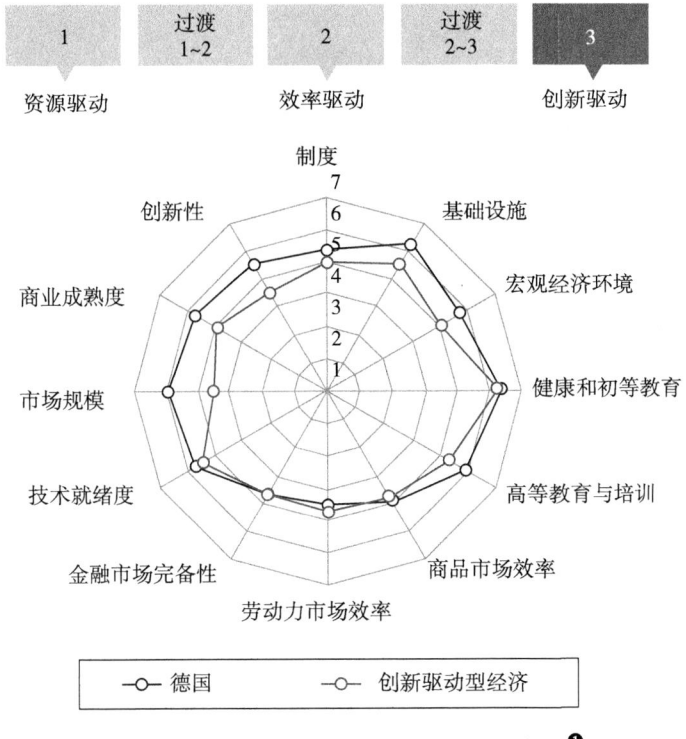

图 3-7　德国经济竞争力（2013—2014 年）❶

2. 柏林城市发展的历程

柏林是德国东北部的内陆城市，最早由聚居在易北河畔的商人建立，18 世纪初成为普鲁士王国首都，从腓特烈·威廉一世和腓特烈大帝时期开始大规模的城市建设，留下了众多巴洛克和洛可可艺术风格的建筑。19 世纪初进行了改扩建，又诞生了国家剧院、国立美术馆、勃兰登堡门等一大批标志性建筑和文化设施。柏林 19 世纪初开始工业化，波尔西克机械工程公司、西门子电气等著名企业创立，普法战争后从法国得到的巨额赔偿也为经济发展提供了帮助。20 世纪初，柏林成为与伦敦、巴黎、纽约等城市比肩的世界城市，同时也是欧洲的文化中心城市之一，在二三十年代贡献了布莱希特、海因里希·曼、海森堡、爱因斯坦、陶特、格罗皮乌斯等一批世界科学文化名人，1936 年举办第 11 届奥运会（见图 3-8）。

---

❶　资料来源：The Global Competitiveness Report 2013－2014，http://www.weforum.org。

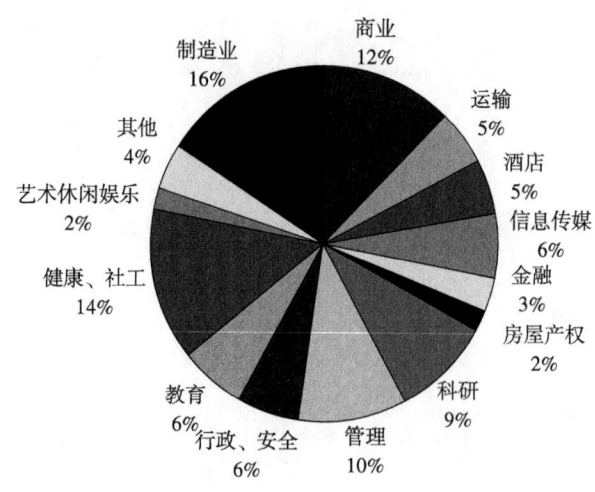

图 3-8　柏林就业结构（2013 年）❶

　　第二次世界大战给柏林带来巨大的打击，丧失其大部分的工业基础和重要的国际地位，西门子等公司的总部外迁。当汉堡、法兰克福、慕尼黑等大城市在战后高速发展、成长为德国的金融、制造业、服务业中心之时，柏林因为被分拆为东、西两部分，充当两大意识形态阵营对峙的前沿，无法正常地进行城市发展，"作为昔日欧洲最大的工业城市，柏林在第二次世界大战后经历了'去工业化'的进程，同时由于众所周知的政治原因，东西德政府都曾给这座城市提供了大力的资金援助，从而导致了城市的长期的依赖心理，阻碍了创业精神的孕育"❷。1989 年东欧剧变之后，柏林墙被拆除，东、西柏林重新合为一座城市，1990 年东、西德统一，政府在争议声中保留了绝大多数具有历史文化意义和政治意义的建筑，限制商业开发，一定程度上延缓了城市发展进程。政府围绕波茨坦广场、亚历山大广场等设施进行了具有政治意义的重建，使中心城区的国际地位得到提升。90 年代柏林的金融、医疗、旅游和文化产业有较大增长，但昔日工业中心、金融中心的地位再也没有恢复，整体实力远不如法兰克福、汉堡、慕尼黑，2001 年柏林地方政府负债高达 600 亿欧元。柏林在新闻、传媒、出版等文化产业方面同样没有优势，因为德国实际上成为一个城市多极化发展的国家，政治、文化、教育的核心城市不复存在，汉堡、慕尼黑、法兰

---

❶　数据来源：柏林—勃兰登堡统计局 https：//www.statistik-berlin-brandenburg.de。

❷　克劳斯·昆兹曼、唐燕等：《创意城市实践：欧洲和亚洲的视角》，郭磊贤等译，清华大学出版社，2013，第 91 页。

克福等城市在文化方面也展开了激烈的竞争❶。已沦为后发城市的柏林必须寻找新的出路。从世纪初开始，柏林从政府层面推动城市发展方向的转变，利用丰富的文化资源、特殊的地理位置和历史背景，发展与科技、旅游相融合的创意产业，吸引了大量的创意人才涌入，这是柏林现阶段最明确的发展计划。

（二）柏林城市发展定位和融合发展的措施

柏林是德国最大的城市，人口约350万，没有港口和发达的航运，没有大量银行和跨国企业集团形成的总部经济，不能像纽约、伦敦一样依靠商业金融区发展旅游；同时在与其他的德国大城市的竞争中，它也吸引不了多少第一、二产业的就业。柏林政府的做法是利用丰富的历史文化资源和文化设施，制订详细的创意产业计划来推动城市整体发展。市长沃维莱特（Klaus Wowereit）2001年当选市长后削减政府开支，颁布了一系列吸引招募导演、艺术家、设计师、文学家的措施，十几年来坚持不懈地推动文化发展。

柏林与联邦政府密切合作，推动文化设施建设。2006年德国进行联邦制改革之后，柏林作为国家首都在文化事业、历史文化遗产保护等方面承担了更大的责任，但也获得更多的支持，柏林利用这一机会与联邦政府签订新的财政协议和首都文化发展协议，其中有利于发展文化与旅游、商务融合的项目包括：修复市区内的国家级历史文化遗产集群"博物馆岛"；新建一批柏林地方的文化设施，如柏林艺术学院、柏林"二战"被害犹太人纪念馆等；联邦政府支持原属于柏林责任有限公司的一些大型活动如柏林文化节、电影节等；给予柏林三大剧院更多的财政支持；建立首都文化发展基金。❷

市政府把创意产业作为城市发展的新战略。对BMY国际设计节、创意柏林等文化创意活动给予资金支持，减免在公房创业的创意企业的租金，并数次公布创意产业研究报告和发展战略，其中最重要的三次：1997年，启动创意产业战略，建立市长办公室创意产业处，最早是致力于推动IT企业、互联网企业、规划相应的基础设施；此后决策层意识到文化对于创意产业的战略意义，在2004年发布了第一份创意经济报告，把文化类与科技类合并在一起；2008年，柏林州政府和市政府联合发布了第二份报告，总结了过去10年的经验，而政府

---

❶　Jiirgen Friedrichs and Jens S. Dangschat, Hamburg: culture and urban competition, Cultural Policy and Urban Regeneration: The West European Experience, pp.115–118.

❷　Council of Europe/ERICarts, "Cultural Policies in Europe: a Compendium of Cultural Policies and Trends" 2003.

规划部门与科研机构一起对城市的创意空间布局做出了规划，把柏林的文化区分为6类，包括文化旅游休闲区和创意产业园区、传统文化产业区、青年亚文化区域、少数族裔文化区、与数字技术结合的艺术区域、媒体和IT园区以及有潜力待开发的区域。

推动数字技术与文化产业、商贸的融合发展是政府的工作重心。在最新的研究报告中，政府明确了创意产业的9个行动领域，其中有很明确的推动文化与科技、商务相融合的内容，包括建立促进创意产业的虚拟平台、利用数字技术升级企业模式、通过提升文化市场和市场合作来扩大创意产品和服务的销路。柏林建有IT服务中心（ITDZ），在IT项目方面为政府提供咨询与支持，采购IT与电信的软件与服务。内城斯普雷河东段与"博物馆岛"接壤的河滨区域，主要是填满了煤渣的无人地带，2008年在此处规划建立了"传媒斯普雷"（Media Spree）产业园。2015年还在柏林墙遗址附近建设"柏林新媒体园"（New Media Campus）。

（三）柏林文化与科技商务旅游融合的成绩

相比伦敦、巴黎、纽约等城市，柏林的一体化融合发展起步晚，不过由于城市文化资源丰富，又有产业结构调整的迫切需要，柏林的文化旅游和创意产业特别是以数字信息技术依托的新兴产业都在较短时间内发展起来，其主要成绩表现在四个方面。

其一，利用18世纪以来不同帝国建立的历史建筑、文化街区发展文化旅游，形成两大公共文化设施集群：以波茨坦广场为中心的现代文化设施集群和以施普雷河交汇处的"博物馆岛"（包括柏林新老博物馆、老国家艺术画廊、佩贾蒙博物馆、博德博物馆5个部分）。柏林的国家级博物馆数量有18座，比伦敦多7座。博物馆岛进入了联合国教科文组织"世界文化遗产"名录，2013年启动的工程总投资高达9880万欧元。柏林以三大剧院（德意志剧院、国家剧院、戏剧剧院）为代表的演艺设施和众多具有文化特色的老街区，都为文化旅游的发展提供了帮助。目前，柏林的游客量为每年1100万左右，直接经济收入10.31亿欧元，带动27.5万人就业（不计入创意产业）。2001年至2011年的10年间，尽管柏林的旅游总收入还没有进入欧洲前十名，住宿游客数量却翻了一倍，在伦敦和巴黎之后位列欧洲第三。❶

---

❶ Economic Factor for Berlin: Tourism and Convention Industry,p.8. 柏林旅游局网站 convention.visitberlin.de。

其二，柏林文化与科技、商务、旅游融合发展带动了内城的复兴。跟作为金融中心的纽约、伦敦、东京等城市不同，柏林市区没有太多的跨国集团和银行总部，地价和房租便宜，这在欧洲的首都城市里是比较罕见的，同时还享受政府的优惠政策。这些便利条件吸引了来自德国其他城市的艺术家和创意阶层，创意企业和艺术机构集中在中心城区，每年还有柏林当代艺术双年展、柏林电影节、音乐节、狂欢节、"博物馆长夜"等文化艺术活动举办，迅速带动中心城区人气，一定程度上恢复了柏林的国际影响力。

其三，与数字技术、IT结合的文化产业取得了较快增长。柏林的新兴产业并不逊色于慕尼黑、法兰克福等城市，其中设计产业的成绩最突出，建立有柏林国际设计中心，建立了DMY国际设计网络平台，2006年联合国授予"设计之都"的称号。柏林消费电子展目前已经成为世界三大电子消费展之一。

其四，两次世界大战和冷战时期留下来的历史建筑、工商业遗存、军事设施、民防设施得到了充分利用，被改建成创意产业和现代艺术的集聚区，既有直接的文化产业收入，也可以带动旅游业。最著名的案例是原东德地区的废弃百货大楼塔赫勒斯，先是由艺术家们自发占领，后来被改造成了世界闻名的塔赫勒斯艺术区（Kunsthaus Tacheles）。斯普雷河滨地区的"传媒斯普雷"园区同样利用了周边的废弃仓库、厂房等建筑物，作为科技—文化型创意企业的办公用地。类似案例还有原东德1969年建造、2001年歇业的特雷普托游乐园（Treptower Park），2011年被改建成了最新的艺术集聚区。

（四）柏林文化与科技商务旅游融合的启示

1. 首都城市的文化复兴之路

柏林虽然是历史悠久的首都城市，由于历史原因已被伦敦、巴黎、东京等大都市甩在身后，经济实力、综合竞争力甚至不及德国法兰克福、汉堡、慕尼黑等大城市。然而柏林能够依据自身历史文化资源、科技资源丰富、基础设施齐备的有利条件，把文化融入城市的整体规划设计中，营造出自由开放的创意环境，带动多种产业的发展，重新获得国际影响力，重新回到世界城市的竞争行列之中。

2. 历史文化遗存的创造性利用

柏林见证过德国工业时代的辉煌，两次世界大战、两大阵营的对峙又都在它身上留下深深的痕迹，这些历史文化遗存都成为了艺术家、创意阶层天然的创作背景，为他们提供了很好的文化资本，因此他们都喜欢集聚在原东德的废弃设施和柏林墙旧址附近。柏林创意阶层对历史文化遗存的创造性利用为其他城市提供了经验，同时也带来一些思考：城市衰败区域在完成文化复兴、赢得更大的商机和知名度之后，其房屋租金和消费水平势必上涨，使艺术家、创意工作者和众多的中小型文化企业难以为继。此外，创意阶层、商家和游客的大量涌入也会改变原有社区、街道的文化生态，有可能招致原住居民的不满，如何平衡各方面的关系是一个难题。

3. 新兴产业对城市跨越式发展的意义

德国目前仍是欧洲制造业中心，制造业的就业人口远远高于英国和法国，同时商业、金融等传统的生产性服务业也领先欧洲其他国家。柏林很难在传统产业领域与法兰克福、慕尼黑等城市展开竞争，但大力发展以数字技术为依托的文化产业，有可能使它抓住机遇，在新一轮的城市竞争中赢得主动权、建立新的竞争优势。从柏林的实践可以看出，新兴产业是城市转型发展的突破口，具有影响全局的战略意义。以柏林目前推动文化与科技、商业、旅游各领域融合发展力度，可以预见其在世界城市竞争中会越来越赢得主动，全面提升城市的地位和影响力。

五、东京：文化与科技商务旅游融合发展促进文脉传承

东京和柏林一样是从"二战"废墟中重建的城市，其复兴之路与柏林有所不同，在本国经济和世界经济中的地位大大超过柏林，社会学家萨森的代表作《全球城市》（1991）把东京列为与伦敦、纽约并肩的三大世界城市。东京作为日本的文化古都、世界上最大的都市圈和国际金融中心，在东西方文明的碰撞中既保持了文化地方性、民族性，又能够把传统与现代相结合，建立了全面的现代文化产业体系，其传承古都文脉的实践经验值得我们总结。

（一）东京文化与科技商务旅游融合的背景

1. 日本产业结构的变迁

19 世纪 60 年代"明治维新"之后，日本开始工业化，到 90 年代初基本上

从农业国转变为工业国。在"二战"后重建的前 30 年里,依靠自身科技创新和美国的援助,日本经济高速增长,创造了世界经济奇迹,此时的产业结构仍是以第一产业为主,主要出口产品是钢铁、船舶、汽车、家电。20 世纪 70 年代中期,日本经济受石油危机影响进入一个相对平稳的低增长时期。80 年代中后期,日本出现股票和地价房价的大幅度下跌,国民财富剧烈缩水,即所谓的"泡沫经济"(Bubble Economy)。为应对这一轮经济危机,日本的产业结构做出调整。80 年代初,首相铃木善幸就提出了日本的发展战略应从"贸易立国"变为"技术立国",依托新兴技术的制造业成为日本经济的发展方向,此时文化产业方面尚无大的举措。日本信息技术起源于"二战"时期的研发,战后转入商业民用,有较好的产业基础。日本和美国一样参与了信息技术革命的最初阶段,但前者的产业战略是发展大型计算机,没有像美国一样致力于个人电脑、数字类个人消费产品的研发,因此错失了信息技术产业的第一波高峰。此外,日本也没有利用好电子计算机、信息、传媒三者大融合的趋势,电信和手机制造业的拓展方面远不如美国和欧洲发达国家,索尼、松下公司直到 90 年代末才开始全面发展手机业务。

　　20 世纪 90 年代中期,日本的发展策略从"技术立国"转变为"文化立国",这一时期的产业特征是把文化与数字信息技术相融合。1994 年,日本政府设立"高度信息通信社会推进本部",随后出台日本"信息通信大纲",制定了面向 21 世纪的信息产业发展战略。首先是加强高速网络基础设施建设,从 1999 年至 2004 年实施"日本 IT 战略(e-Japan)",建设了由政府部门和企业高校联合的研发测试平台。从 1995 年开始先后推出《新文化立国:关于振兴文化的几个重要策略》《21 世纪文化立国方案》《大学及研究机构技术转移促进法》等政策规划。2003 年成立"知识财富战略本部",把"新文化产业"确定为国家发展战略,2007 年发布《日本文化产业战略》。目前,日本的影视、动漫、电子游戏等依赖新技术的文化产业在亚洲乃至全世界都取得了成功,服务业的就业人口在全部就业人口中的比例已经上升到 75%,"日本已经不再是全球制造业大国,日本资本主义已经通过软件技术、视觉传媒、音乐、娱乐、酒店和休闲划分出新的巨大的市场,在这些领域里,日本公司继续保持了比较优势,并要求国际优势地位,从而源源不断向国际市场输出文化产品,重塑日本经济"。❶

---

❶ Yoshio Sugimoto, Class and Work in Cultural Capitalism: Japanese Trends, Japan Focus. Retrieved 2013-01-06.

日本的经济竞争力在发达资本主义国家中位列第十名左右，世界经济论坛《全球竞争力年报》（2013—2014）显示，日本有很好的商业成熟度、创新性和基础设施，市场规模和美国一样处于领先地位，远大于欧洲创新型国家（见图 3-9：排名基于调查结果，调查结果权重值"非常弱"=1，"非常强"=7），但宏观经济环境和英国、法国、美国一样不佳，甚至更差，其他竞争力要素与其他创新型国家大致持平。

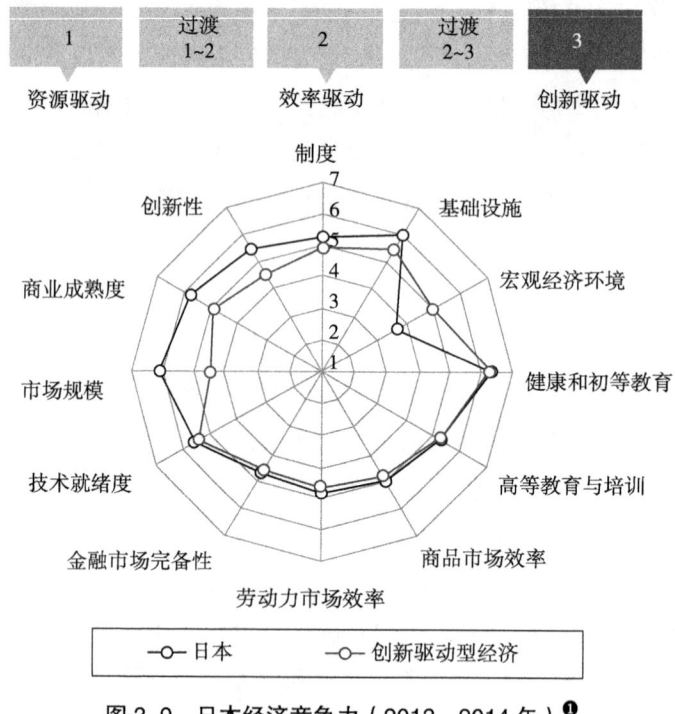

图 3-9　日本经济竞争力（2013—2014 年）❶

2. 东京城市发展的历程

东京有 400 多年的城市史，在 15 世纪原名江户，属于东临太平洋的河口大平原地区，以农业、渔业和运输为主要生产方式，因大将军德川家康家族在此建立幕府而兴盛，发展为日本的政治中心，18 世纪中期人口就超过了 100 万。明治维新时期的 1869 年，东京成为日本新首都，修建了大量的皇室建筑，并开始现代城市化进程，建筑风格和市民生活方式有了西方色彩，到 19 世纪末人口已经达到 200 万。20 世纪 30 年代，东京的工业向西部发展，渐渐形成大的城

---

❶　资料来源：The Global Competitiveness Report 2013–2014，http://www.weforum.org。

市群，富士通、东芝、日本电气、横河电机等著名企业兴起，这时的东京是典型的工业城市。

1923 年关东大地震和第二次世界大战两度对东京造成严重的破坏。"二战"后重建初期，东京的制造业和金融、商贸、保险、运输等生产性服务业都得到快速发展，由于城市规模扩张较快、人口激增，导致城区范围地价上升，制造业不断向外迁移，中心城区留给了金融业和企业集团总部。20 世纪 60 年代中期，东京修筑新干线和首都高速路，举办 1964 年奥运会。这一时期，经济上的高速发展使日本点燃了恢复国际大国地位的梦想，中曾根康弘担任首相期间，试图塑造东京的世界城市角色，制订了一系列首都重建计划、首都开发计划，其主旨是强化东京的全球金融服务中心功能，发展更多的总部经济，同时为了防止区域发展不平衡，在东京地区规划建设了一些城市副中心和特别区，例如由中西部的新宿承担部分国营企业总部、研发和服务业的功能，由东部的涩谷发展服装设计、传媒、音乐等行业，由池袋发展商业、娱乐，由东京的海滨地区发展信息和电信产业、秋叶原发展 IT 产业等。但是这一雄心勃勃的发展计划很快由于经济泡沫的破灭而搁浅，东京已经迁移了大部分制造业，金融领域又遭受严重打击，导致 90 年代中期连续数年负增长，政府税收减少、遭遇财政危机，严重动摇了民众和投资者的信心。东京都政府放弃了打造"世界城市"的计划，从 1996 年开始把建设"宜居城市"作为主要目标。英国学者彼得·纽曼和安迪·索恩利认为，东京虽然与外部世界联系紧密，却不是跟伦敦、纽约相似的世界城市，"没有任何机构鼓励东京的引资，而这座城市还不能适应在其他世界城市所常用的'出售城市'的战略。从这个意义上说，东京仍旧是一个封闭的、冷眼向洋看世界的城市"。❶

东京城市化进程中积累了许多城市病，包括人口过多、交通拥堵、环境污染（早期是水污染、海洋废弃物，近期主要是垃圾焚烧造成的污染）、房价居高不下等。为了在解决城市弊病的同时保持国际竞争力，东京都政府近年来逐渐弱化了城市副中心的建设，而是围绕城区复杂的水系和滨河地区进行规划建设，这一计划是整个东京发展战略的核心部分。

---

❶ 彼得·纽曼、安迪·索恩利：《规划世界城市：全球化与城市政治》，刘晔、汪洋俊、杜晓鑫译，上海人民出版社，2012，第 266–270 页。

（二）东京城市发展定位和融合发展的措施

东京是世界上最大的都市圈，日本的经济、文化、商业、金融中心，东京市有 1328 万人口，以其为核心的整个东京都地区共有 23 个行政区、3670 万人口。东京近年来的发展规划又重提了打造世界城市的问题，在 2014 年最新的日本国家战略区规划中，东京的城市功能从两个角度得到强化，其一是把东京都定位为"国际商业、贸易创新试点"，其二是规划建设由东京都、神奈川县以及千叶县成田市组成的"环首都经济圈"，希望东京能够带动周边城市的发展，同时缓解东京的城市压力。

东京在文化发展方面的措施平衡着世界城市建设的方略。由于日本政府在反思"二战"时期军国主义文化管制之后确立了间接资助和"内容不干涉原则"，东京并没有把文化作为战略规划的主要项目。东京都政府 2011 年年底公布的《东京愿景 2020》（Tokyo Vision 2020）对电力供应、抗震防灾、就业、交通、体育等 12 个问题做出了规划，虽然没有把文化专门作为一个大的方面，但也包含文化与科技、商务、旅游融合发展的内容，这部分战略措施是围绕历史文化遗产、自然景观进行公共文化服务综合建设，同时进行配套的商业开发。

首先是"智能城市"建设，其内容是依托数字信息技术，使城市居民在上班和居家之时可以进行节能、环保方面的智能操作；其次是塑造新的城市文化景观，建设"清水和绿意的回廊环绕的东京"：（1）推进清水和绿意的网络化。新建 433 公顷的城市公园，扩容城市绿色面积；打造一条直径 30 千米的大型绿化带，从荒川（河）到石神井川（河），经过"调布保谷线"（铁路）与多摩川（河）相连。（2）在保护整修 5 万株街道树木基础上新种植 100 万株街道树。（3）把街道树的种植作为引爆剂，启动东京都北区的"隅田川文艺复兴"项目。该项目在水滨开展各种公共文化活动，重温江户时期的历史文化风貌，放开河滨土地的用途管制，开设露天咖啡馆等设施，把商业活动与文化旅游结合起来。此外，东京还设立了历史文物景观保护基金，城市核心区域将实现无电线杆化。❶

日本的企业集团和文化艺术团体众多，自身具备强大的研发、创新能力。而东京地方政府主要依靠市场机制作用来推动科技文化融合的新兴产业发展，

---

❶ Tokyo Vision 2020 Driving change in Japan / Showing our best to the world，http：//www.metro.tokyo.jp.

政府的职责是通过日本的《IT基本法》《知识产权基本法》《文化艺术振兴基本法》进行保护监管，通过发展基金和私人财团的力量间接地实施帮助。东京建立了知识产权中心和东京纳米技术中心，支持中小企业保护和有效利用知识产权和开发先进技术，重点领域是数字信息、纳米、环境和生物技术。东京都艺术委员会尽量为文化艺术团体和创意人才的成长创造好的条件，扶持各种文化艺术活动，2008年启动的"东京文化创造工程"包含多个艺术节，把各种艺术节庆活动作为当代艺术和创意产业的公共交流平台、产品交易平台。2011年，日本知识产权战略推进事务局公布"酷日本"（COOL JAPAN）文化产业振兴计划，主推动漫、饮食、时尚产业，东京是这一振兴计划的领头羊。2013年9月，东京申奥成功，将举办2020年夏季奥运会，围绕这项体育文化盛事还将制订系列开发计划，与《东京愿景2020》计划结合起来。

（三）东京文化与科技商务旅游融合的成绩

东京文化与科技、商务、旅游融合发展的成绩主要体现在三个方面：强大的动漫、游戏、设计类新兴产业，具有鲜明特色的公共文化活动以及对城市综合带的打造。

数字技术广泛应用于动漫产业的制作过程，近年来网络、数字电视、手机的普及使日本动漫产品销量成倍增长，动漫产业及其衍生产品占国家GDP的比重已超过10%，年产值1000亿美元，成为日本的三大支柱产业之一。东京是日本动漫产业最发达的地区，拥有全国80%的动漫企业，其中又有近一半集中在东京的练马和杉并两个区。每年举办东京国际动漫展、动漫嘉年华、数字信息展等文化活动，其中2002年开始举办的动漫展是世界最大规模动漫展会。东京的动漫产业高度集约化，在策划、制作、管理、发行等方面有严格的专业分工，共享动漫产业链。游戏产业本身就是数字技术出现以后才有的文化产业形态，东京从1996年开始每年举办电玩展，是亚洲最大的电子游戏博览会。东京的设计行业尤其是时装和工业设计发达，东京设计周是亚洲规模最盛大的设计活动、国际三大设计展之一，每年推出大量科技文化融合型的创意产品。

东京是现代化程度极高的城市，却做到了历史文化传统的延续和创新。从文化基础设施的角度看，东京很好地保持了古都风貌，而与此相应的是能剧、歌舞伎、落语表演等传统艺术长演不衰，普通居民的饮食起居、服装鞋帽等方面都保留了民族传统，在节庆活动中自发展示，这在国际性大都市中是比较突出的，也吸引了众多的国际游客。东京目前的公共文化活动分为两大类：一类是时尚创意类活动，从东京电影节、动漫展、设计周、创新周、东京马拉松等大型国际文化活动，到围绕艺术博物馆、新国立美术馆等展馆举行会展和文化活动，再到创意市集、美食庆典等小型活动，这些展会都兼具了文化交流、商贸消费、文化旅游的功能。另一类是富有民间文化色彩的节庆活动，大多由各种活跃的民间协会和社区组织"町内会"来举办，包括民俗历史类的浊酒节、火节、日出祭典、"江户"三大祭祀活动——山王祭、神田祭、深川祭，宗教类的酉市、观音现圣节、达摩不倒翁祭奠会，时令花卉类的梅花节、绣球花节、樱花节、银杏节、银座柳树节、紫藤节等。这一类活动也能吸引文化旅游，为町内会这样的社区组织带来经济收益。

东京城内有皇宫、官衙、寺庙、墓地等众多历史文化遗存，这些都是文化旅游的目的地，但要在保护建筑周边进行大规模建设和商业开发是不可能的。东京从两个方面打造了多功能的城市综合带，其一是在六本木等原本衰败落后的城区，建设现代艺术场馆、举办文化艺术活动，使这些落后区域转变为东京最具国际色彩的繁华地带，除艺术功能外综合了商务办公、生活住宅的城市功能，体现混合使用的城市规划理念。其次是对东京复杂的水系和江户时代文化资源进行综合利用。江户时代的东京别称"水之都"，不仅有东京湾的广袤海域，还有复杂的城市水上交通系统，留下了不少渔业、航运的历史文化遗迹，也培养起了日本食鱼文化的饮食传统。"隅田川文艺复兴"活动就是利用流经城市中央的一条23.5公里长的河流进行综合开发，举办东京萤火虫活动（施放的是 LED 微型河灯）和各种文艺表演，集文化旅游、商业、艺术于一身，既延续了四百年以来的城市文脉，又促进了该流域 7 个行政区、约 300 万人的区域发展。

（四）东京文化与科技商务旅游融合的启示

1. 传统文化和现代文化的对接

东京作为有四百多年历史的文化古都、亚洲最早现代化的城市，并没有在城市发展过程中丧失文化地方性和民族性，而是把传统文化与现代城市化建设结合，赋予其新意。东京的皇宫、护城河、浅草寺等历史文化遗产基本都被保留下来，同时有丰富多彩的民间文化活动。城市历史文化资源既能够带动旅游、商贸的发展，又能直接作用于东京创意阶层，为他们的创意活动、艺术创作带来灵感和独特的审美风格。而日本企业卓越的创新能力又为这些创意产品、艺术作品提供现代的表现形式和载体。

2. 内容产业的纵向融合

东京的文化与科技融合发展虽然有类似索尼电气收购哥伦比亚影业这样的跨领域集团并购事件发生，但其鲜明特点在于从内容产业发端的融合发展模式。漫画、游戏都是内容产业，衍生出影视、音乐、出版、传媒、服饰、玩具制造、主题公园等相关产业，在围绕原创文化文本建立的产业链上，各种类型的文化、科技、商贸、物流企业都得到了发展。东京迪士尼是纵向一体化的又一经典范例，这座主题公园是美国迪士尼和日本 OLC 公司（Oriental Land，由京成电铁、三井不动产、朝日土地兴业等公司合资组成）联合开发的亚洲第一座迪士尼乐园，虽然知识产权主要归美国所有，却由日方建造运营，具有巨大的经济辐射力，带动周边地区的发展。内容产业引起的一体化融合发展，并非文化产业一家独大，这也是日本政府近年来力推"酷日本"文化战略的根本原因。

3. 新型城市综合带的打造

东京人口、交通、环境的压力很大，日本政府一方面坚持其世界城市的功能定位，一方面又严格保护古城的历史文化遗存，使城区范围内寸土寸金，再专门规划文化用地的难度很大。因此东京采取了混合使用的规划原则，兼顾商贸、旅游和文化服务功能，因地制宜地在城区的特殊地段打造新的城市综合带、综合体。在东京新型城市综合体、综合带建设中，文化因素始终放在首位，而不是简单进行功能叠加。无论是六本木新城，还是隅田川水系的河滨地带，文化都很好地充当了这些综合体、综合带的灵魂和黏合剂。如果没有文化功能，这些综合体与其他的大型商业街、风景区相比就不具备优势，在一个较长的时期内无法从其他地段引来游客。

六、新加坡：文化与科技商务旅游融合发展重塑花园城市

新加坡与伦敦、巴黎、纽约、柏林、东京的最大不同之处在于，它是典型的"城市国家"，其城市发展战略与整个国家的发展战略相差无几。此外，有"花园城市"美称的新加坡不仅城市发展史短、本土历史文化资源贫乏，在

其现代城市化进程中也失落了大部分的历史建筑，显得底蕴不足。因此新加坡的"城市复兴计划"（Renaissance City Plan）有自身的特点，其文化与科技、商务、旅游融合发展之路在政府主导下，依靠科技推动和对多元文化的保护利用，同样取得了很大的成绩。

（一）新加坡文化与科技商务旅游融合的背景

新加坡是马六甲海峡南端的重要港口，兴起于19世纪上半叶，最早作为英国殖民统治的战略据点存在，"二战"时期曾被日本占领三年半。1959年成立自治政府，李光耀成为首届总理，1965年从马来西亚联合邦中脱离，建立独立的主权国家。新加坡独立发展的时间不长，却经历了三次经济转型：第一阶段是1965年到1980年中期，这之前新加坡的主要产业是转口贸易和为英国驻军服务，独立以后开始工业化，从劳动密集型产业逐步发展出健全的工业体系，特别是石油化工、电子电器和以修造船为主的运输、机械等行业迅速发展。在这一阶段的后期，新加坡开始发展以电气为代表的科技含量高的知识密集型产业。

第二阶段是20世纪80年代中后期到90年代末，新加坡受到国际经济形势的影响以及亚洲其他国家的挑战，自身土地面积小、国内市场小、劳动力少的弱点也暴露无遗。政府开始在升级制造业的同时，把发展方向转向金融、商贸、物流等现代生产性服务，利用国际商业交流的增多发展旅游业，试图塑造新加坡的世界城市形象，同时突出了电子计算机和信息产业的地位，这一时期的城市定位已经体现了科技、文化、旅游融合发展的思路。以李显龙为首的经济委员会发表《新加坡经济：新的方向》报告（1986），其中要点之一是成立国家科学技术局等部门，设计、推动和实施高科技计划。

第三阶段是1998年以来，把发展创意产业作为主要战略，以文化科技创新实现城市复兴，推出了三期"城市复兴计划"（Renaissance City Plan，也译作文艺复兴城市计划）。尽管在东南亚金融危机中受到的影响较小，新加坡政府还是明确了发展创意产业的战略，是亚洲最早以此为国策的国家之一。新加坡通过多次成功的经济转型，始终保持了较快的增长速度，形成电子、化工、生物医药、资信与传媒、物流、金融等多个产业群，是世界硬盘驱动器的主要供应国，世界第三大炼油中心和重要的区域石油交易中心、定价中心、混兑中心，是世界上吞吐量最大的集装箱码头、跨国企业重要的亚太区域物流与后勤管理

中心，集中了110余家国际级银行，并成为全球第四大外汇交易中心。❶

世界经济论坛《全球竞争力年报》（2013—2014）显示，目前新加坡的市场规模和商业成熟度相当于创新型国家的平均水平，其他的创新性、制度条件、基础设施、技术就绪度等指标处于领先位置（见图3-10：排名基于调查结果，调查结果权重值"非常弱"=1，"非常强"=7）。新加坡的第一期"复兴城市计划"对本国文化发展条件所做的分析也曾指出，新加坡的国内市场小、商业投入高、私人投入低是影响文化发展的不利因素。

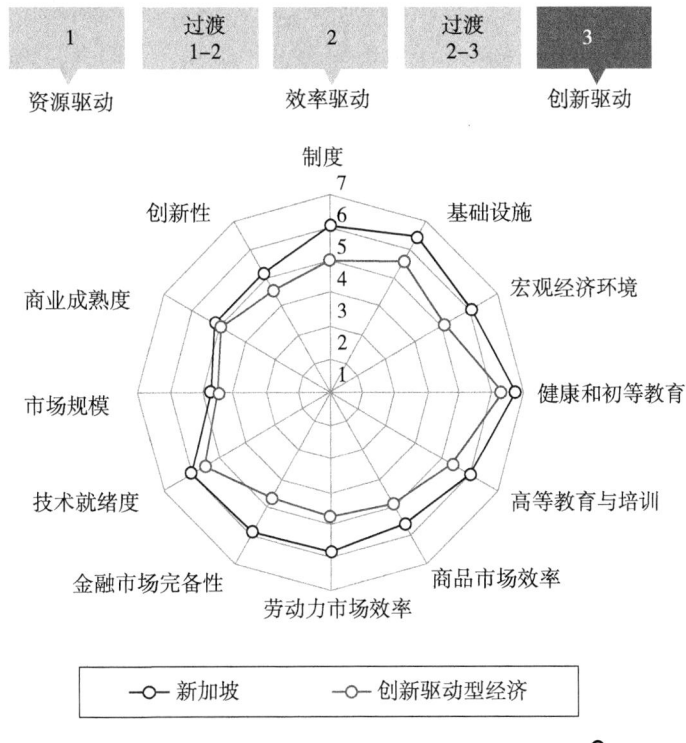

图3-10 新加坡经济竞争力（2013—2014年）❷

（二）新加坡发展定位和融合发展的措施

新加坡只有325万国民，却是一个多民族国家，华人占总人口的74%，马来人占13%，印裔人占9%，此外还有143万在此工作的世界各国人士，占总人口的1/4。多民族的文化背景和国际金融中心、交通、物流中心的城市定位决

---

❶ 中国驻新加坡大使馆经济商务参赞处：《新加坡产业升级情况》，见国家商务部网站2010-05-19。

❷ 资料来源：The Global Competitiveness Report 2013－2014，http：//www.weforum.org。

定了新加坡的文化规划是开放、外向型的。同时，新加坡是一个权力高度集中的国家，强大的政府主导了经济、文化、国防、交通、市政建设、公民道德教育等各领域的规划建设，制定众多详尽的发展战略，这与纽约、东京等西方城市在决策中较多听取企业、非政府组织和地方民众的意见有很大区别。

在推动文化与科技、商务、旅游融合发展方面，新加坡政府同样有4次主要的战略规划，每一次规划都配合了该阶段国民经济发展的总体定位。早在1989年，由后来的总统王鼎昌领导的文化艺术顾问委员会（ACCA）就提出一份有标志性意义的规划报告，为十年后的"城市复兴计划"做出了铺垫，其主要措施包括5个方面：在高等教育和预科教育中加强艺术教育，加强文化基础设施建设，繁荣文化遗产保护和视觉艺术收藏，鼓励阅读和写作，通过传媒向社会进一步推广艺术。❶ 这一规划报告推动了国家图书馆、滨海艺术中心、新加坡艺术博物馆、亚洲文明博物馆、海湾剧院等一大批设施的修建，意在配合当时融合商务和旅游、发展世界城市的计划，一举奠定了新加坡公共文化服务体系和文化旅游业的基础。

具有决定性意义的规划发生在世纪之交。1998年新加坡将创意产业确立为21世纪的战略产业，出台《创意新加坡》计划。2000年，信息交流与文化部发布第一期"城市复兴计划"，提出把文化作为一种基础性要素融入新加坡经济的整体发展之中，在与伦敦、巴黎、中国香港等城市的比较中探索新加坡的方向，其核心内容是要把新加坡打造成文化、设计和传媒中心。这一时期，政府的主要举措是增加对文化艺术团体及个人的资助，把新加坡文化向外推广展示，举办更大的文化节庆活动，同时还鼓励设计、媒体产业的发展。第二期的"城市复兴计划"于2005年出台，其主要目标是发展新的艺术文化产业，建立更多的艺术文化的商业伙伴，让新加坡文化更加国际化。这一阶段还有2002年的《创意产业发展策略：推动新加坡的创意经济》出台，其计划容纳了复兴城市计划，还包括"设计新加坡"和"媒体21"计划，前者是以设计能力来提高其他产业的价值，后者是将新加坡打造成全球媒体城市，吸引国外媒体资本进入新加坡。

第三期也就是从2010年沿用至2015年的"城市复兴计划"，在总结近十年两期规划成效的基础上提出，新加坡要以宜居的城市环境吸引各国人才，提

---

❶ Renaissance City Plan Ⅲ, p.5. 新加坡文化社区青年部网站，www.mccy.gov.sg。

高公民的文化艺术素养，培育良好的文化艺术氛围，奖励商业艺术项目，把双年展等大型文化活动推向世界，使新加坡成为国际化的文化艺术城市。最新的城市口号是"新加坡：全球艺术城市"（Singapore：Global City for the Arts）。同时，新加坡陆续出台推动科技创新的"全国创新行动计划""智慧国计划""国家科技蓝图"，决定在生物技术、机器人技术、3D 打印、光伏技术、制造业数据分析、卫星产业等新兴行业加大投入力度。

除文化设施建设之外的市政建设也推动了文化、旅游、商务、科技的融合发展。新加坡作为一个城市国家，土地资源十分宝贵，工业化势必威胁到绿化、文化用地。然而新加坡从立国之初就利用充足的阳光进行大规模城市绿化，制定完备的环境法规，在对民众的公共卫生教育和执法方面甚至达到了严苛的程度，努力塑造出清洁、开放、有序的"花园城市"形象，其绿化和环境保护的水平在亚洲国家中首屈一指。为了克服城市文化用地少的不利因素，新加坡把搬迁最高法院和市政厅后留下的殖民时代建筑改造成了国家美术馆，把克拉码头改造成文化旅游、商贸的综合体。2009 年，政府提出"永续新加坡发展蓝图"计划，用科技手段提高资源利用率、培养专业人才、改善居住环境。新加坡优质的生态文化环境吸引了更多的国际企业总部和金融机构入驻，同时也推动了会展业、旅游业的发展。

（三）新加坡文化与科技商务旅游融合的成绩

新加坡政府虽然对经济文化发展采取大包大揽的规划建设方式，但由于政府反腐败的能力强，对普通公民的道德规范也有严格控制措施，并且获得了商界支持，因此它的发展规划有很好的实施效果。新加坡融合发展的成绩首先在于把文化作为基础性要素融入城市发展的各个层面，新闻、通信及艺术部长李文献认为文化的首要贡献是给新加坡带来一种独一无二的国家认同感，新加坡人开始追求更高品质的生活，参加艺术活动的居民比例从 1995 年的 1/10 上升到了目前的 1/3。❶

其次，新加坡的创意产业具有世界领先水平，其中最具竞争力的创意产业是艺术、设计、传媒、软件产业。目前创意产业的产值超过 150 亿美元，占新加坡全部 GDP 的比例接近 6%。新加坡的旅游与文化、商业结合紧密，也得到

---

❶ Renaissance City Plan Ⅲ, p.3. 新加坡文化社区与青年部网站，www.mccy.gov.sg。

了快速发展。作为一个人口不多、城市面积比北京石景山区略大的国家，2013年的旅游业收入高达 185 亿美元，收入和入境游客数量均创下历史最高纪录，"旅游扮演了一个领头羊角色，既推动了创意产业，又受益于创意产业。游客大量消费新加坡的创意产品，尤其是文化艺术部分。充满生机、令人兴奋的创意经济提升了新加坡的世界形象，吸引了更多的旅游者。"❶

最后，新加坡的公共服务体系不但现代化设施健全，还依靠多元文化融合，成功地扭转了本土资源贫瘠的不利局面。新加坡虽然发展历史较短，却是一个多民族组成的移民国家，因此政府把眼界扩大到保护、传承这些不同民族的文明成果，从各种历史文物、收藏品到文化传统、民族风情。新加坡的亚洲文明博物馆不但收藏有本土的一些文物和中国文明精品，还有东南亚和印度、老挝、土耳其等国文化精粹。新加坡的公共文化活动也极为多元化，如百盛艺术节综合了中国、马来西亚、印度、泰国和峇厘五种不同艺术文化，此外还举行中国春节、佛诞日、伊斯兰教的开斋节和哈芝节、基督教的复活节和圣诞节、印度教排灯节等各民族、各宗教的文化活动，这种建立公共文化服务的模式符合新加坡世界城市的定位。

（四）新加坡文化与科技商务旅游融合的启示

1. 政府对融合发展的顶层设计

新加坡的数次经济转型发展都来自政府的强力推动，尽管这种威权主义风格经常遭到外界批评，但新加坡的数次改革总是能取得好的效果，国民收入水平已经接近美国。政府对创意产业、文化复兴的规划设计无疑有很强的预见性，走在了亚洲国家前列，并且有政策延续性和稳定性。新加坡的若干个创意产业报告、以文化推动城市复兴的规划报告都建立在周密的调查研究、比较研究的基础上，有很高的学术含量，成为政府规划方案的一个标杆。比之伦敦、巴黎等欧洲城市"自上而下"的文化规划，新加坡的顶层设计更加全面、科学、细致，对中国和其他亚洲国家有很大的借鉴意义。

2. 多元文化塑造新的文化地方性

新加坡作为主权国家的历史和城市发展史都不太长，多种语言、多元文

---

❶ Mike Fromowitz, Unlocking the potential of Singapore's Creative Industries, http://www.campaignasia.com, 2011-11-14.

化杂糅，没有丰富的历史文化遗存，没有伟大的文化人物和历史人物，缺少伦敦、巴黎、柏林、纽约、东京这样一以贯之的历史文化传统。如果按照常规思维判断，新加坡很难拥有独特的文化地方性和文化吸引力。但是新加坡政府把文化融入社会生活的各个方面，通过大规模的文化设施建设和文化创意活动塑造了新的文化认同和城市特色，并且收集、保护了各民族的文化遗存，以开放包容的精神吸引着其他亚洲国家和欧美国家的高级人才，也吸引了大量的观光客。

3. 外向型的文化科技融合发展

新加坡国内消费市场很小，历来依靠大量的国际投资和总部经济，因此创意产业方面也主要面向亚洲市场、国际市场开发外向型的产品，如新加坡报业、传媒的发展方式即是拓展海外市场，与外地人才及企业合作，将内容产品出口到亚洲其他国家。由于国内市场小，企业对立竞争并无太大意义，新加坡政府鼓励文化企业跨领域合作、做大做强以提高新加坡创意产业的国际竞争力，国内两大文化企业新加坡报业控股、新传媒集团互相持股，同时进入互联网业务，实现了报纸、电视台、电台和网络媒体共享内容和资源，体现了数字化时代融合大趋势。

第四章　国外文化与科技商务旅游
融合发展的战略与路径

第二章探讨了西方国家融合发展战略提出的大背景以及融合发展的基本模式和路径，而本章的重点是从更具体的城市发展角度来分析融合发展如何影响城市领导者和规划设计者的思路，成为一种主流的城市发展策略，如何影响到企业创新发展和个人的发展。全球化时代企业的市场运作已超越城市和国家界限，但城市政策规划的引导调节也起到了至关重要的作用，如果不是伦敦等城市的领导者很早就重视文化与科技等领域的融合发展并组织制定适宜的城市战略规划，当地企业和行业的发展水平可能达不到今日高度。本章首先从伦敦等六城市的融合发展实践出发，对国外重要城市融合发展的总体趋势做出判断，并从城市政策规划的视角出发探究其融合发展的主要模式和现存问题，最后结合北京城市发展的现状，探讨借鉴吸收国外重要城市融合发展经验模式的可能性。

一、国外重要城市文化与科技商务旅游融合发展的总体趋势

对国外重要城市融合发展的趋势分析可以从纵向、横向和未来方向三个维度展开，其中纵向分析是从历时角度探讨当代城市的融合发展与以往相比有何异同；横向分析是探讨这些在融合发展方面有突出成绩的国外重要城市，有哪些相似相近的融合发展特征和影响因素，较之同时代其他类型城市有哪些创新发展的独到之处。在横纵比较基础上，探讨融合发展目前正在兴起的趋势和未来方向。

（一）总体趋势的纵向分析

产业融合是马克思时代就有的经济现象，从城市角度来观察广义上的融合发展，它也不是当代社会特有现象，历史上有不少利用优势行业带动其他领域的城市发展经验，后发领域有可能成为新的支柱性产业，一个突出例证即是巴

黎早期的融合发展。巴黎在 19 世纪以前是相对落后、以纺织业为主的欧洲内陆城市，在王室重视艺术、成熟的基础设施建设等有利因素影响下，逐步从纺织业中发展出以时装为代表的时尚产业，不仅精英艺术繁荣，服装鞋帽、金银饰品、日用化妆品及各种小商品制造都含有文化因子，巴黎一跃成为欧洲时尚娱乐中心。国外重要城市在过去若干世纪积累了丰富的历史文化遗产和发展经验，新的规划设计必须建立在国家和城市历史传统之上。

　　那么当代城市的融合发展较之以往有怎样的阶段性特征？从伦敦等国外重要城市融合发展实践可以看到：融合发展已不是零星出现的社会现象，信息技术时代的"科技—文化"已经成为伦敦、巴黎、纽约等城市发展的主要动力。这种融合发展由科技、文化共同主导，扩展至商务、旅游等具体领域，而不是由某种工业技术或文化单一驱动。历史上相继出现的文化城市、工业城市大多因为某种工业技术或文化模式的突破形成新的产业部门，继而吸引商贸、旅游造成融合现象：福特时代崛起的底特律曾在汽车工业繁荣之后发展成音乐之都，因自然景观而崛起的旅游胜地、商贸繁荣的港口和交通枢纽也可以有经济社会的全面进步。

　　然而，这些城市大多是单一驱动的发展模式，今天主导城市创新发展是一种深度融合之后、渗透到生产各环节的"科技—文化"，这是数字信息技术和大众文化的特点决定的，单纯的科技驱动或传统文化产业"内容为王"的发展模式都不足以主导这一阶段融合发展的潮流。正因为当代"科技—文化"的普适性，融合发展才演变为伦敦、巴黎、纽约、柏林、东京、新加坡等城市不约而同采取的发展策略。英国政府环境战略规划顾问、城市学家彼得·霍尔（Peter Hall）在他的巨著《文明中的城市：文化，创新和城市秩序》（1998）中对历史上城市创新发展的模式进行了梳理，分为技术创新型（technological–productive）、文化智慧型（cultural–intellectual）、文化技术型（cultural–technological）、技术组织型（technological–organizational）4 种类型，为世界城市发展梳理出了 4 条主线。其中技术创新型城市的代表是 18 世纪后期的曼彻斯特、19 世纪的格拉斯哥、柏林。以及美国底特律和加利福尼亚的硅谷；文化智慧型城市的代表是古典时期的雅典、文化复兴时期的佛罗伦萨，以戏剧著称的伦敦、以绘画著称的巴黎、以艺术著称的维也纳以及 20 世纪二三十年代的柏林，这些城市同属于发端于雅典的欧洲文化主流❶。技术组织型城市代表是古罗马、19世纪的伦敦和巴黎、19世纪末的纽约，这些城市对大规模城市化建设有着原创性方案，近年来完成复兴的费城、巴尔的摩等城市也是典型代表。文化技术型城市最早的代表则是以好莱坞电影工业著称的洛杉矶、以现代音乐工业著称的孟菲斯等。霍尔认为文化技术型城市在当下最具备活力，最有可能成为新的世界城市，这类城市包括历史文化悠久的纽约、巴黎、伦敦，生态文化环境优越的温哥华、悉尼，正在进行文化复兴建设的格拉斯哥、纽卡斯尔等。霍尔这一对创新城市类型的梳理及趋势判断与融合的理论视角是相通的，符合我们对当今城市发展走向的判断。

（二）总体趋势的横向分析

进行城市间的横向比较首先应当注意到，伦敦等融合发展型城市做有各自的城市治理方式，政府在处理与中央政府关系，处理与企业财团、民间社团关系问题上有自己的做法，其发展规划隶属于不同的国家计划。同属西欧的伦敦、巴黎、柏林之间，同属东亚的东京、新加坡之间也有差别。与伦敦相比，巴黎有更强烈的自上而下推动文化发展的色彩，中央和地方政府对巴黎的文化发展投入巨资，强大的公共文化服务部门起着决定性作用。新加坡和东京同属于儒家文化圈，前者在威权主义政治模式影响下多次制定详尽周密的文化发展规划、创意经济发展规划，而东京的城市规划相对灵活，文化发展通常不会作为一个主要问题进行讨论，而是被纳入其他方面的发展规划之中。

即便如此，也不难从伦敦等国外重要城市的融合发展中发现共性因素。首先，从历史成因和发展动力来看：国外重要城市的融合发展大多是"危机反应"的产物，是全球城市竞争的结果，全球化影响了这些城市融合发展的重点。伦敦等六城市都有过辉煌历史，此后不同程度遭遇经济衰退、环境恶化等"城市病"，国际国内地位受到其他城市挑战。六城市推动融合发展基于相似的考虑：文化与科技、商务、旅游融合对于它们"去工业化"之后刺激经济持续增长，保持或恢复领先地位有着重要意义，创意产业作为融合发展的重要结果之一，是激发旧城和衰败地区活力的有力手段。如果某城市属于新兴工业化国家中工业、制造业 GDP 比重较大的城市，或者本身没有太好的文化资源条件，

---

❶ Peter Hall, Cities in Civilization, New York: Pantheon, 1998, p.23.

则没有那么强烈的意愿来推动文化与其他领域的融合发展。

其次，从产业结构组成来看，伦敦等国外重要城市已舍弃或部分舍弃制造业中心的角色，强化了原有的商业金融功能、总部经济功能，成为全球化时代的商业中心、文化中心、信息和服务中心。集聚在大都市的跨国企业总部都需要一流的法律、金融、会计、广告、会展、传媒、信息服务，往往从专业化的公司购买而不是自己解决，这样就带动了其他产业门类。这些城市的文化创意产业作为融合发展的重要成果发展迅速，商业会展和文化交往活动与创意产业有交叉的部分，也可以为艺术品交易、文化旅游等行业带来消费人群。国际性的商业金融和文化交往活动也促使城市领导者和规划设计者更加重视城市环境、城市形象，致力于营造包括各种文化艺术设施和体育场馆在内的新的公共文化空间，跨国企业、信息科技企业的投资者和城市创意阶层往往对现代风格、有文化品位的办公环境有更多需求，这些都推动了城市的融合发展。

再次，从文化的传承演进来看，伦敦等国外重要城市都对自身丰富的历史文化资源和当代文化资源进行了创造性的转化利用，变为融合发展所需的文化资本。伦敦等六城市中只有新加坡不是老牌文化中心城市，但它也采取广泛搜集亚洲其他国家历史文化遗存的方式建立了自己的博物馆、美术馆系统，成为集中展示亚洲古代文明成就的城市。按照联合国贸易和发展会议《创意经济报告》的分析，"创意产业"概念应当"从有浓重艺术成分的活动扩大到任何生产符号性产品的经济活动"，"高度依赖知识产权并且尽可能拓宽市场"❶，伦敦等六大城市已经拥有较多的文化资本，在符号性的世界性城市等级之中占据很高的位置，不需要像工业城市毕尔巴鄂新造一座古根海姆博物馆那样来大力提升文化影响力；这些城市建立于文化资源基础上的创意产业大多是着眼于全球市场，并非传统文化的简单展示和翻版。另一些拥有历史文化遗存的传统文化城市，往往因为未能将这些文化资源与科技、商贸、旅游充分融合，而停留在简单旅游观光层面，其城市文化资本的活跃度不足。

最后，从城市景观和空间特征来看，伦敦等国外重要城市有"一城千面"的发展趋势：既拥有特色鲜明的历史文化遗存、古老街区，又有现代金融中心、商业中心所依托的高耸入云的摩天大楼，有工业时代的厂房、仓库、码头，又有承担着政治功能、作为国家符号的建筑物，旧城衰落之后在原址上

---

❶　Creative Economy Report 2008，第 13 页，见联合国贸发会官网 http://www.unctad.org。

还发展了创意产业、艺术园区，试图恢复其活力，因此是集多种文化元素于一身的综合体，不是单一特色的大城市。正如英国社会学家费瑟斯通（Mike Featherstone）所揭示的，巴黎、纽约等大都市呈现出一种风格混搭的后现代都市景观，"在当代城市的购物中心、商业广场、博物馆、主题乐园与旅游体验之中，就出现了一个共同的特征，即文化失序与风格的杂烩混合的空间特征。因此，消费和闲暇就意味着种种体验"❶，在这些现代/后现代都市中，精英文化与大众文化的边界、商业活动与文化活动的边界变得模糊。在后发现代化国家的城市化进程中，常常可以听到人们对"千城一面"的批判，然而对重要国际城市而言，保持文化特色并不等于锁定在单一的城市风格和城市功能之上，"一城千面"是它们的发展趋势。

（三）融合发展的未来走向

伦敦等国外重要城市将继续保持建设"世界之都"的视野魄力，对融合发展进行大尺度谋划。这些城市在失去工业中心地位之后重新成为数字信息的节点城市和区域性创意中心，聚集了大量融合型企业和人才，在科技、文化、资本、商品和服务的集散和交换中发挥着关键作用，成为巨大的现代企业服务综合体。这些城市发展的活力很大程度上源于在全国、全世界所具有的中枢地位，带动了周边的城市群，下一阶段将继续致力于保持这种领先地位，制定相应的政策规划。

伦敦等国外重要城市将建立综合齐备的融合发展产业门类，扶持推动重点领域的发展。当代融合发展的最基本趋势是电信、传媒和IT部门的融合，三大部门之间寻求发展交叉产品、交叉平台和跨行业相互参股，这在伦敦等六城市的发展实践中体现得很充分。三大部门融合从根本上改变了文化娱乐消费模式和文化产业的工作方式，推动了一批业态改造型、升级型文化产业的发展。利用数字信息技术重装之后的影视、传媒、动漫、游戏、出版、设计、演艺、会展、艺术品交易等产业以及围绕它们产生的服务性行业在伦敦等六城市都有了很大发展。三大部门的融合虽然已经有十年以上的时间，但仍在持续进行，未来会不断拓展融合的深度和广度：三大部门融合的各种服务网络和平台将得到更好的发展；新闻出版、影视传媒等领域会诞生许多细分的产业门类，如 MPR

---

❶ 迈克·费瑟斯通：《消费文化与后现代主义》，刘精明译，译林出版社，2000，第151-152页。

（Reader Print Multimedia，多媒体印刷读物）、智能语音识别和合成技术、数字化的版权保护技术、3D 打印、按需印刷等在新闻出版业的应用将十分普遍。影视、会展、广告、游戏、设计融入现代科技的深度和广度均会进一步加强，这些都是融合创新型城市发展的重点。文化科技与商务的结合的重要成果之一是发展文化类电子商务，尤其是在移动终端的业务拓展，金融资本投资文化产业、信息产业、文化电商的势头将持续升温。与电子商务相关的营销与用户服务技术将得到广泛应用，特别是对消费行为信息收集、分析并反馈给生产端的相关技术与方法，将带来巨大的附加值，文化电商的盈利方式不局限于直接的文化产品销售。

随着科技进步和融合发展的程度加深，国外重要城市的各产业领域还会对新的文化科技变革进行产业化。美国著名战略研究机构兰德公司（Rand Corporation）曾预测生物、纳米、材料技术为新世纪头 15 年兴起的三大领域，此后又在研究报告《2020 年的全球技术革命》（2006）中提出 16 个未来重要科技领域：低成本太阳能、乡村无线通信、转基因作物、水净化装置、低成本住宅和能源、绿色制造业、混合动力汽车、精确药物治疗、无线射频身份识别、生物制品快速检测、传感技术、人造器官、手术诊断的革新、可转配在衣服饰物上的电脑、量子加密的安全信息传送、普适的信息交流装备❶。伦敦的技术战略专家扎帕（Michell Zappa）则把 2012 年至 2040 年可能兴起的科技领域总结为 11 项：人工智能、互联网、交互界面技术、传感技术、普适计算、机器人技术、生物科技、新材料、新能源、太空技术、地球工程技术❷。以上两种对新兴科技的梳理都是针对那些已经有部分成熟技术或正在进行技术攻坚的领域，其中有一部分本身就带有文化科技融合的特征，如信息传输、信息交流、人机交互方面的技术，这些技术的突破直接意味着人们文化生活方式的改变，另一部分看似"纯科学"的领域也有宽阔的与文化融合发展的前景。前一类科技无疑是城市融合发展重点领域，其中人工智能中的虚拟现实、自然语言翻译，互联网领域的 4G、云计算、光通信、虚拟货币、计算机仿真，人机交互中的多点触控、手势和语音识别、全息技术，传感技术中的深度图绘、生物识别传感、普适影像抓取等已经渐渐为人们所了解，这些都是拥有极好产业化前景的融合发展领域。

❶ Global Technology Revolution 2020，见兰德公司官网 http://www.rand.org。

❷ http://www.envisioningtech.com/envisioning2012/。

二、城市政策规划视角下的国外重要城市融合发展模式

第二章在一般意义上分析过融合发展递进的四个阶段路径：技术革命、企业组织变革、政府政策和全球化。对国外重要城市融合发展的经验模式进行总结，可以从城市建设的不同主体包括城市领导者和规划设计师、企业集团、文化团体、高校科研机构乃至普通市民多种视角来考虑，而本章侧重从城市政策规划角度出发，梳理伦敦等国外重要城市有哪些成功的经验模式。实施融合发展的企业、科研机构和个人都在这一城市政策规划视角的分析框架之内，而不另从企业经营管理、科研机构发展、技术研发的角度去考察。如前所述，伦敦等国外重要城市由于治理方式的差异以及在各自国家整体发展战略中的不同角色，所制定的融合发展政策规划存在差异。我们应当从城市治理能力、融合发展的实际效果来评价一种城市政策，而不能企图找到某种绝对"先进"或"科学"的发展模式。国外重要城市推动文化与科技、商务、旅游融合发展的政策规划手段是多方面的，这里集中讨论城市总体战略、城市空间规划、对企业融合发展的管理扶持、对融合创新人才和创新体系的培育、举办大型活动等几个主要方面。

（一）城市融合发展总体战略

西方国家素有崇尚自由市场、"大社会小政府"的传统，地方政府对经济活动的影响力在全球化时代受到跨国集团的挑战也有所减弱，然而伦敦等国外重要城市在推动文化与科技、商务、旅游等领域融合发展方面却越来越积极主动，推出文化发展战略成为一种颇为普遍的现象，城市领导者的执政能力甚至个人魅力也会影响融合发展。1986年撒切尔夫人裁撤大伦敦地区议会之后，伦敦市长的权力大大削弱，导致伦敦的文化规划以及文化与科技、旅游、商业融合发展受到抑制，直到工党执政、恢复大伦敦议会之后，伦敦才从利文斯顿开始推出一系列著名的"市长文化战略"并获得成功。学习欧美发达国家经验的新加坡，反而是在具有东方色彩的偏重威权主义的治理模式下取得今日成就，和伦敦一样先后推出多个文化战略规划。城市文化战略在全球化的今天得到前所未有的重视，除了文化消费需求增加、文化的经济功能提升这一基本原因之外还有多方面的具体原因：文化与科技、商务、旅游等领域融合发展的大型项目特别是涉及城市历史文化资源、大型公共文化设施的需要政府来规划协调。

政府虽然减少了对博物馆、美术馆等城市公共服务系统的直接干预，恢复其市场主体地位，却以一种更灵活、更具动态性需要多方联动的方式引导其发展。产业融合还涉及市场监管、反垄断等问题，需要政府及相关部门改革管理形式、制定相关政策。西方世界在"二战"结束、旧殖民体系崩溃、冷战结束等一系列时代变迁之后，受移民和国际投资的影响，大城市的文化多样性、非稳定性迅速上升，也需要城市领导者制定新政策创造更具包容度的城市环境。此外从一般的商业眼光看，创意产业的许多门类见效慢、不稳定、回报周期长，一些带有公共服务性质的产业回报率不高，更需要政府在启动之初加以扶持并保护其知识产权。

伦敦等六城市的总体战略规划表现出若干重要特点。其一，是以建设国际性创新之都为目标，重视面向全世界的经济文化和科研活动。无论是伦敦的"文化大都市""世界科技之都"计划，还是巴黎以城市基础设施建设为依托的"大巴黎计划"、柏林力推的耗资巨大的博物馆岛修复计划、新加坡的"城市复兴计划""全球艺术城市"计划都在积极拓展城市文化辐射力，扩大融合发展的范围，都是大手笔、大尺度的规划。其二，伦敦等六城市改变了过去单一的对文化功能的认知，不仅仅是文化事业和文化旅游，而是把文化作为一种推动全社会发展的基础性要素融入城市整体发展之中，把文化视为城市全球形象和地方性塑造的必要元素。伦敦等城市的发展规划把过去各司其职的城市建设规划、地方经济规划、文化规划等综合起来，部门之间协作联动或重组。纽约、东京与伦敦、巴黎、柏林、新加坡相比没有如此明确的由政府制定的城市文化规划，其城市规划却体现了融合发展的思路，例如《东京愿景2020》里庞大的水系建设规划把市政建设、景观塑造、文化旅游、环境保护、江户时代历史文脉传承等多种工作融为一体。其三，"创意城市""创意产业"作为融合发展的重要成果，已经成为国外重要城市普遍追求的目标，被证明是颇有成效的城市发展新范式。在伦敦等城市的发展战略里，创意产业得到空前重视并获得政策上的延续性，已经不是某一届城市领导者和规划设计者的偏好。其四，伦敦等六城市的发展战略普遍突出了数字产业的优先地位。纽约从20世纪80年代末开始在下城等区域建设"硅巷"（Silicon Alley），大力发展新媒体经济，以公私合作的方式实施"数字纽约，联网世界"计划。伦敦以数字产业为主的东部科技城计划、"世界科技之都"计划均以数字产业为重点，东部科技城正在向"欧洲硅谷"进发，市长约翰逊为这些科技项目在国内外进行了大量宣传。柏林的

"传媒斯普雷""柏林新媒体园"等城市开发项目均是以发展数字内容产业为主要内容。其五，伦敦等国外重要城市的发展规划几乎都强调了公共部门与私人企业合作的重要性，甚至战略规划的制定本身即是充分吸纳私人企业、科研单位和社会团体参与的结果，伦敦等城市的众多大型公共设施、文化项目、文化活动都是"公私合营"的产物，这种优势互补的合作使双方都从中受益。

（二）融合发展的城市空间规划

伦敦等六城市推动融合发展的战略规划基本都与内城复兴有关，内城经济萧条、郊区化发展对于美英等发达国家城市而言是个普遍性问题，不仅仅是伦敦、纽约少数大都市如此，这一点与中国城市发展的背景有所不同。伦敦、巴黎、纽约等城市中心区域强化了其金融商贸功能，旧城又拥有众多历史街区和标志性建筑以及产业转移之后遗留的低租金设施，成为文化与科技、商务、旅游融合发展的核心区域。哈佛著名经济学家迈克尔·波特（Michael E. Porter）认为内城的主要优势并非有限的低租金物业和劳动力，"即使内城能够提供比美国其他地区更低廉的人力和房产，在经济全球化下，来自相对发达地区的企业在基本投入成本方面也没有任何优势"，其优势在于战略区位、市场需求、利用金融和服务业的集聚效应、人力资源。[1]内城的确更适合偏重于消费、零售、服务于旅游的融合型企业发展，研发型、生产型企业则不然。

从规划方式上来看，随着多种元素杂糅的现代/后现代风格城市景观日益被人们接受，城市规划设计者往往采取土地混合开发的模式重新设计以往按照功能分区模式建立起来的金融区、工业区、商业区、文化区、旅游区，空间使用的混合性是普遍特征。这种规划提高了原本承载单一功能之城区的文化品位和宜居性，使城市不规则地出现多个文化中心。尽管为了应对世界范围内越发激烈的城市竞争，这些重要城市的中心区域功能得到强化，整个城区的发展却是向外非连续性、星状扩展，跟传统的以内城为中心的城市扩展模式是有所不同的。在混合使用的规划思路指引下，进行大大小小的城市综合带建设成为伦敦等城市推动融合发展的一个重要手段。这些为步行者缔造的综合带以公园、水系、广场、大型设施为核心，既是市民活动交流的公共空间、进行文艺演出和节庆活动的露天剧场，又是外地游客的目的地，伴生各种商业休闲场所。

---

[1] 迈克尔·波特：《内城的竞争优势》，王兰、姚放译，参见张庭伟、田莉主编《城市读本》，中国建筑工业出版社，2013，第268–270页。

（三）对融合发展企业的管理扶持

政府扶持帮助企业进行融合发展的政策手段主要是融资扶持、帮助搭建各种服务平台、实施技术扩散工程等，同时政府购买部分产品和服务，加强公共部门与私人企业、非政府组织的合作。这也有利于城市领导层形成更民主有效的文化政策，减轻政府部门的压力。政府采购是推动融合发展的重要手段，可以减少文化科技融合型企业的市场风险，融合发展型企业得到比以往更多的市场空间，介入原本属于公共服务的领域。东京的日立、三得利、读卖新闻等财团、株式会社发展了自己的美术馆、博物馆、音乐厅、剧院，建立文化艺术基金和奖项，使企业成为综合发展的集团。

跨行业合作并购是不同产业领域企业融合发展的捷径，可以迅速形成综合性产业集团，提高专业协作水平、获得规模经济效益、扩大市场份额，并能提高企业知名度，提升品牌价值。20世纪90年代至今，与文化企业有关的大型收并购越来越多（见表4-1），最新一轮的收并购则是由微软、谷歌、亚马逊、Facebook这一类新型IT企业发展起来的，既有对其他网络型科技公司的收购，也有对手机、软件制造商、APP的收购，谷歌更是号称"每周收购一家企业" ❶。主导潮流的IT企业总部往往不在纽约、芝加哥、洛杉矶这样的大都市，但由于它们在全世界的运行仍要依赖那些有优越电信基础设施的节点城市，收并购的其他产业企业仍位于大城市，这种"边缘化"发展是有限的。国外企业收并购行为遵照的都是国家法律，以城市命名的《伦敦城收购及兼并守则》（London City Code on Takeovers and Mergers）实际上是对全英国有法律效力的法规，但地方政府对企业融合发展也有推动作用，城市领导者和规划设计者需要重点帮助中小创意企业，此外在跨国合作中也扮演了重要角色，伦敦与中国城市及企业的许多科技文化合作项目就是由市长约翰逊及其领导的政府部门牵头的。中国各大城市都有数量众多的国有企业，在实施组织形式变革时要涉及方方面面的问题，国资公司也可以直接入股大型综合产业集团，因此中国城市在推动融合发展的收并购事件方面承担了更多的责任。

---

❶　Eric Schmidt, Google Is Buying One Company A Week，http://techcrunch.com/2011/12/07/eric-schmidt-google-is-buying-one-company-a-week/.

表 4-1　国外融合发展的典型收并购案例

时间	收并购者	主业	总部	被收并购者	主业
1988、2005	索尼	电器	东京	哥伦比亚影业、米高梅	影视、音乐
1994—1999	维亚康姆	广播电视	纽约	派拉蒙、百视达、哥伦比亚广播	影视、租赁、广播
1995	迪士尼	娱乐	伯班克	ABC	广播
1996—2014	微软	电脑科技	西雅图	NBC、诺基亚、Visio、Aquantive、Skype 等	广播、手机、广告、语音通信、图片设计等
1999	卡尔顿	通信	伦敦	英国新闻联合社	传媒
2000	威望迪	环保、水业	巴黎	西格拉姆环球	影视、传媒
2000	美国在线	网络通信	纽约	时代华纳	影视
2007	新闻集团	新闻	伦敦	道琼斯	金融信息
1998—2014	谷歌	搜索引擎	圣克拉拉	ITA 软件、On2、Youtube、摩托罗拉、Nest Labs、Admeld、AdMob、Dmarc Broadcasting 等	广播、视频、手机、广告、网络安全和档案公司、智能家具等
2004—2014	Facebook	社交媒体	纽约罗帕克	Instagram、WhatsApp、Parakey 等	即时通信、照片分享、操作系统

（四）区域创新体系与人才培养

无论在中国还是西方发达国家，国有的高校科研机构（包括国企研发部门）在整个创新体系中都发挥着骨干引领作用，伦敦等重要城市除拥有众多国有科研机构之外还有活跃的私人企业建立的研发基地、研发中心。国有科研机构重点研究基础性和公共性技术，特别是与城市图书馆、美术馆、博物馆系统有关，与文化遗产保护利用有关、市场回报较低的技术；私人研发的主要是科技文化融合的文化娱乐设备、网络文化产品、影视和视听技术等具有较高商业价值的技术；在这两类技术之间还有一些介乎于公共产品和私人产品之间的文化科技，如信息服务方面的技术。R&D（research and development）数据是衡量一座城市科研投入的重要指标，有国内外研究指出，伦敦的 R&D 投入并不大，英国从 1997—2007 年的地方 R&D 数据显示，11 年间伦敦在研发方面的投入占地方 GVA 的比重相当小，平均值为 0.43%；不仅远低于东英格兰的 3.68%，也不及英国平均水平 1.31% 的一半。而伦敦国际认可专利数量和综合竞争力却在英国乃至全世界名列前茅，其重要原因在于：伦敦活跃的众多中小企业大多属于知识密集型服务业，这一类产业所具有的知识生产及知识扩散功能，使服务业创新与制造业创新出现融合的现象，"创新过程并不一定需要高技术研发，而是更多地依赖能够将企业内外部知识结合起来的具有专业特长和经验的人员"❶。

政府也会采用各种政策工具加强融合创新人才和创意人才的培养，包括设立文化科技创新的大型研究计划，加强相关的基础设施建设，加大对融合发展的基础研究和应用性研究的投入，奖励资助做出贡献的个人，推动高校、科研机构与企业的合作，培养符合融合发展实际需要的人才。不过这一类政策工具主要是来自中央政府层面，如英国贸易工业部的"企业资本基金""高等教育创新基金"等都是为实现创新发展的高校、企业和个人提供资助。日本的"建立青年人与中小企业连接网络计划""中小企业人力资源发展计划""企业家教育提升计划"等也是推动"产学研用"体系建设的工程。伦敦、东京等城市拥有众多中小创意企业和高校、研发机构，无疑是这些计划和基金的主要受益者。

（五）城市融合发展的大型文化活动

伦敦等国外重要城市通过大型文化活动、文化事件来推动文化与科技、商务、旅游融合发展的兴趣日益浓厚，这意味着一系列变革包括基础设施建设、公共服务优化、相关产业的就业岗位提升。大型活动为融合型企业提供较高的推广展示平台，大大减少间接成本。如 2012 年伦敦奥运会通过奥运交付管理局（ODA）购买了大量企业和个人的产品服务，大到总部位于伦敦的葛兰素史克公司所提供的最尖端运动员药检，小到英国科学家劳伦斯·库克发明的"能量地砖"这类创意产品，除众多本地企业外还有国外科技企业，如法国源讯公司（Atos Origin）提供的 ICT（Information Communication Technology）基础服务、中国水晶石公司的数字图像服务等。

三、国外重要城市文化与科技商务旅游融合发展的现存问题

国外重要城市的融合发展之路并非平坦，在取得可观成绩的同时也存在着一些问题不足，有的问题不限于城市层面具有普遍性，有的问题则涉及城市战

---

❶ 李平、曾国屏：《伦敦"隐性创新"：知识密集型服务活动在城市创新体系中的作用》，《科技进步与对策》2012 年第 12 期。

略规划和城市空间的重构。这些城市的融合发展还是一个尚未完成、正在变化的过程。我们在借鉴挪用其经验模式时不但要分析其背景和具体语境，也需要研究和尽量克服伴生的问题。

（一）融合发展与垄断

文化与科技、商务、旅游等领域融合发展催生了一批综合性的企业集团，政府既需要它们来引领发展，又不能容许这些企业集团的支配性地位导致市场难以进入以及过高的产品价格、创新性和产品多样性的缺失。从城市到整个国家层面甚至是更大范围都需要保证一个基本的竞争性市场结构，近年来欧盟委员会对谷歌公司和微软公司的调查，对法国电信等4家国有电信公司和英国沃达丰（E5集团）的调查，美国司法部和联邦贸易委员会对苹果公司的调查均是例证，这些具有统治定位的企业集团在各地方、各城市的营销也是反垄断的调查范围。电信、传媒和信息部门融合发展之后共同形成了一座城市的基本文化服务网络，最有可能出现服务商的垄断。

（二）融合发展与知识产权保护

融合发展的另一个突出问题是原属于"内容产业"的文化产业进行数字信息技术的重装之后拓展了传播领域和消费领域，也带来了大量的知识产权争端。尽管英美发达国家在知识产权保护方面走在世界前列，也不得不研究解决数字信息时代层出不穷的新问题。谷歌的数字图书馆长期受人诟病，众多的艺术品数据库网站也面临类似问题，以纸媒、出版和广播电视起家的默多克多次与新一代的网络媒体交锋，一度拒绝他拥有的新闻集团的"内容产业"产品出现在谷歌等搜索引擎上，争执的核心问题也是知识产权问题。只有确保知识产权才能大范围地把内容提供商和融合创新型企业结合在一起。从城市角度来看，除规范企业行为外还面临着利用本城市历史文化资源、举办大型文化活动之时保护知识产权的问题。

（三）融合发展与城市战略

城市的战略定位表明了它希望在何种程度上参与区域性和世界性的城市竞争，这种定位影响着融合发展的方式方向，过高或者超前的定位会给城市带来巨大压力和社会问题。大伦敦地区人口占全英国的三分之一，大巴黎地区人口占全法国的 18%，对各自国家的政治、经济、文化发展有着举足轻重的影响，新加坡更是"城市国家"，这些城市负担着参与世界竞争、引领整个国家产业发展方向的重任，定位为"世界城市"几乎是责无旁贷的事。这意味着更高规格、更具文化品位的城市基础设施建设，强调商业金融和总部经济的发展，强化中央商务区功能，文化与科技、商务、旅游的融合发展必须围绕这个战略定位来做文章，并且面向国际市场。这种战略定位存在两面性：既可以为城市融合发展带来机会，也有潜在的不利结果。首当其冲的就是房价飙升出现泡沫，文化创意产业发展的成本大大增加，还有城市区域发展不平衡、政府财政困难、对中小创意阶层的支持力度不足、外来文化对本土文化的冲击等。东京作为亚洲最大城市曾定位于"世界城市"，然而正如社会学家萨森在《全球城市》中分析的，东京在经历经济危机打击之后在很长一段时间内没有增加跨国企业总部数量，试图恢复世界地位的措施收效甚微。东京只是尽量保证其在亚洲的地位，把"宜居"放到城市建设首位，2014 年的城市战略谨慎提出建设"国际商业、贸易创新试点"和扩大以东京为核心的都市群。

（四）融合发展与区域发展不平衡

一种理想的、能够帮助治愈"城市病"的规划势必要尽量解决资源过于集中在主城区、区域发展不平衡的问题。融合发展与城市均衡之间没有必然的正反向关系，融合发展的某些路径会帮助解决这一问题，而某些做法又会有所妨碍。如前所述，着眼于世界城市定位的战略规划再次凸显中心城区的意义，许多传统文化中心城市的历史街区、富有文化特色的旧城都在整座城市的核心区域，从伦敦、巴黎到北京、上海都是如此，这种"以内带外"的综合开发需要投入大量人力物力财力，有可能造成新的区域不平衡。此外，进行融合发展的某些产业如艺术品交易和演艺事业对地段有一定要求，不可能舍弃内城丰富的文化基础设施和消费人群。

（五）融合发展园区的不稳定性

创意产业园区和创意街区是文化与科技、商务、旅游融合发展的重要成果之一，有很好的集聚效应和示范效应，许多创意园区还是一座城市新的地标性景点。创意园区和创意街区主要有三类：一类依托老的科技园区、工业园区，在原有设施基础之上进行文化创意和融合发展方向的改造升级；另一类利用历史文化遗存、工业时代遗存，盘活现有的城市资源，占据废弃厂房、仓库和码头；第三类则是新规划出来的园区，大多从城郊不发达地区白手起家，也有一些建在高校大学城周边。创意园区和街区在发展之初大多有租金低廉、生活消费和人力支出低的便利，迅速聚拢大批中下阶层的创意创新人才，激发了该园区街区的发展活力。然而一旦这些街区创造出较大的品牌价值和商业价值，尤其是在原址地段条件较好的情况下，原有的创意阶层就会无力应付房租的升高而被迫搬迁，原有的园区街区变为纯商业或娱乐消费场所，其文化含量和融合发展的水平大大降低。如柏林的赫勒斯艺术区原本是东西德合并后逐渐废弃的一座百货大楼，被艺术家和创意阶层自发"占领"并发展成为德国最著名的现代艺术集聚区之一，然而 2013 年大楼被它的拥有者德国北方银行转卖做他用，原有艺术家和创意者被驱逐出大楼，赫勒斯艺术区被迫关闭。文化创意阶层与其他城市中产阶级相比生存压力更大、创业难度更大，在出现类似的情况之后会迅速转移到其他地区，原本势头很好的创意园区就留下一个空壳。地方政府如果希望保持这些新的城市文化品牌，就必须从根本上解决这些问题。

第五章　首都文化与科技商务旅游融合发展的政策与机制研究

　　首都文化与科技商务旅游一体化融合发展研究在当前形势下，有着理论和实践上的必要性。首都文化与科技商务旅游一体化融合发展研究是一个系统工程，需要从政策和机制上加以保障，政府政策的良性主导和良好的运行机制是一体化融合的必要条件和前提。在一体化融合之中，文化和科技是构成融合发展的两大基本要素，文化作为城市更新发展的动力，其重要性不言而喻，而科技在当下的影响主要通过数字化时代带来的重大变革而发生，"数字化时代就是一切信息活动都可能通过产业的方式来处理、发送和接受"❶。可以说，以信息技术为基础的科技进步深刻改变了产业和经济的组织形式和发展方式。北京市将文化创新、科技创新"双轮驱动"作为推动文化大发展大繁荣的战略，从根本上保证了融合发展的创新环境和文化、科技支撑。本章主要考察和分析北京市关于文化、科技、商务、旅游的相关政策和运行机制以及它们之间的相互关系。在依次考察首都北京的文化与科技、商务、旅游融合发展的政策环境，首都文化政策与科技、商务、旅游融合发展，首都科技与文化、商务、旅游融合发展的政策与机制，首都商务与文化、科技、旅游一体化融合发展的政策与机制，首都旅游与文化、科技、商务一体化融合发展的政策与机制研究的基础上，分析首都文化与科技、商务、旅游融合发展的政策优势与当前存在的问题。

一、首都文化与科技商务旅游融合发展的政策环境

　　党的十七大以来，文化被提到了前所未有的重要高度，十七大第一次从国家软实力的角度强调文化，推动社会主义文化大发展大繁荣，十七大以后，以

---

❶　葛洛蒂:《数字化世界》，张国志译，电子工业出版社，1999，第3页。

深化文化体制改革为着眼点掀起了文化建设和发展的新高潮❶；十八大部署"五位一体"的新格局，其中之一是加强社会主义文化建设，文化建设与经济建设、政治建设、社会建设、生态文明建设协调发展成为全面建成小康社会、实现社会主义现代化和中华民族伟大复兴的重要支撑。

在推动文化大发展大繁荣的背景下，北京市尤其重视对文化及其相关产业培育和发展的引导❷，加强全国文化中心建设，主要体现在如下方面：加强政府政策激励和引导，积极调整和完善政府职能，并成立北京市国有文化资产监督管理办公室（简称文资办），对北京文化产业进行全面统筹管理；搭建企业发展平台，通过产业集聚区、高新技术园区、未来科技城等培育壮大规模，形成优势效应；开展跨行业、跨领域的融合发展研究，以科技、金融等促进文化事业和文化产业的发展，通过与其他行业如旅游业等的结合促进产业转型升级；深化国有文化企事业单位改革，以现代企业制度加强管理，引导非公经济的进入，培育多元投资主体；实施品牌战略，支持文化产业做大做强，以品牌集聚优势扩大影响力；实施文化走出去发展战略，扩大文化产品及文化服务外贸，通过举办具有世界影响力的展会、展演平台积极宣传优秀文明文化成果和北京文化特色。以文化为融合发展的关键概念和核心要素，牢牢把握首都社会经济发展的大方向，充分发挥北京在文化、科技、商务、旅游方面的资源优势，在政策和机制层面为一体化融合发展提供有力的支持。

首都文化与科技、商务、旅游一体化融合发展首先要放在国家和北京市的文化政策大环境之下，而其中最根本的是厘清文化体制改革以来对文化事业和文化产业所做的二元划分以及对文化发展所带来的影响。

（一）国家政策环境与首都文化科技商务旅游融合发展

1999 年 10 月，世界银行提出，文化是经济发展的重要组成部分，文化也将是世界经济运作方式与条件的重要因素。首都文化、科技、商务、旅游一体化融合创新发展以首都文化为基础，文化作为融合发展的核心要素和关键资源，也是凝聚各方优势力量、推动整体实力提升的重要支撑，探讨首都一体化

---

❶ 《〈中共中央关于深化文化体制改革推动社会主义文化大繁荣大发展若干重大问题的决定〉辅导读本》，人民出版社，2011。

❷ 参见刘牧雨主编《北京文化创意产业研究报告》，首都师范大学出版社 2008 年版；北京市社会科学院等编《北京文化产业研究》，北京出版社 1999 年版。

融合发展的政策和机制首先需要把握国家和北京市层面的文化政策大环境，而文化体制改革在文化政策制定中起着决定性的作用。

中华人民共和国成立以后，文化的发展很长一段时间处于封闭的计划经济体制之内，文化市场匮乏，文化活力得不到激发。随着计划经济向社会主义市场经济的转变，文化赖以生存和发展的经济基础、体制环境和各种社会条件都发生了深刻的变化，为更好地满足人民群众日益增长的精神需要，解放和发展文化生产力，文化体制改革势在必行。根据国内外新形势和我国经济发展的阶段性特征，2002 年 11 月，党的十六大报告指出："当今世界，文化与经济相互交融，在综合国力竞争中的地位和作用越来越突出。文化的力量深深熔铸在民族的生命力、创造力和凝聚力之中。全党同志要深刻认识文化建设的战略意义，推动社会主义文化的发展繁荣。"❶十六大报告还正式区分了文化事业和文化产业，首次提出"积极发展文化事业和文化产业"，解决了长期以来把公益性文化事业和经营性文化产业相混淆的问题，为文化体制改革奠定了基础。

2003 年全国文化体制改革试点开始，文化体制改革试点工作会议在北京召开，包括北京、深圳在内的 9 个地区和 35 个文化单位。以文化市场主体培育、政府职能转变、文化市场体系建立为关键词，推动文化体制机制改革。对文化事业和文化产业进行分类改革，文化产业从原有文化事业体制中分离开来，一方面，进行公益性文化事业和经营性文化产业的区分，让公益性文化事业保留在文化事业单位之列，公共文化服务体系开始显露；另一方面，发挥市场机制对文化资源配置的作用，解放出来的文化产业依照城市现代化的要求和市场需求得到蓬勃发展。2004 年国务院专门印发了《文化体制改革试点中支持文化产业发展的规定（试行）》和《文化体制改革试点中经营性文化事业单位转制为企业的规定（试行）》两个文件，为文化体制改革提供了政策依据和保障。

2006 年 1 月，为深入推进全国文化体制改革，中共中央、国务院发布《关于深化文化体制改革的若干意见》，从推进文化事业单位、文化企业改革，加快文化领域结构调整、培育现代文化市场体系、加强和改进宏观管理转变政府职能等方面切实推进。在中央精神指导下，6 月 14 日北京市委常委会召开专题会议通过《关于深化北京市文化体制改革的实施方案》，按照全国开展文化体制改革的要求结合北京市改革试点实际制定实施，在文化事业单位、文化企业

---

❶　江泽民：《全面建设小康社会开创中国特色社会主义事业新局面——在中国共产党第十六次全国代表大会上的报告》，单行本，第 38 页。

改革之外，强调推进基层文化建设，建立全覆盖的公共文化服务体系，切实保障广大人民群众的基本文化权益和文化需要。

2009 年 7 月，继钢铁、汽车、纺织等十大产业振兴规划出台后，我国第一部针对文化产业的专项规划《文化产业振兴规划》由国务院常务会议审议通过，文化产业作为国民经济战略产业的重要地位得到凸显。产业规划从完善文化市场主体、优化产业结构、提升创新能力、完善现代文化市场体系、扩大文化产品和服务出口等目标展开，发展重点文化产业、以重大项目带动产业发展、培育骨干文化企业、加快产业园区和基地建设、扩大文化消费、培育新兴文化业态、扩大对外文化贸易、建设现代文化市场体系八项重点任务。2012 年 7 月底，国家统计局公布《文化及相关产业分类》，为文化及相关产业提供了统一的定义和范围，对 2004 年的分类标准进行了修订，将定义完善为"为社会公众提供文化产品和文化相关产品的生产活动的集合"，并根据新形势下我国文化产业发展的新情况予以调整，用文化产品的生产活动、文化产品生产的辅助生产活动等四个方面代替以往三个层次的划分。文化产业在国民经济中的重要地位被进一步强化。

2013 年文化改革进入全面深化时期，2013 年 11 月 15 日十八届三中全会《中共中央关于全面深化改革若干重大问题的决定》发布，指出要建立健全现代文化市场体系，同时构建现代公共文化服务体系。包括完善文化市场的准入和退出机制，创造公平竞争的环境，促进文化资源的合理流动和优化配置，推进国有经营性文化事业单位的转企改制，鼓励非公有制文化企业的发展，完善文化经济政策，加大政府文化资助和文化采购，健全文化产品评价体系，不断推陈出新，打造更多文化精品。《决定》[1]对文化产业、文化市场主体有了更清晰的认识，为文化企业的发展提供更为公平自由的市场环境，为不同行业的融合促进文化产业发展提供了外部环境。在构建现代公共文化服务体系方面，加强机制建设，促进公共文化服务的标准化、均等化，推广适合群众文化需求和文化消费的文化惠民项目，推动文化事业单位的转型，组建理事会，鼓励社会力量和社会资本的进入。现代公共文化服务体系的建设，在传统的构建公共文化设施体系、流动服务体系的基础上，也要建设现代数字服务体系，增强以数字博物馆、数字图书馆、数字文化社区等为代表的数字文化产品和资源的供给能

---

[1] 《〈中共中央关于全面深化改革若干重大问题的决定〉辅导读本》，人民出版社，2013。

力和远程服务能力，实现社区、农村文化站的文化资源数字共享。以文化和科技融合建设公共文化服务数字化体系和平台，体现公共文化服务的创新和服务方式的现代化。文化体制改革的推进，不仅促进了文化的多样性发展，同时也推动了文化间的跨界发展，文化作为重要的支撑性因素融入其他相关领域，并加速了文化与相关领域的交叉融合发展。

（二）首都政策环境与首都文化科技商务旅游融合发展

首都文化政策制定紧跟国家政策形势，以文化事业和文化产业的划分为契机，积极推动首都文化的发展。从 1988 年国务院颁布文化市场管理法规，文化市场的概念得到确立，2000 年文化产业正式进入中央文件，到十六大正式划分文化事业和文化产业，随着文化市场的逐步完善，我国文化的发展沿着公共文化服务（文化事业）和文化产业两条路子得到了蓬勃的发展，十七大、十八大将文化建设和纳入"五位一体"格局的文化建设摆在突出位置，文化战略在国民经济中的重要性不言而喻。

北京市紧抓文化大繁荣大发展的机遇，努力建设完善的文化市场体系和现代公共文化服务体系，开创文化创意产业发展的新局面。北京市的文化市场在政府的主导下，充分尊重市场规律，将有形的手和无形的手相结合，公有制经济和非公有制经济成分在逐渐走向更加开放自由的文化市场环境下和谐发展；文化创意产业以首都的科技、人才、资金、政策支持为重要条件得到了跨越性发展，目前，融合文化、科技、商务等要素的文化创意产业已成为北京市仅次于金融业第二大支柱产业，文化创意产业园区、产业集聚区建设已初具规模效应，著名品牌如完美世界、水晶石、俏佳人传媒等在国内外具有较高的市场关注度和品牌影响力；公共文化服务方面，已基本建成覆盖四级的城乡公共文化服务体系，深化落实文化惠民工程，并积极参与国家公共文化服务体系示范区（项目）建设，取得了较好的成效❶。

在国家将文化战略作为经济社会发展的重要目标之一，文化成为经济新的增长点的背景下，北京市大力推动公共文化事业和文化产业的发展。北京市委市政府为促进首都文化的发展，先后制定实施了一系列政策法规保证文化事业和文化产业的发展，以五年规划为重点并推动文化发展的专项法规制定。在

---

❶ 李建盛：《北京公共文化服务体系与惠民工程建设》，知识产权出版社 2013 年版，第 24—29 页。

近期"十二五"规划纲要中将文化大发展大繁荣作为首都经济社会发展的主要目标之一，制定《北京市"十二五"时期社会公共服务发展规划》《北京市"十二五"时期文化创意产业发展规划》，并结合中央意见和北京实际制定《中共北京市委关于发挥文化中心作用加快建设中国特色社会主义先进文化之都的意见》（以下简称《意见》），还有在一些区县级总体规划和行动计划中有相当部分涉及文化。《意见》明确了北京作为先进文化之都的定位，其中提到要实施"两大战略"，包括深入推进社会主义核心价值体系建设的思想道德引领战略和文化创新、科技创新"双轮驱动"战略。

2013 年 11 月《中共中央关于全面深化改革若干重大问题的决定》发布，以建立健全现代文化市场体系和构建现代公共文化服务体系为文化发展两大重点展开，同年年底，北京市正式出台《关于进一步鼓励和引导民间资本投资文化创意产业的若干政策》，旨在激发市场活力，放宽市场准入，打破民间资本和民营企业投资的"玻璃门"，进一步推动北京文化创意产业的发展和文化事业单位改革。另外，北京市通过一系列工程项目推行和巩固公共文化服务体系的建设和成果推广，积极促进现代公共文化事业的发展。北京的公共文化服务与文化惠民工程走在了全国的前列，尤其是公共文化服务基础设施建设在"十一五"期间已基本形成市、区县、街道（乡镇）、社区（村）四级公共文化设施服务体系，也实现了农村公共文化设施的全覆盖，正在进一步推进面向农村地区和弱势群体的公共文化服务供给，以数字化建设巩固公共文化服务体系水平。

二、首都文化政策与文化科技商务旅游融合发展

（一）首都全国文化中心建设的政策机制

北京作为中华人民共和国的首都，全国文化中心的城市性质定位一直是北京城市发展的重要定位之一。中华人民共和国成立 60 多年以来的北京文化，是在社会主义制度下的文化建设与发展，是在延续和弘扬中国传统文化和北京地域文化中的建设与发展，同时更是基于中华人民共和国成立以来中国社会主义文化需要与北京文化需要的建设与发展，是在改革开放和深化文化体制改革中的建设和发展。在 60 余年的发展历程中，北京作为全国文化中心的性质、内涵和职能不

断完善，功能不断拓展，在中国社会主义文化建设和首都文化发展中发挥了重要作用❶。对 1949 年中华人民共和国成立以来北京作为全国文化中心城市历史沿革的理解和把握，有助于我们梳理首都全国文化中心建设的政策与机制，用历史和发展的眼光分析首都文化与科技、商务、旅游一体化融合发展的进程。

1. 城市发展定位中的全国文化中心建设历史考察

关于首都全国文化中心的政策从 1953 年《改建与扩建北京城市规划草案的要点》算起，共有 7 部规划方案正式出台，加上《中共北京市委关于发挥文化中心作用加快建设中国特色社会主义先进文化之都的意见》，对全国文化中心城市的建设进行了富有成效的探讨，其中，文化、科技、商务与旅游的融合也在一定程度上体现在全国文化中心建设之中，下面展开具体分析。

第一，北京作为全国的政治中心、文化中心、科学技术中心和大工业城市的定位。1953 年，第一部关于北京全国文化中心城市的规划纲要《改建与扩建北京城市规划草案的要点》出台，奠定了 60 多年来北京城市建设的基调。《改建扩建北京城市规划草案的要点》制定了六条指导原则，其中与文化、科技、商务、旅游相关的包括：一、北京是我们伟大祖国的首都，必须以全市的中心地区作为中央首脑机关所在地，它不但是全市的中心，而且将成为全国人民向往的中心；二、首都应该成为我国政治、经济和文化的中心，特别是应该成为中国强大的工业基地和全国的科学技术中心；三、对首都的改建和扩建，应以历史形成的城市基础为出发点，改造妨碍城市发展和不适应人民需要的部分，使城市发展反映生产力的需求和日益高涨的科学技术和文化水平；四、对于古代遗留下来的建筑物加以区别对待，但当前的主要任务是清除阻碍和束缚发展的古代建筑。从城市文化建设与发展的角度来看，北京作为全国政治中心、文化中心、科学技术中心的地位是一开始就确定下来的，科学技术服务于工业生产，大工业城市的定位在一定程度上对历史文化资源的保护产生了破坏作用。

第二，北京作为政治中心、文化教育中心、现代工业基地和科学技术中心的定位。1957 年 3 月，北京市正式制定《北京城市建设总体规划方案》，其中明确提出："北京不只是我国的政治中心和文化教育中心，而且还应迅速地把它建设成为一个现代化工业基地和科学技术中心。"这一规划方案中北京城市定位的重心是把北京建设成为现代化的工业基地，这在很大程度上破坏了北京的

❶ 参见李建盛：《北京文化 60 年》，北京大学出版社，2010。

历史文化古都风貌，也相对弱化了北京作为全国文化中心和科学技术中心的性质和功能，文化中心的重要性不明显。

第三，北京作为全国政治、文化、经济管理中心的定位。1962年《北京城市建设总结草稿》在全国经济工作调整和整顿的大背景下完成，根据城市性质和自然历史条件，北京市规划局提出北京是一个政治、文化、经济管理中心，工业基地的发展目标不符合城市的性质和功能。这一基本思路在1965年《关于北京城市建设工作的报告》中得到继承，进一步明确了北京作为政治中心、文化中心和经济管理中心的性质，同时弱化了北京作为现代化工业基地的发展定位，是对北京城市比较客观科学的定位，但由于"文革"未能得到落实。

第四，北京作为现代工业、现代农业、现代科学文化和现代城市设施的清洁的社会主义首都定位。1973年《北京市建设总体规划方案》（以下简称《规划方案》）出台，1974年北京市纪委向中共北京市委提出《关于编制十年规划工作情况的报告》（以下简称《报告》），《规划方案》和《报告》确定了要把北京建设成为一个具有现代工业、现代农业、现代科学文化和现代城市设施的清洁的城市，延续了1957年《规划方案》大力发展工业、建设工业城市的思路。以"现代科学文化"的提法取代最初的"文化中心"的提法，忽略了北京作为历史文化名城的文化传统延续和文物古迹保护的问题，现代科学文化以科学精神灌注于文化，目的也是为了更好地服务于工业城市的建设实践。

第五，北京作为全国的政治中心和文化中心，国家级历史文化名城和国际旅游城市的定位。1983年《北京城市建设总体规划方案》对北京城市定位做出历史性调整，根据北京的城市性质提出政治中心和文化中心定位，没有提经济中心，是对前30年大兴工业路线的反拨，目的在于处理好首都政治、文化中心与经济发展的关系，使北京开始逐步调整产业结构，控制重工业与新建项目，保护古都的风貌。规划中新增"历史文化名城"和"第一流的国际旅游城市"的表述，是依据北京市历史文化基础和相关文化、旅游资源做出的准确定位，包含了城市传统文化和国际文化两个方面，拓展了"文化中心"的内涵和结构，标志着北京作为全国文化中心和在首都文化保护与建设中所具有的重要地位，也标志着北京城市文化建设、文化发展和文化保护在首都整体发展中的地位和作用的提升。

第六，北京作为全国的政治中心和文化中心、世界著名古都和现代国际城市的定位。1993年《北京城市总体规划（1991—2010）》编制完成并由国务院批复，在延续全国政治中心和文化中心定位的基础上，又新提出建设"世界著名的古都"和"现代化国际大都市"。"世界著名的古都"从深化历史文化内涵的角度重新定义历史文化名城，也是第一次设专章"历史文化名城的保护与发展"谈及北京历史文化保护的问题，突出强调城市的历史文化特色和资源；"现代化国际大都市"体现了深化改革和首都现代化建设的国际化视野和战略高度，是对北京现代城市文化建设提出的新要求。在首都社会主义文化建设上，总体规划提出了发展科学文化、教育文化、公共文化等几个方面。科学文化的发展要充分利用北京深厚的文化基础，通过科学事业的发展，深化科技体制改革、发挥北京的科技优势，使科技水平在全国保持领先并达到或接近国际先进水平，这表明了科学技术的发展要以文化为基础，科学事业被归入文化大类之中。在教育文化和公共文化方面，要深化改革，提高文化质量，为现代化建设培养各种人才，同时加强基础文化设施和公共文化服务建设，增强作为全国文化中心的功能。总的来看，文化中心成为首都三大中心性质之一，全国文化中心建设也有了更为明确的方向，内涵与结构更为稳定。

第七，北京作为全国的政治中心、文化中心，是世界著名古都和现代国际城市的定位。2004年《北京城市总体规划（2004—2020）》延续了1993年的城市总体定位，在文化建设上，明确提出尊重城市历史和城市文化的原则，将保护历史文化名城、维护古都风貌与社会主义先进文化建设融为一体，形成历史文化和现代文明交相辉映的文化格局，全面展示北京的文化内涵。新修编的总体规划提出大力发展社会主义文化，加大公益性文化事业和公共文化基础设施、博物馆建设，并首次提出大力发展文化创意产业，同时要与中心城历史文化资源保护相结合大力发展文化旅游业、休闲娱乐业和旅游会展业，进一步全面巩固科学技术中心和教育中心的地位。城市文化保护和城市文化建设在2004年总体规划中得到了突出强调，比以往的规划更为具体细致、也更为深入地探讨了传统文化保护和现代城市文明建设和谐发展的目标和具体方略，北京作为全国文化中心、历史文化名城和世界著名古都的定位更为清晰和全面，城市文化的内涵、结构和功能从不同的方面得到深入开掘。

"城市文化的保护、建设和发展在城市总体规划中的位置，从总体上体现一个城市对文化保护和文化建设的认识高度和意识深度，体现城市文化在城市总体规划建设格局中的战略地位和发展目标。"❶纵览中华人民共和国成立以来北京建设全国文化中心的政策和规划纲要，可以发现，文化中心建设一直是北京城市发展的重要目标和定位之一，从1953年颁布的《改建与扩建北京城市规划草案的要点》（以下简称《要点》）到2004年公布实施的《北京城市总体规划（2004—2020）》，北京市作为文化中心其内涵和功能不断深化。在2011年出台的《中共北京市委关于发挥文化中心作用加快建设中国特色社会主义先进文化之都的意见》中，对北京市全国文化中心的定位进一步明晰，就深化文化体制改革、推动首都文化大发展大繁荣，发挥首都全国文化中心示范作用建设中国特色社会主义先进文化之都做出了重要部署。

从1953年《要点》将文化中心与科学技术中心并列到1957年《规划方案》将文化教育中心和科学技术中心并举，可以看出，中央和北京市只是关注到文化和科学技术分别在城市性质、功能定位上的重要作用；到1973年《规划方案》中现代科学文化的提法第一次尝试以科学和文化的融合定位城市的发展，虽然忽略了北京的传统文化和历史资源，仅从现代工业的发展强调科学和文化的统一，但毕竟意识到了文化与科技结合的可能性。1983年《规划》认识到了历史文化名城和旅游之间的关联，是对文化和旅游结合的初步考虑。1993年《规划》重视发展科学文化，将科学事业纳入发展的总体蓝图，以文化为基础加强科学技术事业的发展，是文化与科技融合的重要演进。到2004年《规划》中对传统文化和现代文明的并举，延续了古都保护的重要思想，科学技术作为现代文明的重要方面得到提倡；首次提出大力发展文化创意产业，形成文化事业与文化产业支撑首都文化发展的格局，文化旅游、文化娱乐业作为新兴融合业态得到提倡和支持。2011年《意见》提出了把首都建设成为在国内发挥示范带动作用、在国际上具有重大影响力的著名文化中心城市，在全面部署首都文化发展的基础上，实施文化创新、科技创新"双轮驱动"战略，推动首都文化大发展大繁荣。其中重要一条是强调文化科技深度融合，一是推动文化科技融合发展，从政策支撑、创新工程实验室和公共服务平台建设、加快科技创新成果转化、加强"数字北京"建设等几方面展开，二是构建文化技术创新体系，加快高新技术在文化领域的运用，重点支持一批战略性文化项目和工程，培育新兴文化业态、为文化内容创新提供新的动力和空间。

---

❶ 李建盛：《北京文化60年》，北京大学出版社，2010，导论第4页。

2. 首都全国文化中心建设对于促进一体化融合的机制研究

北京作为全国的文化中心，在中央和北京市的政策指导下，文化定位和文化功能不断明确，对于城市的性质和资源禀赋也有了更为清晰的认识。改革开放后，全国文化中心建设作为北京城市建设的核心方面不断得到巩固和加强，从历史文化名城、国际旅游城市向世界著名古都、现代国际城市的定位转变，是在国内外宏观视野下结合北京实际情况做出的考量，应该说是符合北京的城市性质和功能的。进入新时期以来，北京市委市政府贯彻落实中央关于全国文化中心建设的指示精神，加强对文化发展的规范和管理，充分尊重市场机制，有效运用管理机制、激励机制、人才机制，对推动文化的繁荣发展提供了依据和保障。

从制度层面来看，在首都全国文化中心建设过程中，我国实现了从中华人民共和国成立初期的计划体制向社会主义市场体制的转变，文化体制改革成为北京文化和发展的一个重要方面❶。2003 年全国文化体制改革试点开始，文化体制改革试点工作会议在北京召开，包括北京、深圳在内的 9 个地区和 35 个文化单位。十六大报告以文化市场主体培育、政府职能转变、文化市场体系建立为关键词，推动文化体制机制改革。对文化事业和文化产业进行分类改革，文化产业从原有文化事业体制中分离开来，一方面，进行公益性文化事业和经营性文化产业的区分，让公益性文化事业保留在文化事业单位之列，公共文化服务体系开始显露；另一方面，发挥市场机制对文化资源配置的作用，解放出来的文化产业依照城市现代化的要求和市场机制得到蓬勃发展。文化事业和文化产业的划分对于推动首都全国文化中心建设，充分运用市场机制、激励机制促进文化发展，建立合理、有序、公平的市场发展环境，促进资源、要素的合理流动，同时加强政府的公共文化管理和服务能力，完善公共文化服务体系的制度和机制建设，起到了重要的作用。

重视人才机制。首都全国文化中心建设在城市定位和总体规划上，曾明确提出过文化教育中心的定位，1958 年《北京城市建设总体规划方案》提出："北京不只是我国的政治中心和文化教育中心，而且还应迅速地把它建设成为一个现代化工业基地和科学的技术中心。"关于文化教育中心的城市定位，正是要形成人才培育的良好氛围，以人才为城市发展和社会建设的重要智力支撑，全面促进现代城市的发展。除了明确提及文化教育中心的城市定位之外，历次城市规划的意

---

❶　许明等：《当代中国的文化发展》，中国大百科全书出版社，2008。

见和发展纲要中对全国文化中心所做的部署中也包含了教育和人才培育的问题，为首都和现代化建设培养各种人才。随着党的十六届三中全会中对以人为本思想的强调，2004 年规划方案中明确了以人为本、和谐发展、经济繁荣、社会安定的首善之区总体方针，一方面积极发展公共文化事业满足人民群众的各类文化需要，另一方面重视人才的价值和作用，积极服务北京的城市发展战略，发挥人才在国民经济和社会发展中的重要作用。《中共北京市委关于发挥文化中心作用加快建设中国特色社会主义先进文化之都的意见》中确立的北京城市发展目标是建成全国的文化精品创作中心、文化创意培育中心、文化人才集聚教育中心、文化要素配置中心、文化信息传播中心、文化交流展示中心，无论是文化的创意创作还是信息传播、交流都离不开人才，"发挥人民在文化建设中的主体作用，实现文化发展为了人民、文化发展依靠人民、文化发展成果由人民共享"，人才机制成为北京优化经济结构和产业布局，实现可持续发展的关键❶。

3. 以全国文化中心建设推动文化与科技、商务、旅游的融合发展

根据以上的分析可以看到，从中华人民共和国成立初期到现在，北京的城市规划和发展目标中全国文化中心建设始终是最为重要的组成部分。随着文化在城市社会经济发展中的重要性日益凸显，文化作为构成要素能有效提升各行业的整体实力、竞争力和影响力，北京的城市政策制定和发展机制也开始探索文化与其他领域结合的可能性，呈现出从文化、科技、旅游、商务（经济）各自为中心的发展到逐渐走向融合的过程，其中以文化与科技、文化与旅游的结合表现得较为明显，在整体上也促进了文化与商务（经济）的融合。

文化与科技融合经历了从发展科学文化事业到加强科技文化深度融合的转变，对科学技术和文化各自的内涵有了更为清晰的认识，同时对于科技与文化的融合方式和路径也形成了一定的经验和理论成果❷。文化与科技融合在政策中的正式出现，是对以往认识的一大推进，融合不仅仅是将技术作为手段促进文化的发展，也意味着文化作为特色和内涵能对技术成果转化、技术革新起到关键作用，文化和科技的结合能取得互利共赢的效果，也能推动整体实力的提高。

文化与旅游融合主要是依据北京的历史文化名城优势和现代国际城市的定位，对城市中的旅游资源和文化要素进行有效整合，1983 年规划方案中对北京

---

❶ 美国学者佛罗里达在其著作《创意阶层的崛起》中提到创意城市的 3T 要素，包括技术（Technology）、人才（Talent）、包容（Tolerance），十分重视人力资本对于城市和产业发展的创新引领作用。

❷ 陈少峰：《以文化和科技融合促进文化产业发展模式转型研究》，《同济大学学报社会科学版》2013 年第 1 期。

作为国际旅游城市的定位，正是注意到了历史文化名城的文化特色可以有效转化为旅游资源。在新时期以来北京经济结构不断优化、产业布局不断完善的背景下，以促进文化和旅游融合的文化旅游业的兴起，是适应新的经济发展形势要求，提升北京国际城市形象和影响力的重要途径。

（二）北京文化产业与一体化融合发展研究

文化产业的兴起源于 20 世纪初，作为一种特殊的文化形态和经济形态区别于大工业时期物质产品的生产和提供，以满足人们的精神需要和文化需要为目标❶。在我国，文化及相关产业是指"为社会公众提供文化产品和文化相关产品的生产活动的集合"，文化产业包括文化产品的生产（新闻出版发行服务、广播电视电影服务、文化艺术服务、文化信息传输服务、文化创意和设计服务、文化休闲娱乐服务、工艺美术品的生产）和文化相关产品的生产（文化产品生产的辅助生产、文化用品的生产、文化专用设备的生产）。1996 年，北京文化产业在市委市政府的提倡下在全国率先推行，2003 年，北京市成为全国文化体制改革试点地区之一，通过北京的文化资源优势促进了产业的发展和优势形成。自 2005 年国家倡导发展文化创意产业以来，北京市陆续颁布了一系列促进文化创意产业发展的政策和措施，涉及政府宏观指导、资金扶持、政策优惠等诸多方面，形成了比较全面的政策体系。

1. 北京文化产业发展对于促进一体化融合发展的政策与机制研究

北京市委市政府 1996 年主持召开了首都文化发展战略研讨会，会议强调要"认识到文化产业的巨大潜力，迅速壮大北京的文化产业，为首都的文化建设与发展奠定坚实的经济基础"，同年颁布了旨在发展文化经济的《关于加快北京市文化发展的若干意见》，出台的文件中提出了包括实施精神文化产品的精品工程、加强社会科学和文化理论建设、开展丰富多彩的群众文化活动、加快文化产业发展等 13 项主要任务和 6 条保证措施，为之后一段时间内的北京文化发展做了战略性部署，成为了北京市文化发展的"元政策"。意见中考虑到了对一切有利于劳动者素质提高、有益于人民群众身心健康的新兴文化加以足够的关注、鼓励、引导和扶持，而新兴产业又主要集中在不同业态融合，尤其是文化与科技、商务、旅游融合产生的文化产业如动漫产业等新业态。意见对首都

---

❶　参见大卫·赫斯蒙德夫：《文化产业》，张菲娜译，中国人民大学出版社，2007。

文化建设和发展指明了前进方向，但在一些具体问题和应对措施上有待深入。

2000 年，市委市政府起草适度优先发展文化产业的《2001—2005 年北京市文化建设发展纲要（讨论稿）》和 2005 年用规划指导文化产业发展的《北京市文化产业发展规划（2004—2008）》等都旨在积极促进北京文化产业发展。在北京市委市政府的大力支持和积极引导下，依托北京的人才、科技和文化资源优势，北京文化产业得到了跨越式发展，北京市新闻出版和版权交易、广播影视制作、文化会展、艺术品交易和拍卖、文艺演出、动漫等文化产业在全国保持领先地位，成为全国文化市场的中心所在地，文化与科技、商务、旅游融合发展在文化的总体蓝图下依据行业特色不断深入。

2. 北京文化创意产业与一体化融合发展的政策与机制研究

从 2005 年国家倡导发展文化创意产业以来，全国各地区都结合实际情况推出了一系列符合本地区文化创意产业发展的政策措施，北京市也迎势而上，根据已有的文化产业基础，大力发展文化创意产业，形成文化创意产业集聚区和功能区。北京不仅在《北京城市总体规划（2004—2020）》中提出大力发展文化创意产业的目标，而且 2006 年年初市委市政府确立了把"抓紧实施首都创新战略，努力建设创新型城市"作为"十一五"时期首都经济和社会发展的重大任务，全面落实科学发展观，并制定了"十一五"时期的文化创意产业发展规划，这一思路也延续到"十二五"时期发展规划之中。除了在城市发展规划的总体层面上的关注，北京市还针对文化创意产业的发展制定了一系列政策和管理办法，包括陆续出台的《北京市促进文化创意产业发展的若干政策》《北京市文化创意产业集聚区认定和管理办法》（试行）、《北京市文化创意产业分类标准》《北京市文化创意产业发展专项资金管理办法》（试行）、《北京市文化创意产业投资指导目录》（2006）、《北京市数字娱乐产业基地优惠政策》《促进北京市商业服务业老字号发展专项资金使用管理办法》《北京市文化创意产业贷款贴息管理办法》（试行）、《北京市关于支持影视动画产业发展的实施办法》（试行）、《北京市动漫企业认定管理工作实施方案》等，各区县也积极制定了文化创意产业发展的促进政策，如《朝阳区文化创意产业聚集区（基地）认定管理办法》《海淀区文化创意产业专项资金管理办法》《怀柔区促进生产性服务业和文化创意产业发展的若干政策》（试行）等。

在北京市已颁布的文化创意产业相关政策中，大部分从优化政策环境、提供资金支持和发展平台等展开，政策制定还处在对新兴产业的孵化和培育阶段，而一体化融合属于产业发展的高端形态，目前涉及一体化融合发展已出台的政策有《北京市文化旅游创意产业发展实施方案》。文化与旅游融合方面，区县层面，西城区 2001 年出台《关于促进文化旅游业发展的暂行办法》，办法结合阜景文化旅游街和什刹海历史文化旅游风景区"一街一区"制定，具体内容包括建立西城区旅游开发资金、扶持和奖励区内文化旅游企业、贷款支持"一街一区"带动性和骨干性项目等，西城区以文化丰富旅游产业内涵，提升旅游的文化品格，做出了良好的示范。2006 年《北京市文化旅游创意产业发展实施方案》出台，以创意产业为支撑促进文化和旅游的结合，推广北京旅游产品和旅游项目；2013 年，北京市政府召开专题会议研究加快推进旅游与文化融合发展事项，会议听取了《加快推进旅游与文化融合发展的意见》，从深化文化体制改革、加快文化产业和旅游产业转型升级等方面进行了探讨，会议强调充分发挥首都文化、旅游、教育等各方面优势，打造北京特色文化旅游品牌，提升北京旅游的知名度和品牌影响力。2011 年《中共北京市委关于发挥文化中心作用加快建设中国特色社会主义先进文化之都的意见》可以看作是继 1996 年《关于加快北京市文化发展的若干意见》之后的第二份关于北京文化发展的战略性和指导性文件，其中强调实施文化创意产业提升工程，提出了包括加快推动文化与旅游等服务业的融合、培育形成首都经济新增长点，发展海淀文化与科技融合发展示范区，推进文化资源的数字化和网络化、建设人文北京数据库以及积极开展对外文化交流、推动文化产品和服务的输出等，许多具体措施涉及了文化与科技、商务与旅游的一体化融合。

　　总的来说，北京市从文化产业发展为文化创意产业，是市委市政府在考虑北京基本定位的基础上，结合社会、经济、文化、科技和自然资源禀赋等条件做出的发展部署，文化创意产业的提法进一步明确了北京的发展定位，同时也为思考文化与科技、商务、旅游一体化融合发展提供了契机。文化具有极广的面向，根据许多文化产业专家引述最多的雷蒙·威廉斯的文化定义，文化为"社会秩序得以传播、再造、体验及探索的一个必要（虽然并非唯一）的表意系统"❶，也就是文化的社会定义，那么文化创意产业本身就是一个极具包容性的产业，在具体内容上与科技、商务、旅游有诸多重合。在这种前提下探讨文化

------

❶　William, Raymond, Culture. London: Fontana, 1981, p.13.

与科技、商务、旅游的融合，是加强并深化文化的社会意涵的表现，以文化作为整合性的力量充分发挥其社会经济作用。文化与商业、文化与旅游融合促进文化创意产业发展的政策出台具有积极的示范效应，为今后文化与科技、文化与旅游融合支持文化创意产业发展政策的制定和出台，提升整体行业实力起到了推动作用。

（三）文化创新、科技创新"双轮驱动"与融合发展的政策与机制研究

北京市委市政府为贯彻落实《中共中央关于深化文化体制改革推动社会主义文化大发展大繁荣若干重大问题的决定》《中共北京市委关于发挥文化中心作用加快建设中国特色社会主义先进文化之都的意见》和《北京市关于深化科技体制改革加快首都创新体系建设的意见》，从 2011 年上半年《北京市国民经济和社会发展第十二个五年规划纲要》着重提出"创新驱动"到 2011 年下半年正式提出"科技创新、文化创新双轮驱动"，以文化创新为动力，逐渐将科技创新、文化创新双轮驱动作为北京市发展的战略之一，从顶层设计上将文化、科技发展及二者优势融合的战略作为长期目标。于 2012 年年底制定《关于实施"双轮驱动"战略加快推进文化科技融合发展的意见》和《北京市推进文化和科技融合发展三年行动计划（2013—2015）》，服务于文化科技融合的大方向，确定了文化科技融合工作近三年要实现的总体目标以及详细任务，着力建构文化技术创新、文化科技成果应用、文化科技融合承载、文化科技融合市场服务、文化科技融合支持五大体系，具体提出了包括关键技术攻关、重点产业科技升级、新型文化业态孵育、融合发展示范基地建设、文化科技"航母"与"精品"打造、公共文化科技设施提升、文化遗产保护科技应用、文化科技领军人才集聚、文化"走出去"、文化科技融合服务平台建设十大行动，扶持中关村国家级文化科技融合示范基地、中国动漫游戏城、798 艺术区等文化科技融合的重点项目。力争用 3 年的时间，培育千亿级文化科技企业 1~3 家，百亿级文化科技企业 10~15 家，形成 1~2 个产值千亿元、8~10 个产值百亿元的文化科技融合示范园区或基地，形成文化与科技融合发展的新格局。

在北京市文化发展进程中，现代公共文化服务体系建设和文化创意产业发展构成了两大支撑，这两大部分的发展都与科技密不可分。在文化创新、科技创新"双轮驱动"战略的引导下，由创新创意激发的巨大活力对文化发展起到了积极助推作用，公共文化服务的均等化、信息化、现代化和文化创意产业

的蓬勃发展紧紧依托科技创新和文化创新。文化和科技的融合在文化创新、科技创新"双轮驱动"战略上更加强调二者的优势融合，化整为零，形成协同效力，共同推进首都城市的发展❶。

　　文化与科技融合，一方面要以文化内蕴丰富科技成果，促进产业升级转型，另一方面需要加强关键技术攻关，推动科技成果的运用，提升文化发展的实力。十七届六中全会提出"科技创新是文化发展的重要引擎。要发挥文化和科技相互促进的作用，深入实施科技带动战略，增强自主创新能力"。党的十八大报告中进一步强调："促进文化和科技融合，发展新型文化业态，提高文化产业规模化、集约化、专业化水平。"文化与科技的融合绝不是简单的文化加科技，而要实现两者的深度融合，形成文化与科技互为表里，互相深化的格局，创造 1+1>2 的效应，从而摆脱文化与科技两张皮的现状。

　　一个表现是科技的新发展促进了文化的保存和传播方式的变化，推动了文化产业的繁荣和发展。科技的发展在近年来主要表现为信息技术的迅猛发展，云计算、云共享、物联网、移动互联、数字城市、智慧城市等极大地改变了人们传统的感知模式和生活方式，在社会经济活动的各个领域都悄然引起了一场信息技术的浪潮，随着十七大、十八大以来对文化发展的重视，文化与信息技术的融合也逐渐成为大势所趋。国家发展改革委《"十二五"国家政务信息化工程建设规划》在人口、法人单位、自然资源和空间地理四大基础信息库的基础上新增"文化信息资源库"为国家基础信息资源开发利用的五大项目库之一，从基础资源上利用现代科技成果促进文化资源的共享和升级。2013 年 10 月 24 日，工业和信息化部印发《信息化发展规划》的通知，其中一条就是发展先进网络文化，推进数字文化产品的开发、公共文化资源的数字共享和信息服务体系的建设，通过信息化和网络化的进程助推文化的发展。

　　文化和科技的融合还表现在文化促进科技领域的产业升级，以文化为导向增强了科技产业的实力和总体竞争力。根据 2008 年 4 月科技部、财政部、税务总局三部门联合出台的《高新技术企业认定管理办法》的相关规定，高新技术企业强调研究开发和技术成果转化，以拥有自主知识产权为核心，突出企业创新转化的能力，而文化是创新和创意的来源和动力，因此以文化促进高新技术企业的发展构成了企业发展中的重要一环。如美国苹果公司的品牌核心竞争力

---

❶　朱峰：《科技创新与文化创新双轮驱动的路径》，《前线》2011 年第 11 期。

主要并不在于科技水平的领先，而在于它倡导并在全球范围内引领潮流风尚的品牌文化和消费理念，"通过恰当的神话和文化密码使文化表述变得生动"❶，受到消费者的热力追捧，因此苹果系列产品的销量和营业额一直保持着电子产品类的优势地位。

北京"双轮驱动"战略以文化与科技融合为主导，发挥城市创新、创意资源，建设科技文化创新之城，积极提升城市整体社会经济实力，对商务和旅游发展也起到了提振作用。以文化提升商务和旅游内涵、以科技促进产业升级转型，在科技创新、文化创新"双轮驱动"的政策引导下，北京市文化、科技与商务、旅游融合进程不断加速，如加强历史文化名城保护和文化创意产业的结合，三山五园历史风貌数字体验中心融合了文化、科技与商务、旅游，一体化融合取得了新的进展。

北京市以文化作为核心资源，在政策制定上积极推进全国文化中心建设，发挥文化产业的区域优势，同时加强以文化创新、科技创新为主导的"双轮驱动"战略。在经济、文化发展的大环境下，科技、商务、旅游产业通过深化文化内涵逐渐发展壮大，以一体化发展为契机，不同行业之间相互交叉的现象也越来越普遍，融合发展的集约效应逐步显现，整体经济实力得到提升。伴随一体化融合发展不断深入，以文化、科技、商务、旅游融合的文化创意产业、文化商务、文化旅游产业等新兴产业不断发展，并日益成为地区经济发展的主要贡献力量。北京作为全国文化中心城市，北京城市的文化、科技、商务、旅游一体化融合发展是以文化发展为基础、科技创新为主导，商务和旅游不断深化的融合发展。

三、首都科技与文化商务旅游融合发展的政策与机制研究

人类历史上每一次科学技术的进步，都带来了社会的巨大变革，从近代以来的蒸汽革命到电子计算机的出现再到信息时代的全面来临，人类的生活方式和思考方式都被极大地改变了。一直以来，人们都是以工具性的眼光对待科学技术，以此来创造更好更便利的生活，但科学技术本身也有其独立价值，科学也服务于人类的最高精神追求，这就是科学也属于文化的一种。1956年，

❶ 道格拉斯·霍尔特、道德拉斯·卡梅隆：《文化战略——以创新的意识形态构建独特的文化品牌》，商务印书馆，2013，第20页。

英国学者查尔斯·斯诺在《新政治家》上发表了题为《两种文化》的文章，提出"两种文化"的概念。1959年，斯诺又在剑桥大学发表了《两种文化与科学革命》的演讲，在西方学术界产生了广泛的影响❶。两种文化一是指人文知识分子创造的人文文化（literary culture），一是指科技知识分子创造的科学文化（scientific culture），分别着眼于人类知识的不同领域，斯诺提出此一观点的背景是英国国内人文知识分子占据绝对主导地位，因此两种文化的提出在一定程度上带来了对科学的重视和复兴，肯定了科学作为一种文化的独立价值，同时也促进了人文和科技的融合。科技本身作为一种文化，与我们平常所说的文化就具有了相容性，科技与文化、商务、旅游的融合被放置在大文化的背景下，为一体化发展提供了文化背景和理论依据。

在首都文化与科技、商务、旅游一体化融合发展中，科技始终是促进产业升级转型、发展新兴业态的重要因素，而且广泛地渗透至各行业领域之中，各行业都积极依靠科技手段提升发展，寻求融合效益。北京市大力支持科学技术的发展，并以"科技北京"为目标积极推动高新技术企业的发展。从1988年颁布的《北京市新技术产业开发试验区暂行条例实施办法》开始，北京市科技政策的制定就围绕科技产业，从创新环境、示范区建设、高新技术企业认定、科技人才和财政支持等方面展开。到2009年，北京市更是将科技放在社会经济发展的重要位置，"科技北京"与"人文北京""绿色北京"一道成为北京城市发展战略的重要组成部分，并确立了以科技发展和创新为总体目标的发展计划，在涉及科技领域政策方面，先后出台了《"科技北京"行动计划（2009—2012）》《北京市"十二五"时期科技北京发展建设规划》《北京"设计之都"建设发展规划纲要》和中关村国家自主创新示范区相关政策等重要政策规划。

（一）北京科技振兴产业工程规划与一体化融合发展研究的政策与机制研究

从科技振兴产业工程来看，《"科技北京"行动计划》、"十二五"科技规划、"设计之都"规划都重点列出了科技振兴产业工程。行动计划中包括电子信息产业、生物医药产业、新能源和环保产业、装备制造业、汽车产业、文化创意产业、科技服务业、都市型现代农业八大产业，产业之中多有涉及科技与文

---

❶　（英）斯诺:《两种文化》，生活·读书·新知三联书店1994年版;（英）斯诺:《对科学的傲慢和偏见》，四川人民出版社1987年版。

化、商务、旅游融合的现象，如生物医药产业中提升老字号同仁堂的科技制药
水平就是文化、科技和商务相融合的例子，都市型现代农业对乡村旅游的提倡
同样融合了文化、科技、商务和旅游。"十二五"科技规划科技振兴产业工程中
列出了战略性新兴产业、现代服务业、现代农业科技城等产业工程，以科技提
升、推动融合产业的转型和升级。"设计之都"规划纲要同样推动实施产业振兴
工程，以设计和创新提升产业项目，这些产业往往不是单一的领域形态，而呈
现出文化、科技、商务、科技多领域融合的复杂形态。以上规划中的产业振兴
计划所针对的大都是涉及多领域的融合产业，但主要以科技作为推动力量促进
产业发展，科技是融合发展的重要手段和内容。

（二）北京中关村国家自主创新示范区政策规划与一体化融合发展的政策与机制研究

从中关村科技园区建设国家自主创新示范区来看科技推动一体化融合发展
的政策。中关村国家自主创新示范区 2009 年由国务院批复建设，是首个国家
自主创新示范区，作为高科技自主创新发源地和战略性新兴产业策源地，中关
村示范区也是先行先试政策的实验区，以搭建平台为基础，实施中央及事业单
位科技成果处置和收益权改革试点政策、税收优惠试点政策、股权激励试点政
策、科研经费分配管理改革试点政策、高新技术企业认定试点政策、建设全国
场外交易市场试点政策等，充分利用倾斜政策推动科技类企业发展。中关村自
主创新示范区以海淀园为核心，联合西城区德胜园、东城区雍和园、石景山区
石景山园共同建设中关村国家级文化科技融合示范基地，各园区利用国家和北
京市政策优势，强化企业技术创新主体地位、加强首都创新资源整合，以良好
的创新创业环境和创新产业人才优势，以高新技术企业为支撑，深度推进文化
与科技、商务、旅游的融合，以市场为导向，构建产学研相结合的文化科技创
新体系。

（三）北京科技体制改革与一体化融合发展的政策与机制研究

北京科技体制改革也推动了文化、科技、商务、旅游一体化融合发展。
科技体制改革围绕《北京市关于深化科技体制改革加快首都创新体系建设的意
见》展开，根据城市功能定位要求，发挥北京优势整合科技资源、激发创新活
力，促进科技发展与经济社会的有效整合。具体包括建立企业主导产业技术研

发创新的体制机制，强化企业自主创新主体地位，完善创新型企业培育机制，依托高校、科研院所的创新服务能力为创新提供智力支持，发挥中关村创新平台的示范和龙头作用，优化资源整合和服务功能，以先行先试推动发展形成有益经验。2012 年 7 月 12 日，北京科技界深入学习北京市第十一次党代会精神全面贯彻全国科技创新大会精神座谈会举行，会议提出了深化科技体制改革、加快首都创新体系建设，探索创新工作路径，以强化企业技术创新主体地位有新作为、促进首都创新资源融合发展有新作为、加快科技成果转化应用和产业化有新作为、激发科技人员积极性创造性有新作为为动力。"四个新作为"中其中一条是促进首都创新资源融合发展，搭建创新资源整合平台，形成跨部门、跨层级的协同创新组织模式，从政策、制度环境、财政和技术等方面探索融合途径。

总的来看，北京市是国家科技创新中心，北京市科技政策制定和科技体制改革均以创新为关键词，以创新推动科技体制改革，促进整体产业格局的优化提升和高新技术企业的发展。一方面是与城市发展战略相结合，出台了"科技北京"的行动计划和发展规划，从产业规划和产业提升的角度促进文化、科技、商务、旅游融合类企业发展。以科技类企业为实施主体，依托中关村高科技园区搭建资源整合平台，并制定了一系列财政优惠政策保证企业的更快更好发展，为转变经济发展方式、显著提高产业创新能力、巩固服务型主导产业奠定基础，达到 2020 年基本建成适应社会主义市场经济体制、符合科技发展规律的首都创新体系的目标。此外，要抓住中关村范围扩大的契机，在"一区十六园"488 平方公里的范围内积极发挥科技创新引领的作用，凝聚高端创新资源。另一方面是以科技作为基础要素促进战略性新兴产业、现代服务业、现代农业科技等产业的发展，这些产业具备科技、文化、商务、旅游融合的特征，产业的发展必然推动融合的深入，对于推动一体化融合发展也有着积极的作用。

四、首都商务与科技文化旅游融合发展的政策与机制研究

随着 20 世纪经济全球化和国际化的进展，商务也融入这个世界不同地区间日益增加的互联趋势之中，"一般来说，全球化就是通过国际金融资本、信息技术的联合与组织，在全球范围内，使国与国之间形成一种紧密的联系、相互制

约的政治、经济、文化的关系，使各国在整治、经济、文化上走向同一化或一体化"❶，遍及全球的广泛的政治、经济、文化、社会交往和流通极大地促进了不同国家和地区间的商务往来。北京市作为国家首都和政治、文化、科技、对外交流等中心，在内外贸易、专业会展、总部经济发展、对外经济合作等方面有着得天独厚的优势，商务资源十分丰富，北京市商务发展在整体的经济格局中扮演着重要的角色。以商务政策和运行机制为研究对象，探索商务与文化、科技、旅游的融合，将为推动一体化深入发展提供良好的切入点。

（一）首都商务与科技融合发展的政策与机制研究

北京市商务委在商务政策制定方面十分注重与文化、科技、旅游的融合，其中商务与科技的融合进展得最早，北京市十分重视科技对商务的提升带动作用。在机构设置方面，成立科技兴贸领导小组。北京市很早就大力推行科技兴贸战略，根据国家科技兴贸部际协调小组的要求，北京市 1999 年 5 月成立了科技兴贸联合办公室，并根据实际需要于 2001 年 11 月对其组成部门进行了调整，科技兴贸联合办公室由市商务局科技处和市科委高新技术处负责。2004 年，为贯彻《国务院办公厅转发商务部等部门关于进一步实施科技兴贸战略若干意见的通知》，进一步加大科技兴贸工作力度，有关部门又出台了《关于成立北京市科技兴贸联合领导小组和工作小组的通知》，以科技兴贸联合领导小组加强部门之间的协调沟通，提高工作效率和服务能力，形成了经常性的工作协调机制，积极向企业宣传落实国家的各项出口激励政策。

政策制定方面，2001 年市商委等部门出台了《中关村科技园区海淀园商业发展规划（2001—2010）》，以园区商业服务于高新技术产业、服务于园区居民，借助整体模式、功能配置和布局形式的创新，拉动园区高新技术产业的发展和提高园区居民生活服务质量，并根据不同区域的实地特点制定了发展目标和规划。该规划强调高新技术园区发展与商业发展的有机融合，以良好的配套设施和服务模式支持园区企业发展和居民生活，并形成商业繁荣的局面。2004年北京市商务局、发改委、科委等 11 部门联合出台《北京市关于进一步实施科技兴贸战略的意见》，主要措施包括制定《北京市高新技术产品出口目录》扩大产品出口、积极发挥各部门对高新技术企业的支持作用、通过有针对性的服

---

❶ 钱中文：《文化全球化的展望和思考》，《民族艺术研究》2002 年第 3 期。

务扶持大中小软件企业扩大软件出口等。《意见》旨在增强高新技术产品的国际竞争力，继续扩大高新技术产品出口，在政府政策的良好引导下，北京市高新技术企业和产品的竞争力不断增强，培育了一批具有自主知识产权的高新技术企业，出口商品的结构不断优化，国际市场得到进一步开拓。北京市商务局于2007 年发布《关于成立中关村国家科技兴贸和创新基地领导小组的通知》，以中关村高科技园区为载体提升科技兴贸的整体水平和影响力，成立专门的领导小组，以园区高新技术企业和创新示范项目促进科技兴贸的落实。

在商务与科技融合的范围之内，电子商务产业作为科技和文化创新的产物以及沟通战略新兴产业和现代流通方式的重要内容也体现着商务与科技的融合发展趋势。2013 年 7 月，北京市人民政府正式颁发《关于促进电子商务健康发展的意见》，以努力建设全球电子商务核心节点城市和国家电子商务示范城市为目标，普及电子商务以增强首都可持续发展能力，提高电子商务对首都经济社会的贡献率，这需要建立与电子商务发展相适应的管理体制，并优化完善电子商务支撑和服务体系，优化发展环境等。电子商务应用普及是《意见》的一大内容，全面支持金融、会展、文化、教育、票务、影视、游戏、娱乐等领域的数字内容电子商务服务，发展社区网络服务平台、支持民生领域的电子商务服务，重点培育网络购物专业配送品牌、提升网络零售额，以专业的电子商务服务为中小企业提供信息发布、交易撮合、会展推介、金融服务、供应链管理等全流程服务。同时也积极推进电子商务创新发展，包括鼓励电子商务经营模式创新、技术创新、机制创新等。《意见》还确定了促进电子商务健康发展的任务分工，明确规定了市商务委、科委、发展改革委、经济信息化委等相关部门的具体任务。

区县层面，2011 年西城区出台《加快西城区电子商务发展的指导意见》，积极实现区内传统企业网络服务的转型升级和电子商务基本覆盖，培育国内知名的电子商务企业，以打造国际领先的电子商务研究创新基地和"智慧北京"示范区为重要目标，形成应用广泛、服务先进、高端企业集聚、新兴业态集中的电子商务强区和国际电子商务中心区域。在具体发展目标上，西城区依托一区二园三基地的发展平台，推进区域电子商务应用，以德胜科技园、广安产业园为依托促进电子商务服务中心和电子商务金融服务业的发展，建立电子商务的研究基地、创新基地和孵化基地，对产业发展起到支持和引导作用。昌平区 2012 年出台《关于加快发展科技商务产业的意见》，科技商务产业融合高新技术产业与现代服务业、生产性服务业与生活性服务业，昌平区发展科技商务产业围绕京北创新中心、国际科教新城展开，打造重点产业功能区和北部研发服务、高技术产业带，推进产业结构升级、加快经济发展方式转变。为推动科技商务产业发展，昌平区在加大财政支持、完善金融政策、引导社会投资、引进高端人才、强化产业集聚等方面积极创造条件。昌平区政府依据功能区划和自身特色制定的科技商务产业发展意见，强调高新技术产业和新兴服务业的融合，较之科技兴贸的提法，更加突出现代服务业的重要性，符合"十二五"以来科技创新发展新型业态的总体发展思路，是在政府主导下的一次积极性探索尝试。

（二）首都商务与文化融合发展的政策与机制研究

北京市商务和文化融合政策目前已正式出台的是 2014 年 2 月由北京市文化局、北京市商务委员会关于联合下发《关于促进文化与商务融合加快发展新型文化业态的实施意见》的通知。通知提出"积极打造与世界城市要求相适应的国际商贸中心，形成具有首都特色的新型文化创意产业形态和商务文化氛围，加快推进建设中国特色社会主义先进文化之都，扩大北京文化和商务在全国乃至世界的影响力"，将繁荣本市文化消费和加强首都外向型经济发展结合，以全国文化中心和国际交往中心的辐散力提高文化开放水平，发展文化产品和服务的对外贸易，形成现代文化商贸服务体系。文化商贸是推进北京文化全球化的一个重要方面，使文化全球化具有可能性，"不仅经济全球化蕴含着文化全球化，经济全球化必然有文化含量，而且随着经济全球化的发展，文化全球化的过程也会加速"❶。现代文化商贸服务体系包括打造品牌文化商务产品和服务，培育壮大具有影响力和良好效益的文化商务企业，意见从平台和市场服务体系搭建、构建国际化格局、优化整体发展环境等几方面展开，以文化和商务为结合点推动融合发展，为优化产业结构、培育新的经济增长点，推动文化创意产业的纵深发展提供了支持。文化商务融合发展实施意见的出台，结合了北京市经济发展的趋势和特点，为推动文化与商务的全面对接、深度融合和协调发展起到了积极的作用。

《意见》中文化商务的融合主要体现在以下几个方面：

第一，扩大文化消费。"随着文化的高雅目标与价值屈从于生产过程与市场

---

❶ 郭建宁：《文化全球化的可能、现实与应对》，《社会科学》2003 年第 4 期。

的逻辑,交换价值开始主宰人们对文化的接受。"❶积极把握文化消费这个北京经济增长的新热点,通过政策引导和配套服务培育文化消费的增长点,对重点文化行业、文化技术和文化内容进行有条件的消费补贴,同时丰富首都文化市场的产品和服务供给,根据消费主体的需求提供个性化、定制化、特色化产品和服务,推动网络文化消费,鼓励文化经营单位与智能手机、微博微信等新型媒介的合作,方便群众的文化消费。

第二,以文化新业态的发展和文化商业品牌塑造推动文化商务的融合,积极培育演艺娱乐业、艺术品业、文化衍生品消费等新兴文化业态,搭建文化演艺交易平台、建设国家乃至世界级的艺术品交易和鉴定中心,以音乐版权应用、动漫游戏、网络演出等推动文化娱乐和商务的结合以及演艺产业与新型传播渠道的融合,实现演艺服务和产品提供的网络化、数字化和智能化水平。塑造"老字号"等文化商业品牌,以特色文化商品提升北京文化商务的核心竞争力,努力实现北京传统文化的商业价值,以特色文化商业街区、文化商业品牌活动等提升文化和商务融合房展水平。

第三,搭建融合发展平台,创造良好的融合发展环境。积极发挥北京文化创意产业集聚区的文化优势,利用区内商务资源,提升园区商务服务能力,建设文化消费体验区或大型文化商业综合体,形成文化生产与商务消费、文化消费融合促进的格局,促进行业整体发展。借助文化产品专业交易平台如中国北京文化创意产业博览会、中国艺术品产业博览会、中国文物国际博览会、国际电影节、国际设计节等平台促进国内国际的文化、艺术品交流及商业合作,同时加速文化产品、服务与现代商业流通方式和综合商业服务设施的有机结合,构建文化产品的现代商务流通网络和现代流通交易体系。

第四,加快开放步伐,构建国际化格局。包括推动北京建设文化总部经济、加大文化产品服务国际贸易、积极引进优质文化资源等几方面。在总部经济方面,加大文化投资的引进力度,争取文化类跨国公司、重大项目等在京落户,鼓励国内文化骨干企业来京发展,提升文化类企业在国内外的影响力,支持将在京文化类跨国公司的驻京总部提升为全球总部、国内企业区域总部提升为全国总部。在促进文化产品和服务的国际贸易,拓展国际市场、提升对外开放水平方面,加快推进天竺文化保税区文化贸易基地建设,发挥贸易基地"境

---

❶ 迈克·费瑟斯通:《消费文化与后现代主义》,刘精明译,译林出版社,2000,第20页。

内关外"的政策优势,通过提供便利的交易渠道、节约费用成本、避免贸易风险等措施支持鼓励国内文化企业积极开拓海外市场,以优质的文化产品和文化服务增加北京文化产品和服务在国际文化市场的占有率,提升北京文化的国际知名度和影响力。支持演艺院团的国外商业演出,尤其是代表北京传统文化和特色的文艺节目如京剧、民族音乐、舞蹈、武术等节目走出国门走向世界,积极宣传中国文化,这需要加快开拓建立文化演出的商业运作渠道,借助外方平台与熟悉海外市场的演出经纪机构合作提升对外文化项目的运营水平和能力。在引进京外优质文化资源方面,依据北京文化发展的实际情况,积极引进有需要的人才、技术和经营管理方式,鼓励国内外著名文化企业、机构来京发展或与本市文化企业合资合作,支持外资进入国家法律法规许可的文化产业领域,引导国外知名文化企业和文化品牌来京聚集,优化北京文化资源,强化北京文化品牌,提升北京文化实力。

第五,完善保障机制,营造文化商务发展的政策环境和机制。建立健全文化商务融合的政策体系,文化和商务主管部门研究制定并落实融合发展的政策法规,建立文化与商务融合发展的联席会议制度,通过不同部门之间统筹协调、分工协作推进文化与商务融合发展的工作机制。全面统筹市内文化和商务资源,通过展会、交流合作等方式形成各区县、不同单位机构之间的发展合力,提升首都文化市场的竞争力。此外还要营造公平竞争、健康有序的市场环境,依法实施文化市场综合行政执法,培养跨领域的复合型文化人才,加强对融合发展的财政和金融支持力度,如对融合项目提供融资、信贷服务等,做好文化与商务融合的保障工作。

(三)首都商务与旅游融合发展的政策与机制研究

商务与旅游融合方面,北京商务委尚未出台专项政策法规,但因涉及商务和旅游产业层面的内容包含甚广,会议、展览、各类交流活动和随之发生的住宿、餐饮、游览、交通、休闲等都属于商务旅游的范畴。因此模糊地来看,针对会展业、餐饮业、娱乐休闲产业等的政策法规可被纳入商务与旅游融合的整体政策范围之内,如涉及京城老字号的 2006 年《促进北京市商业服务业老字号发展专项资金使用管理办法》和《北京市 2009 年度中华老字号传承发展项目试点工作方案》是探索商务和旅游融合的例子,这是以大的商务和旅游范畴为着眼点探索。另外,作为新兴行业的商务旅游业也是探索商务和旅游融合发展的尝试，商务旅游业具有商务活动和观光旅游的双重属性。它在内容上涵括了展览、会议、考察、各类交流、政治访问等，从咨询服务、出行交通、住宿预订到场所提供、观光安排等一系列发生在商务旅游过程中的项目需要使该行业具有较强的综合性，而且因随行工作人员、家人朋友的参加使涉及人数较多，商务旅游在未来具有广泛的市场前景和经济价值。由于商务旅游业目前在我国还处于发展的初期，相关政策法规尚未出台，可以借鉴国外的成功经验和成熟运营模式，对行业发展予以必要的资助、配套措施和政策上的扶持。

总的来看，北京市商务与文化、科技、旅游一体化融合发展集中在科技贸易、文化消费、文化产品和服务贸易、商务旅游等几个重点领域，如何部署整体发展体系还需在实践基础上不断深化与推进。其中，文化与商务的融合着重点在新型文化业态之上，虽然积极顺应了时代发展的要求，但对文化与商务的整体融合还有待加强；而商务与科技、商务与旅游融合也仅限于科技贸易、高新园区、老字号品牌建设、商务旅游等几个重点领域，同样缺乏全局性的思考和政策指导。政府层面下一步要继续强化发展新兴文化业态对文化商务融合的力度，以此为基础推动融合的整体全面格局形成，并加大力度推进商务与科技、商务与旅游的业态融合，在科技、商务、旅游之间形成共生和谐的良好生态，打破领域限制，以科技促商贸、以商贸兴科技，同时发挥旅游产业对商务的推进和带动作用以及以商务途径增加旅游的经济和社会效益，形成双赢互利的发展局面。

五、首都旅游与文化科技商务融合发展的政策与机制研究

2013 年 10 月 1 日起正式施行的《中华人民共和国旅游法》对促进我国旅游产业发展具有重大的意义，新法积极规范我国旅游市场，维护旅游者和旅游经营者权益，牢牢抓住了我国大众化旅游的发展趋势并顺应了旅游爆发式增长的阶段特征，也是满足当下人民群众日益增长的物质和文化需要的体现。已有研究者指出，当前西方发达国家社会发展目标已经从最大限度地推进经济增长转向通过生活方式的变化而最大限度地实现生存幸福、提高生活质量，现代旅游产业的兴起正是这一转变的突出体现。[1]2014 年 8 月 21 日印发的《关于促进旅

---

❶ 参见英格哈尔特：《发达工业社会的文化转型》，社会科学文献出版社，2013。

游业改革发展的若干意见》进一步提出了到 2020 年，境内旅游总消费额达 5.5 万亿元，城乡居民年人均出游 4.5 次，旅游业增加值占国内生产总值的比重超 5％的目标，并通过一系列细则为我国旅游改革发展指明了方向，其中明确提到了加强旅游信息化建设、发展智慧旅游，开展形式多样化、内容丰富的旅游路线和旅游产品，扩大旅游的区域合作、鼓励国内旅游经营者走出去等，对于推动首都旅游与科技、文化、商务的一体化融合奠定了政策基础。

首都有着丰富的旅游资源和旺盛的旅游市场需求，北京市旅游发展委员会、区县各级旅游发展部门针对旅游的行业特点和北京市的旅游资源特色制定了一系列的行业发展规划和管理意见。从宏观层面来看，于 1999 年 3 月 30 日在北京市第十一届人民代表大会常务委员会第九次会议通过的《北京市旅游管理条例》是北京旅游业的总体规划，目前已经经历了 2004 年第十二届人民代表大会常务委员会第十四次会议和 2010 年第十三届人民代表大会常务委员会第二十二次会议两次修订，新修订加大了旅游促进和旅游安全的工作力度，依据转变政府职能的要求完善了旅游行业的管理标准和内容、方式，为旅游行业的发展提供了具体可依的标准，有利于北京旅游业的健康有序发展。以《管理条例》为基础，北京市旅游发展委员会（以下简称北京旅游委）和北京市发展改革委员会顺应新形势发展、依据旅游市场发展的阶段特点又分别制定了《北京市"十五"时期旅游业发展规划》《北京市"十一五"时期旅游业及会展业发展规划》和《北京市"十二五"时期旅游业发展规划》《北京市"十二五"时期会展业发展规划》，"十一五""十二五"规划的出台，更注重会展旅游业在城市发展环境中的整体定位，积极把握发展的机遇乘势而上，提高会展旅游业的整体效益和综合服务能力，增强旅游业的国内外竞争力，有效推进了首都旅游业的稳步发展。从具体的行业政策来看，在《管理条例》和阶段化发展规划之外，北京旅游委也根据北京市旅游发展的理论和实际先后制定了针对不同领域的旅游业行业标准、旅游业管理办法和实施意见，此外各区县和旅游目的地也依据自身的旅游资源情况分别出台了旅游发展规划。首都旅游政策从旅游行业的大局着眼，将旅游业与会展业作为两大主要内容，在促进产业发展、优化行业管理、创新产业模式方面不断深化认识、与时俱进，用政策手段规范和管理行业，在客观上为行业发展提供了良好的政策和机制保障。在首都社会不同行业交流不断拓展、交融程度不断深化的环境下，北京旅游政策中一些具体的规划、条例也部分涉及了融合发展。

（一）首都旅游与科技融合的政策与机制研究

北京市旅游与科技融合主要体现在智慧旅游的提法上。智慧旅游是利用云计算、物联网等新技术，人们能在便携的智能终端设备上通过移动互联网接收旅游资源、旅游活动、旅游安排等相关信息，从而及时安排和调整工作及旅行计划，便利出行。可以看出，智慧旅游主要借助科技发展的成果，立足于游客的体验，以提升旅游产品和服务的质量为目标，带给游客更个性、更全面、更全面的深度文化体验，实际上是对旅游、科技、文化的有效融合。这种独特的体验经济"是在花费时间享受某一企业所提供的一系列值得记忆的事件——就像在戏剧演出中那样——使他身临其境"❶，从而形成独特的文化竞争力和消费魅力。在北京市旅游发展委员会制定颁布的旅游政策规划之中，虽未出台明确以旅游和文化、科技、商务融合为题的政策，但实际在旅游发展规划中如旅游业"十二五"规划已经提到了"发展智慧旅游"的目标，而在具体的旅游行业标准之中就有《北京智慧旅行社建设规范（试行）》《北京智慧饭店建设规范（试行）》《北京智慧旅游乡村建设规范（试行）》和《北京智慧景区建设规范（试行）》等。同样，其他政策条例中规定的提升旅游景区的现代配置设施建设和信息化服务水平、鼓励历史文化旅游景区通过运用高科技手段或打造实景演出剧目等也是科技与旅游融合的表现，二者融合体现为以科技提升带动旅游产业升级和服务能力的提高优化，这也是旅游业发展的大势所趋。

（二）首都旅游与文化融合的政策与机制研究

旅游与文化的融合主要体现在以文化提升旅游的内涵和品质。旅游业通过对自然资源和人文资源进行旅游利用来实现其社会和经济效益，因此旅游地的自然禀赋和文化品质决定了旅行目的地的吸引力和影响力。按照北京市建设"人文北京、科技北京、绿色北京"的总体要求，推动首都经济发展方式转变和产业结构优化升级是城市发展的重要任务，旅游业是实现首都总体要求的重要实现途径。2008年北京市出台《关于全面推进北京市旅游产业发展的意见》强调"积极调整旅游产业结构，转变旅游发展方式……从数量规模向质量、效益转变，从传统旅游观光向现代都市旅游、休闲度假、会议奖励、商务会展等高端旅游转变，从单纯注重经济功能向更加注重发挥旅游业经济、文化、社会、

---

❶ 约瑟夫·派恩、詹姆斯·吉尔摩：《体验经济》，机械工业出版社2002年版，第10页。

生态综合功能转变，积极培育具有首都特色的旅游新产品、新业态，坚持'一区（县）一色''一沟（村）一品'的特色发展道路"，《意见》强调旅游业向现代、高端旅游的转变，重视旅游的综合功能实现和旅游新业态的培育，从根本上来说是积极打文化旅游牌，从文化和理念上提供了旅游业发展的新思路，进一步深化旅游的文化内涵，发挥品牌效应。《意见》还提出突出北京旅游资源特色，充分发挥北京国家首都和历史文化名城优势，挖掘文化内涵，包括实施"奥运会展旅游促进计划"，形成奥运旅游文化聚集区和推进重点旅游文化项目，打造具有特色的文化旅游演出剧目，创立大型主题旅游娱乐活动，建设大型主题公园和集文娱、餐饮、影视、时尚消费等于一身的文化创意产业集聚区等。"无论企业何时吸引消费者，与他们建立一种个性化、值得记忆的联系，它们事实上都是在展示一种体验。"❶"正如人们已经在产品上减少开支，而把更多的钱花在享受服务上一样，现在他们在重新审视他们在服务上所花费的时间和金钱，以便让出一部分用于更加难忘的也是更加有价值的提供物——体验"❷。体验经济时代，消费者的旅游体验和文化触摸是旅游消费的重要内容，旅游业也要不断满足消费者多样化、多层次的旅游需求，使旅游的内容、形态不断丰富和扩展，旅游的文化含量不断增加，从而进一步增强旅游目的地的吸引力。

（三）首都旅游与商务融合的政策与机制研究

旅游与商务的融合主要表现在作为旅游业分支的商务旅游发展和旅游中发生的商务活动，如旅游商品的销售、旅行中的餐饮娱乐活动等。从商务旅游发展情况来看，《北京市"十一五"时期旅游业及会展业发展规划》明确提出完善发展商务会展旅游，包括完善现有会展旅游配套设施，引进和培养专业化的会展、商务旅游人才，鼓励发展以会展旅游、商务旅游为中心的专业化服务公司，以优质高效、个人性和多样化服务提升商务旅游品质。《北京市"十二五"时期会展业发展规划》也指出，要积极推动商务会展和旅游业的互补联动，将旅游作为会展活动的延伸，选择特色品牌展会打造成特色旅游产品；把握国际会展资讯和旅游行业发展趋势，利用北京旅游的资源优势和吸引力将北京发展为国际会议展览的举办地，将大型精品旅游节庆活动和大型会展结合，形成商务会展和旅游良性互动、共同发展的局面。北京市旅游委也制

---

❶　约瑟夫·派恩、詹姆斯·吉尔摩:《体验经济》，机械工业出版社，2002，第11页。

❷　约瑟夫·派恩、詹姆斯·吉尔摩:《体验经济》，机械工业出版社，2002，第18页。

定了《北京市会奖旅游奖励资金管理办法（试行）》，对在京商务会展、国际会议及国际会奖旅游公司、协会机构落户北京给予奖励。从旅游中发生的商品销售、餐饮住宿等商务活动来看，旅游委在《关于全面推进北京市旅游产业发展的意见》中强调实施旅游商品推进工程，鼓励形成全国一流的旅游商品交易中心、旅游纪念品孵化基地和旅游纪念品创意园区以及在旅游景区设立与国际接轨的旅游商品销售中心，并通过举办"中国（北京）旅游纪念品博览会"等活动提高北京旅游商品的知名度和市场影响力，并制定《北京旅游商品扶持资金管理办法（试行）》对其予以资金扶持。《意见》中也谈到了实施旅游产业标准化建设工程，制定并推行《旅游咨询服务中心设置与服务规范》《"北京人家"服务标准与评定》《乡村民俗旅游村等级划分与评定》《绿色旅游饭店》标准 、《北京市星级饭店监控系统设置规范（试行）》《北京市红色旅游景区（点）评定规范（试行）》《北京市生态休闲旅游区评定规范》《工业旅游景点服务质量标准》等一系列行业及服务标准提升旅游的商务服务水平和服务质量，并逐步形成标准化、规范化旅游商务服务管理体系，推进旅游和商务的深度融合。

旅游和商务的融合也体现在旅游业对外开放的进程上。旅游业的文化体验内涵和会展业的商务特征是进行旅游行业跨文化、跨地区交流的重要前提条件，北京市悠久的历史文化对国内外游客产生了巨大的吸引力，而北京作为全国政治、文化、教育和国际交流中心也成为国内国际重要会议和展览的举办地，现今北京旅游会展业的国际程度和开放程度逐渐提高，专业化、纵深化的程度也在不断深入。政策方面，国家旅游局和中华人民共和国商务部联合颁发的《设立外商控股、外商独资旅行社暂行规定》《中外合资旅行社试点暂行办法》由 2009 年颁布的《旅行社管理条例》所取代，对外资进入我国旅游行业进行了相关规定，指导了北京市旅游市场的外资准入。在中外合作开发首都旅游的市场机制方面，北京市政府根据市场需求，进一步放开旅游业市场，与世界不同地区签署双向合作协议。2013 年 10 月，加拿大首都渥太华旅游代表团和北京旅游委签订了商务旅游合作备忘录，就加强两市的旅游合作和文化交流签署了协议，促进了北京和加拿大渥太华的双边商务旅游，进一步打开了北京旅游的国际市场。

总的来看，北京市旅游政策的制定主要基于旅游行业本身的特点、发展现状与趋势，从初期的单纯旅游业发展到旅游业、会展业齐头并进，表明了旅游行业的内容和领域在新的社会形势下不断拓展，与文化、科技、商务等其他行业的关联和融合程度也渐趋加强，旅游与文化、科技，会展与科技、商务的融合都是新形势下结合旅游产业更新发展的需要而制定的政策。旅游业的升级转型、产业的持续健康发展与文化、科技、商务都有密切的联系，今后旅游政策的制定也应放在融合发展的大视野之下，从全面提升旅游文化品质、提高会展服务水平、应用科技手段和促进旅游会展活动的角度展开，以一体化融合推动城市发展转型。

六、首都文化与科技商务旅游融合发展的政策优势与问题分析

以上分析分别从首都文化、科技、商务和旅游所制定的相关政策法规方面，探讨各自在促进一体化融合发展中所起的作用，应该看到，文化和科技始终是一体化融合发展的关键要素，也是目前出台各类政策法规最多的两类。

从文化提升发展内涵、科技促进产业升级转型的角度来看，文化和科技在一体化融合发展中所扮演的作用还需进一步加强，文化与科技的创新作用及其内涵还需深化，进而促进整体实力和市场竞争力的增强。相形之下，商务和旅游提升融合发展的驱动力相比文化和科技尚显不足，虽然商务业和旅游行业已有了长足的进步，但北京的商务和旅游市场与政策体系还有待进一步完善与成熟，产业升级转型还需加强；商务与旅游行业对整体社会经济的贡献率也亟须借助与文化和科技的融合进一步提升，这需要今后在分别加强对商务和旅游政策研究制定的同时，深入探讨商务、旅游与文化、科技融合的契合点及方式、途径。总体而言，在一体化融合发展的思考中，既要考虑部分和整体的关系，即文化、科技、商务、旅游各自对推进一体化融合发展的贡献，还要强调各组成部分之间的融合，以文化、科技、商务、旅游的融合形成发展合力，进一步思考和探索融合发展的可行措施。

（一）首都文化与科技商务旅游融合发展的政策与机制优势

在一体化融合创新发展的政策、机制研究中，北京各级政府部门的政策规划呈现出由零散走向体系、由分散走向集中、由颁布产业规范到促进行业转型升级的转变，在此过程中，文化是不同行业以及行业融合的基础和先决条件，科技是行业发展的重要支撑，商务和旅游则作为产业升级转型和探索新兴业态

的重要实施途径得到重视，因此，对融合创新发展的探讨首先要立足于文化，依赖科技手段和科技内容，强调商务、旅游与文化、科技的配合以及相互之间融合形成的优化效应。

第一，北京市委成立专门的监管机构促进首都大文化的发展。北京市为促进文化事业和文化产业的发展，于2012年6月正式挂牌成立北京市国有文化资产监督管理办公室（简称"北京市文资办"）。北京文资办是全国首家省级国有文化资产监督管理机构，职责包括对全市国有文化资产进行全面监督和管理，并依据实际情况起草地方性法规草案、制定国有文化资产管理的制度措施并组织实施，对北京市文化企事业单位提供了发展的良好外部环境和政策法律咨询等。文资办的成立是北京市创新文化管理体制，将管人管事管资产导向结合的产物，它全面统筹和部署实施文化改革发展的工作，同时对国有文化企事业单位资产管理、文化投资、重大文化项目、文化创意产业园区、重点文化工程等进行全面管理，积极履行国有文化资产出资人职责，确保国有文化资产的保值增值。

（1）加强文化产业的顶层设计，落实产业融合。文资办落实北京市文化创新、科技创新"双轮驱动"战略，以文化内容创新寻求转型动力、以科技转化成果促进相关产业的发展，于2014年6月编制完成国内首个省级文创产业空间布局规划《北京市文化创意产业功能区规划（2014—2020）》《北京市文化创意产业提升规划（2014—2020）》，对北京市文创产业的功能划分、空间格局进行了全局性的优化和提升，确立了"一核、一带、两轴、多中心"的总体空间格局，将文化科技融合主线贯穿文化创意产业的发展始终，为加强全市文创产业统筹规划，推动文创产业长期稳定增长提供规划指导。同时也强调推动产业融合、协作互补，以产业融合优化空间品质、推动功能区协调发展，在文化与科技融合之外，推进文化与旅游、体育、商务等领域的融合，以发展新型业态、构建新型服务流通网络促进多领域、多行业的融合发展，借助科技创新和文化内涵彰显提升产业的商业价值和增值空间。

（2）出台相关法律规划，为促进产业融合发展保驾护航。在文资办履行的职责中，其中一条就是贯彻落实国家关于国有资产监督管理方面的法律、法规、规章和政策，起草本市相关地方性法规草案、政府规章草案以及制定所监管文化企事业单位国有资产管理的制度、措施并组织实施。文资办相继出台了金融、工商、旅游等文化创意产业发展的配套政策，2013年文资办研究制定文化科技融合等重点领域的专项政策以及奖励扶持办法，课题组通过多次调研和专题座谈会形成《北京市推进文化科技融合发展三年行动计划（2013—2015）》审议稿，就文化科技融合工作的总体目标和具体行动做了详细部署。

（3）积极履行出资人职责，为融合产业发展提供金融支持。北京市文资办成立之初就与国家开发银行等金融机构以及万达等文化（集团）企业签订了合作协议，为首都文化发展保驾护航。财政支持方面，为了达到 2020 年文化创意产业增加值占全市 GDP 比重的 18% 的指标，从 2012 年起，北京市每年投入 100 亿元文化创新发展专项资金用于扶持文化创意产业发展。部门成立以来，着力整合首都大文化资源，以文化为核心，将科技、教育、旅游、金融等都纳入其中，促进以文化为核心的协同发展，力争形成科学有效、覆盖广泛、门类齐全的政策体系。

第二，加强政府各职能部门之间的协调配合，重视联席会议制度和联动工作机制。首都文化与科技、商务、旅游一体化融合发展的研究和实践中，涉及北京市文化局、科委、商务委、发改委、商务委、旅游委等多个职能部门，需要充分调动各部门之间的合作效力，发挥优势，以部门合作促进一体化整体融合格局的形成。联席工作会议制度由职能部门的一方或多方牵头，通过召开会议达成共识并形成具有约束力的规范性意见，来更好地指导产业融合，解决实际工作中所面临的问题，目前已形成了文化和科技、文化与商务融合的联席工作会议机制，为不同领域的融合发展提供了政策和体制保障。部门联动也是从促进产业发展的角度最大限度地发挥各部门的集约优势，立足于首都文化、科技、商务、旅游等方面的现实条件和发展前景，通过探索建立部门联动机制进行产业融合引导，积极主动地在相关部门内部加强联系沟通，发挥各职能部门的工作效力，各司其职、密切配合、通力合作，做到责任落实、行动落实，以联动促融合。如 2006 年北京市两会期间出台的《北京市国民经济和社会发展第十一个五年规划纲要》正式提出发展"文化创意产业"以后，2006 年 3 月 24 日北京文化创意产业领导小组正式成立，北京文创领导小组办公室集合了市委宣传部、市科委、文化局、财政局、国土局、规划委、文物局、旅游局、商务局、新闻出版局、中关村管委会等多职能部门的力量，共同推动文创产业相关政策、发展规划、资金管理办法、统计制度、展会以及评奖等措施的落实，为文创产业发展创造了良好的外部环境。

第三，积极构建一体化融合发展的政策保障。一体化融合发展集中各行业各领域优势要素，从全面统筹、综合部署的角度对文化、科技、商务、旅游等行业进行优化升级，并推进融合发展的不断深化。社会主义市场经济体制下，一体化融合在充分尊重市场的基础上，必须依赖政府相关部门政策规划的出台保证一体化的有序运作，政府政策在很大程度上能对市场产业实践起到理论和制度指导的作用，并为其良性发展提供可靠保障。本章前几节分别就北京市文化政策、科技政策、商务政策和旅游政策的分析可以看到，除文化与商务融合方面已正式颁布《关于促进文化与商务融合加快发展新型文化业态的实施意见》的专项意见和科技贸易、电子商务等相关政策之外，目前北京市对于文化与科技、文化与旅游的融合发展虽未出台完善的专项政策，但普遍已在一些具体的涉及文化、科技或旅游政策中体现出了融合的趋向。尚未正式出台的文化与科技融合方面的《关于实施"双轮驱动"战略加快推进文化科技融合发展的意见》和《北京市推进文化和科技融合发展三年行动计划（2013—2015）》将成为今后一段时期内文化与科技融合发展的指导意见。文化、科技与旅游融合的政策制定目前集中体现在文化创意产业规划、旅游会展业的政策和规划之中，表达了旅游亟须通过与文化、科技的融合提升整体效益、文化内涵和促进产业升级转型的工作构想，也将对下一阶段旅游产业的发展起到积极的作用。

第四，落实人才引进机制和管理办法，为一体化融合打下了人才基础。中关村国家自主创新示范区具有融合文化、科技、商务等行业的综合性特点，对于促进首都文化、科技、商务融合发展的人才政策和机制的完善做出了积极有益的探索。示范区在建设具有全球影响力的科技创新中心的过程中，牢牢把握人才这个园区长远发展的关键资源，十分注重吸引海内外人才，目前已是我国科教智力和人才资源最为密集的区域。一是利用科研院所集中的优势，中关村全面整合北京大学、清华大学等高等院校和重点实验室、研究中心等科研机构的人才优势；二是实施人才引进战略，吸收和引进高端人才。中关村管委会十分重视人才引进措施，实施包括中央"千人计划""北京海外人才聚集工程"等文件，并于2011年3月由中组部、国家发改委等15个中央部门联合北京市制定了专门的《关于中关村国家自主创新示范区建设人才特区的若干意见》，并成立"海外高层次人才创新创业基地"，为人才创新创业提供了良好的环境和政策支持。截至2013年年底，吸引留学归国创业人才1.8万人，其中海外从业人员9000名，累计创办企业6000多家，为国内留学归国人员创办企业数量最多的地区。目前，中关村更进一步绘制"全球顶尖技术和团队分布图"，通过硅谷、伦敦、多伦多等地的海外人才联络机构积极引进全球高层次技术人才和创新人才，通过重大项目布局、科研经费使用、股权激励等量身而定的特色政策发现、激励高端人才，打造全球领先的创新创业生态系统，已有原谷歌研究院高级研究员赵勇、国际著名植物分子生物学家邓兴旺、原谷歌全球副总裁雨果·巴拉等在中关村的高端人才战略、良好的创业环境和活跃的创业投资吸引下入驻园区。可以预见，今后将有更多的海内外顶尖人才进驻，必将为推动园区建设和发展、提升国际竞争力做出巨大的贡献。现今中关村自主创新示范区的强大人才优势，都离不开政府层面的较好的人才政策和人才引进、培养机制。除中关村之外，在已颁布的文化与科技、文化与商务、科技与商务的融合政策规划中，十分注重对人才的培养，打造专业人才队伍。融合发展尤其需要具有跨领域背景的复合型人才，目前相关部门正在共同协作，统筹各类人才、优化人才培养结构，加强人才队伍建设，健全和完善人才使用机制、流动机制，并通过制定长期的培养规划激发人才队伍的创造活力，为融合发展注入源源不断的活力。

（二）首都文化与科技商务旅游融合发展政策与机制的问题分析

第一，首都文化与科技、商务、旅游一体化融合发展的整体意识和全局观念还不强，以文化科技为基础加强与商务、旅游的融合是现实发展的迫切需要。无论是参与规章、角色制定的政府还是产业融合的直接实施主体——企业都需要对一体化融合发展形成全局性的融合观念和较强的合作意识，首都文化与科技、商务、旅游一体化融合的实现需要多方合作来达成共识。"随着信息化与工业化更加密切的交汇，技术融合导致业务融合这一趋势还将进一步扩散到信息产业之外，与传统产业实现融合"❶，现代社会发展展现出综合性、集约性加强的趋势，许多看似无关的行业有了渗透、融合的可能性，而跨行业跨领域的融合往往能使企业整体效益和实力达到一个新的层次。这需要企业、政府行政手段和市场行为的有效合作来达成，尤其需要政府从全局的角度统筹规划，将政府、市场和企业纳入整体计划之中，充分调动各自的积极性，通过制定详细的政策规划及实施方案，并提供保障措施确保规划方案的顺利进行和持续性地开展。下一步，首都文化与科技、商务、旅游的一体化融合，在包括主要以文化与科技融合形成的文化创意产业、科技与旅游融合的智慧旅游、科技与商务融合形成的电子商务和文化与商务的结合推动文化产业和服务外贸出口等某

---

❶ 周振华：《产业融合：产业发展及经济增长的新动力》，《中国工业经济》2003年第4期。

两个领域融合发展的基础上，思考文化与科技、商务、旅游更广范围内融合的可能性。这既需要企业对自身产业发展模式的探索，相关政策研究、制定也要进一步探索新的全面融合型产业模式和产业综合体，需要在充分考虑首都资源要素、市场需求的基础上确定一体化融合的实现形式。

第二，政府的角色定位不够明确，管理职能和决策制定有待完善。首都文化与科技、商务、旅游一体化融合发展取决于科学的顶层设计，政府作为首都发展的管理者和决策者主导着融合发展的进程和方向，这需要在理顺政府与市场关系的基础上，对政府和市场做出更加准确的定位，一方面减少政府政策行为盲目性，另一方面打破市场的垄断和竞争无序性，推进健康合理的市场秩序的形成和发展。文化体制改革之后，文化事业和文化产业沿着不同的方向发展，强调市场面向的文化产业以文化市场和资源配置为基础，而突出公共文化服务的文化事业也通过向市场购买文化服务拓宽了渠道来源。市场尊重并强调各资源要素的合理流动和优化配置，文化在市场环境下被激发出前所未有的活力，文化与科技、商务、旅游等要素的融合越来越显著，文化科技企业、文化商务活动和文化旅游都在市场中蓬勃兴起，但市场的自发性和滞后性也会给产业融合发展带来不良影响，需要发挥政府的管理和调节作用。因此，在考虑首都文化与科技、商务、旅游一体化融合发展的政策和机制时，要在平衡政府策略与市场效益的基础上认真思考政府与市场的关系。

应该看到，政府政策和各项法规主导着首都社会经济的发展，现实情况往往是政策利好往哪里倾斜，哪个行业（产业）就蓬勃发展，中关村高新技术园区和首都文化创意产业的突破性发展就是典型的例子，这说明在社会主义市场经济体制下，政府有着相当的决断力和影响力，政府政策对市场发展前景起着引导作用。在这种情况下，一方面，我们要充分认识到政府的积极作用，政府在推动首都经济结构调整优化、促进首都产业升级、实现绿色可持续发展等方面对新兴产业的帮扶支持，对首都经济社会发展的总体走向起到了必要的引导；另一方面，与之伴随的是政府一手抓的局面难免过于强势，政府的手伸得太远、管得过宽，在某种程度上也不利于合理、良性的市场秩序的建立。在政府的扶持下，国有企事业单位、大中企业和市场效益较好的企业得到了良好的发展条件，而相当部分起步阶段的文创企业还在为资金、平台、运营模式所困扰，这也是政府使力不平均、社会资源分配不甚公平的表现。当然，在产业发展的初期，政府这只"看得见的手"的强势介入十分重要而且必需，政府优惠政策和税收扶持促进了新兴产业的发展。因此，我们要明晰政府在经济发展中的定位、扶持、引导的角色，既要保证决策和政策的正确方向，也要以高效畅通的政府服务对行业融合发展予以适当引导和支持。政府只有通过制定符合社会发展趋势和市场前景的合理产业规划和法规条例，有重点、有计划、有步骤地利用政策和财政优惠、搭建平台帮助实现传统产业转型、新兴产业成长，才会让首都一体化融合和社会经济发展走上良性轨道；而忽视实地考察调研、不分重点和轻重缓急的政策规划和资金扶持只会使首都融合产业的健康、可持续发展和整体经济环境的优化提升困难重重。

第三，长久以来，文化、科技、商务、旅游各自为政的发展模式并未被彻底打破，多元格局尚未形成，目前的融合式发展还缺乏有效的动力机制和长远的发展规划。首都文化与科技、商务、旅游一体化融合发展主要基于产业／行业融合，以融合发展打破不同产业间的合作壁垒，形成不同产业或行业的相互渗透、相互交叉，最终以融合形成新型业态或产业边界消融、产业链延伸的动态发展。融合发展"带来了更大范围综合性的竞争，增大了竞争的强度，所以促进市场融合进程，发展新的价值链，对于优化资源配置、促进创新、加速优胜劣汰是至关重要的"❶。目前，文化与科技、商务、旅游一体化融合发展的动力还主要来源于企业技术创新、行业竞争突围的自发要求以及产业上下游链条贯通和完善的需要，一体化融合缺乏有效的整合手段和行之有效的工作机制，当前政府政策的制定对于推动跨领域行业的融合也缺乏深入的引导和规范，对于如何培育完整的产业链条和跨行业融合发展的平台、形成融合发展的长效动力机制仍然是政府政策和规划制定需要考虑的重要问题。

第四，首都文化与科技在一体化融合发展中的作用和内涵有待深化。首都文化与科技融合在首都一体化融合中起着关键和基础性的作用，在北京市委市政府和各区县层面，已充分注意到科技和文化在提升产业整体竞争实力和对外影响力方面的重要作用，北京市国民经济发展五年规划和市委、区县以及具体行业中的各项法规条例都将发挥文化和科技的作用、促进二者的融合提到了重要的位置。尽管如此，首都文化与科技融合在一体化格局中仍然有巨大的发展空间，深层次的文化内涵挖掘和技术水平提升还需要进一步加强，表现在以文化推动行业转型升级和以科技提高成果转化率、发展新型业态方面的巨大潜力

---

❶ 周振华：《产业融合：产业发展及经济增长的新动力》，《中国工业经济》2003 年第 4 期。

和优势还远未被完全释放。在北京市文化、科技创新"双轮驱动"的战略格局下，各行各业都十分重视对文化要素的吸纳和科技创新，产业技术升级和企业文化内涵提升成为普遍的议题，在商务和旅游领域也是如此。北京市文化局和商务委员会联合出台的《关于促进文化与商务融合加快发展新型文化业态的实施意见》以文化推进商务领域的发展和升级，在文化消费、文化商业品牌、文化交易平台、文化对外贸易等文化和商务的结合点上强调二者的融合，做出了一定的示范，但文化与商务的融合还需进一步将单纯以文化为内容的商务推向文化与商务的深度融合，商务中文化内涵的挖掘和文化要素的商务潜力的提升有待深入。此外，科技对于文化与商务融合的技术支撑和技术平台作用有待加强。旅游行业的发展中，文化与旅游、科技融合方面还未出台专项政策，但在文创产业发展规划、旅游业的法规条例中有些已将文化旅游开发重点列入，目前首都旅游行业已相当重视利用旅游文化资源并挖掘旅游的文化内涵，但旅游景区文化植入的现象普遍，大多文化内涵需要提升，文化旅游仍缺乏系统的规划和实施方案。

第五，首都商务和旅游在一体化融合发展中的作用不明显。从首都文化与科技、商务、旅游一体化融合发展的角度来看，目前融合发展政策制定中涉及文化与科技条例的居多，产业领域中有关文化和科技融合的项目也占了大部分，而首都商务和旅游的整体融合进程则相对缓慢，一是表现在商务和旅游的行业发展独立性很高，业态已较为成熟，融合发展并不是行业必需或重要发展形态；二是商务和旅游的政策制定往往多关注本领域的行业规则和市场规范，与其他行业相关涉的政策法规较少。当今社会的综合性、多元性和开放性发展为不同领域的交融渗透提供了重要的背景，尽管商务和旅游在长时期内与其他行业领域的交融性不强，但在文化和科技融合创新的总体格局之下，增加商务活动和旅游活动的文化和科技含量、以跨领域融合激发商务和旅游产业的活力是社会发展的大势所趋。下一阶段文化、科技与商务、旅游的融合将积极促进传统商务、旅游行业转型升级和培育新兴业态从而对相关行业产生深远的影响。但目前来看，作为未来有很大发展和提升空间的重点行业，首都商务和旅游产业在一体化融合发展中的作用远未被发挥出来，商务和旅游资源对于一体化融合的贡献率尚未被有效开掘，政府政策在促进商务和旅游产业融入一体化进程方面的法规政策也有待出台和加强。

第六，首都文化与科技、商务、旅游一体化融合发展的区域性合作政策比较缺乏。2012 年北京市出台《北京市主体功能区规划》，根据城市历史、地理和经济、社会发展状况对城市进行了区域划分，主要包括首都功能核心区、城市功能拓展区、城市发展新区和生态涵养发展区四大功能区。城市功能区划的划分是在现有行政区县的基础上对城市的功能定位、长期规划和发展潜力的综合把握，对首都各区县的发展任务和发展重点进行了分别说明。以此为前提，首都各区县产业规划的制定和实施也紧紧围绕主体功能区定位进行，主要以城市功能拓展区和城市发展新区部署新型产业和融合产业的发展格局。目前，北京市 16 区县分别结合各自发展情况推动了新兴融合产业的发展，如朝阳区制定《关于加快北京 CBD—定福庄国际传媒产业走廊建设的若干意见》《促进北京奥林匹克公园大型品牌活动加快聚集的若干措施（试行）》等意见以传媒产业、体育娱乐产业促进文化、科技、商务、旅游的融合；海淀区以中关村文化科技融合示范功能区为重点，就促进软件、网络服务、数字技术等文化科技融合企业制定了一系列的税收、人才引进的政策优惠；丰台区制定《中国戏曲文化中心发展规划》，打造集演艺、展示、体验、教育、衍生品交易于一身的戏曲文化功能区，包括戏曲展示和体验中心、戏曲文化旅游创意街区、戏曲文化节等，有效促进了文化、科技、旅游、商务的融合发展；石景山区、通州区、昌平区、平谷区等也结合自身产业定位，积极探索和拓展一体化融合产业的发展模式。总的来看，以北京市主体功能区划为依据的产业布局在总体上推进了新兴业态的发展和传统产业升级，积极转变了北京经济发展方式，各区县也结合功能区定位和资源特色进行了产业融合发展的探索，但不同区县之间的一体化融合合作较少，贯通上下游的完整产业链条并未形成。当下，各区县独立发展产业集群或产业园区的现象仍然比较普遍，跨区域融合产业发展规划尚未出台。今后还需要集合多方力量，加强区域性合作，打破不同区县、不同省市等行政区划和地域限制的合作藩篱，在文化、科技、商务与旅游融合的大背景下共同探讨融合发展的途径。

第六章　首都文化科技商务旅游融合发展的资源优势分析：文化与科技

　　北京是全国文化中心，也是全国科学技术中心，文化和科技资源具有得天独厚的优势，科技与文化的互动融合、相互渗透已成为加快首都文化发展和推动文化创新的强大动力，科技与文化的融合互动，不仅为文化创新提供了重要的融合发展的科学动力和技术手段，而且也为当代文化的发展创造新的文化形态，为提高文化产品的科技含量和创新文化的表现形式提供重要条件。本章重点研究首都文化与科技资源的优势、首都文化科技融合发展的支撑资源、首都文化科技资源融合发展的行业类型及规模，分析首都文化科技资源融合发展存在的问题并提出推动文化科技资源融合发展的对策建议。

　　推动文化与科技资源融合发展，是新时代的必然趋势。从历史发展的层面来看，文化与科技的融合发展始终是密切相关的，之所以二者的融合发展在当下较为明显地凸显出来，就在于在行业越界与扩容的时代语境下，文化与科技之间呈现出的双向互动、协同创新超过了以往任何一个时代。文化资源与科技资源的融合发展，不仅是提升文化企业的科技含量、培育文化新业态的必由之路，也是盘活城市文化资源、科技资源，提升城市整体竞争力，推动城市转型发展的必然要求。

　　2012 年 7 月，北京市委第十一次党代会提出："在 2020 年率先形成科技创新、文化创新'双轮驱动'的发展格局，初步建成有世界影响力的科技文化创新之城。"[1] 这一目标的提出，明确了文化与科技融合发展在首都城市发展中的地位和作用，因此，在建设科技文化创新之城的时代背景下，梳理首都的文化、科技资源和产业竞争力，从而在与国内其他城市尤其是上海、广州、深圳、天津等具有较强文化科技实力和优势的城市的横向对比中，明确首都的文

---

❶ 刘淇：《全力推动首都科学发展　为建设中国特色世界城市而努力奋斗》，《北京日报》2012 年 7 月 5 日第 001 版。

化科技资源及其融合发展的优势和不足，在借鉴其他城市优秀经验和发挥自身比较优势的基础上，增强文化科技资源融合，在创新驱动中推动首都城市发展。

一、文化科技资源融合发展对首都社会经济发展的意义

文化资源与科技资源融合发展构成了当代城市发展转型的重要动力和引擎。尤其在世界大发展、大变革、大调整的时代格局下，文化与科技一体化在社会经济发展中的作用日益明显，既有力地促进了文化生产方的变革，也催生出新的文化业态。推动文化科技资源融合，是首都构建世界城市文化体系和参与国际城市竞争的重要保证，也是发挥全国文化中心示范作用，实现城市本身健康、高效、可持续发展的内在要求。

在国际层面，推进文化与科技融合发展是提升首都国际竞争力的需要。在城市大竞争的时代，文化越来越多地成为衡量一个城市国际竞争力的重要指标。加拿大学者谢弗指出，随着文化时代的莅临，在当今城市及世界未来的发展中文化是一支关键力量，"文化和民族文化应当成为社会的中心内容，成为城市、地区、国家和国际发展的主导内容"❶。但需要指出的是，在行业越界与融合的发展趋势之下，这里的文化已不仅仅是一种单纯性的文化，而是包容着科技、经济等因素的"大文化"，或者说，文化的科技化或科技的文化化在推动城市文化经济、文化传播、文化形象构建的过程中正发挥着越来越重要的作用，正成为当代世界城市最鲜明的时代特征。如旧金山作为 iPhone、Google、Facebook、Zynga 以及大多数美国游戏媒体公司等文化科技企业的总部城市，企业不仅对城市发展起到良好的带动、宣传与推广作用，而且使旧金山在世界媒体和游戏产业中具有"不可取代的重要角色"❷。北京作为首都城市，在参与世界城市竞争的过程中，应发挥文化、科技层面具有的比较性优势，积极推动文化科技资源融合的创新性发展，将推进城市文化发展向更多依靠科技进步进行转变，发挥企业在文化科技资源融合及城市发展过程中的重要作用，从而占领世界城市发展的制高点，在国际分工中争取最优化的世界文化科技资源配置，增强城市文化的竞争力、影响力、向心力。

在国家层面，推进文化与科技融合发展是发挥首都城市示范作用的必然要

---

❶ D. 保罗·谢弗：《经济革命还是文化复兴》，高广卿等译，社会科学文献出版社，2006，第384页。
❷ Joseph Barron：《阐述旧金山在当代游戏行业中的地位》，游戏邦网站。http://gamerboom.com/archives/71486。

求。党的十七届六中全会提出，首都应在现代文化产业体系的构建中充分发挥全国文化中心的示范作用，按照全面、协调、可持续的要求，推动文化产业跨越式发展。文化产业以文化、科技为重要支撑，尤其在国内经济形势下行压力存在的背景下，大力发展文化产业，增强文化创意、科技创新对首都社会文化经济发展的驱动效应，培育新的经济增长点，通过逐步完善文化市场的主体地位和文化市场体系，繁荣文化经济，提振文化消费，切实提升以文化产业为代表的第三产业在城市经济发展中的比重、质量和水平，推动文化产业成为国民经济的支柱型产业，是实现经济结构调整和发展方式转型的有效途径。作为国家文化中心城市，首都北京的文化创意产业发展迅速，2005—2015 年，文化创意产业增加值从 674.1 亿元增加至 3072.3 亿元，占地区生产总值已超过 12%。尤其在全国经济形势面临下行压力的背景下，首都增强文化与科技融合创新发展对城市的提升和推动，有助于进一步增强首都对京津冀经济圈的联动效应以及对全国产业结构调整和升级的示范作用，增强北京作为首都城市的经济、文化向心力。

在城市发展层面，推动文化与科技融合发展是建设科技文化创新之城的需要。2012 年，首都为提升自身的自主创新能力和增强创新对城市发展的驱动作用，做出建设科技文化创新之城的重要战略部署。"随着北京经济社会的长期快速发展，人口资源环境压力日益凸显，人口增长过快、交通拥堵、大气污染、部分地区环境治理滞后等'城市病'加剧滋长蔓延，已经成为影响首都形象和人民群众切身利益的重要因素。"❶正是基于现阶段首都面临的人口、资源、环境等问题压力，通过增强文化科技创新在城市发展中的驱动，充分发挥首都的科技、智力等资源优势，坚持走高端发展之路，增强科技创新、文化创新对首都经济社会发展的强力支撑，以创新驱动来实现以"优化一产、做强二产、做大三产"为主要思路的产业结构调整和升级，并以此来破解城市发展困境，实现首都经济发展方式转变和可持续发展。

可以说，加快首都文化科技资源融合，以文化创新、科技创新"双轮驱动"首都社会经济的全面发展，具有广泛而深远的意义。尤其是在数字信息时代，文化科技资源融合不仅有助于催生文化新业态，将文化切实转化为生产力，而且能够夯实城市文化创新的基础，提升城市文化的创新力、吸引力。

---

❶　赵鹏飞：《北京两会求解"城市病"》，《人民日报・海外版》2014 年 1 月 21 日第 005 版。

二、首都文化科技融合发展的支撑资源

文化科技资源在文化与科技融合发展的过程中发挥着基础性的支撑作用。这种基础性的支撑一方面表现在文化资源上，作为科技创新可以凭借的载体，文化资源涵括精神性的内容，能够以一种特定的文化形式向社会传递价值观念，提供精神产品和文化服务，在此过程中实现自身的文化价值。另一方面，科技资源是提高社会经济发展速度、质量和效益的重要保障，科技的每一次变革，都为文化资源的存在形态、展示形式和利用方式提供新的可能性。文化与科技作为彼此独立的领域，在社会经济发展中二者间的融合创新需要一个中介的助推作用。从这个层面来说，文化科技中介是文化科技创新的助推器，是实现文化科技化和科技文化化的桥梁和纽带。

（一）文化资源

文化资源有广义和狭义之分。在文化与科技融合发展语境中的文化资源，从广义上来说，包含一切与文化有关的生产、生活内容，作为一种历史积淀和人文积淀，精神性是其主要的存在形态；在狭义上来讲，包括文化机构资源、文化人力资源和文化资产。本部分在对首都及与其他城市文化资源的梳理和对比中，鉴于对文化资源与科技的相关度以及直观表达和可操作性的需要，较为侧重狭义层面上的理解。文化资源的优势或特点体现在以下几个方面：

文化机构数量众多。文化机构是专门从事文化工作且具有法人资格的企事业单位，在与科技相融合的领域，一般与娱乐、传媒业较为相关。作为社会经济发展的重要资源，文化机构承担着文化经营或咨询的功能。近年来，随着人们越来越多地对文化娱乐的重视，这一行业的发展也较为迅速。在数量上，北京市从2008年的1155家机构，增长至2012年的1262家，年平均增长率为2.32%。与天津和广州两个城市相比，北京市在数量和增长率上并不占突出优势。2009年天津在文化机构占有量上已达1298家，2011年达1713家，年平均增长率为12.1%；广州的文化机构占有量从2008年的1866家，增长至2011年的1980家，年平均增长率为1.92%。而与中部的二线城市长沙相比，北京虽然在数量上具有明显的优势，但长沙4.91%的年平均增长率是北京的1倍。

文化人力资源储备丰富。文化人力资源是对在文化单位中从事生产或经营活动的人口的总称。文化人力资源的核心是具有相当水平的文化人，具有稀缺性、

价值性、不可模仿性和难以替代性等特点，能够凭借自己的知识和技能为企业或行业发展带来效益和附加价值。❶ 因此，人力资源是一个行业获得持续竞争力、创造力的重要来源，更关系到企业、行业的发展战略、质量和水平。人力资源在行业发展中集中体现为行业的从业人员，在文化领域，北京的文化从业人员数量2012 年末达 15.5 万人，远远超过了上海、广州、天津、深圳等其他一线城市，显示了北京作为首都城市在文化领域的巨大吸引力和较强的竞争优势。虽然，在文化企业单位的数量和年平均增长率上，北京不及其他城市，但从业人员绝对数量的领先，充分说明，北京的文化企业在规模化水平上领先于其他城市。

文化资产雄厚。文化资产在内涵上可以分为广义和狭义两种。广义的文化资产是以文化品牌为核心的无形资产，而狭义的文化资产是能够以货币进行评估的资产价值。文化资产是企业的核心资产，"文化资产经过流转，已经取得了排他性占有的产权，具备了进入生产阶段的条件，与文化资源相比，更具有现实性、专属性、排他性和创造性"❷。文化资产在参与生产的过程中，以满足消费者的文化需求为生产导向，发挥着资产支撑和资本保障的作用。从统计数据来看，北京文化资产总额已经超过 2600 万元，与其他一线城市广州、天津、上海等城市相比，具有更为雄厚的实力和发展优势。如果联系规模以上文化企业的数量，则不难发现，北京文化企业的数量虽少于天津、广州等一线城市，但文化资产的雄厚，充分说明北京文化企业具有较高的集约化、专业化水准，发展质量和效益居于领先水平（见表 6-1）。

表 6-1　规模以上文化企业（含娱乐、体育）文化资产　单位：万元

年份	北京	上海	广州	天津
2013	—	961.09	—	—
2012	2655.1	677.67	—	—
2011	2262.8	475.59	1980	1713
2010	1971.0	—	1939	1503
2009	1782.9	—	1849	1298
2008	1531.2	—	1866	—

数据来源：各市统计局。

---

❶ 程德俊、赵曙明：《资源基础理论视角下的战略人力资源管理》，《科研管理》2004 年第 5 期。
❷ 李春满：《论文化资产的价值属性》，《中国资产评估》2013 年第 5 期。

（二）科技资源

科技资源是推动文化科技融合发展的另一种支撑性资源，在科技与文化的融合发展中，文化是内容，科技是载体。没有科技的支撑，文化无法有效地转化为可供消费的产品，文化的产业形态也无法实现升级换代。科技资源从分布行业来说，主要集中在信息传输、软件和信息技术服务业等领域，从内容和形式来说，包括具有物质属性的基地或机构、运作基地和个人以及维持基地运营的财力资源。

科技机构资源数量相对较少。科技机构涵括一切从事科技活动的单位和组织，作为科技研发活动的重要基地，科技机构为科技研发提供了一切必要的设备支持。信息传输、软件和信息技术服务业作为国民经济和社会发展的战略性、先导性产业，在推动文化资源转化、产业结构升级中发挥着基础性的作用，而信息传输、软件和信息技术服务业的发展质量和水平，也直接影响着社会文化活动的科技含量和相关文化产业的设计创造能力。从总体来说，在数量层面北京比二线城市，如长沙，有较为明显的数量优势，显示了北京作为一线城市对科技机构、基地或总部的吸引能力；但与其他一线城市相比，如广州、天津等，在拥有企业数量的劣势则较为突出。2011年广州拥有的信息传输、软件和信息技术服务企业数量为6072家，而北京仅有2729家，也不及天津的3300多家。这说明，单纯从数量方面来讲，广州、天津等其他一线城市在信息传输、软件和信息技术服务业等领域存在不容忽视的竞争力（见表6-2）。

表6-2　规模以上信息传输、软件和信息技术服务企业数量　　　　单位：个

年份	北京	广州	天津	长沙
2013	—	—	—	—
2012	2813	—	—	155
2011	2729	6072	—	154
2010	2727	5675	3377	149
2009	2750	5403	2974	—
2008	2938	5567	2704	—

数据来源：各市统计局。

科技人力资源绝对数量占优。科技人力资源是科技活动能够正常运行的重要保障，"是指实际从事或有潜力从事系统性科学和技术知识的生产、促进、传

播和应用活动的人"❶。科技人力资源在产业运营和发展中，以从业人员为重要载体，从业人员数量多寡和质量高低直接关系到科技创造活动的活跃程度和创新能力。虽然在企业占有量上北京与其他城市相比，并不占优，但从从业人员的数量来看，北京与上海、深圳、广州、天津、长沙等一二线城市相比，则呈现出绝对性的优势。2011年，北京有信息传输、软件和信息技术服务企业从业人员51.3万，而同期的上海为30.4万、广州为14.9万、深圳为18.3万、天津为5.4万、长沙为1.8万。这说明北京与其他城市相比，人力资源的密度较高，也充分体现了北京的科技企业的规模化经营（见表6-3）。

表6-3　规模以上信息传输、软件和信息技术服务企业从业人员数量　单位：万人

年份	北京	上海	深圳	广州	天津	长沙
2013	—	37.6				
2012	57.5	32.5				1.9
2011	51.3	30.4	18.3	14.9	5.4	1.8
2010	43.0	—	16.6	15.2	5.1	1.3
2009	38.0		14.6	14.1	4.7	0.95
2008	34.0	—	18.3	14.4	—	0.90

数据来源：各市统计局。

科技资产储备雄厚。科技资产代表着企业在生产与经营中可投入资本的能力，是指企业在交易或者其他事项形成的能够为企业带来经济利益的资源。科技资产一般由企业拥有或直接控股，在形式上可以分为无形资产和有形资产。无形资产包括知识产权等，有形资产包括设备、设施、资金等。根据相关数据统计，北京与上海相比，在拥有的科技资产方面以24500.4亿元（2012年数据）的总额远超过上海的2831.5亿元，彰显了北京科技企业的雄厚实力和市场发展中的竞争力。这也意味着，北京的科技企业虽然数量比其他一线城市少，但从业人员众多、科技资产雄厚，企业规模化经营程度的质量和水平具有其他城市难以比拟的优势。

（三）中介机构资源数量优势明显

文化科技的中介机构是促进科技在文化领域应用以及文化在科技推动下

❶ 孔寒冰等：《科技人力资源能力建设研究》，中国人民大学出版社，2010，第3页。

得到提升发展的重要要素。世界城市的发展实践表明，以文化和科技为驱动的城市发展中，成熟的连接文化与科技的中介机构对推动城市文化科技资源融合创新发展意义重大。从类别上来说，中介机构包括生产力促进中心、技术市场与市场转移机构、大学科技园、文化科技企业孵化器，在社会经济发展过程中承担着创意设计、技术转移、成果转化、产品开发、咨询服务、人员培训等功能。❶北京在推动文化科技双轮驱动城市发展的过程中，科研机构、高校院所是中介机构的主要载体。在北京、上海、广州三大一线城市中，仅就数量而言，北京呈现出明显的竞争优势。在科研与开发活动的机构数量上，北京以 764 家领先于广州 155 家（2011 年数据）、上海 112 家；高校数量层面，北京有 91 家，广州和上海均不足 80 家。中介机构资源的丰富，体现了北京在推动文化科技资源融合发展中具有较强整合产业资源、互补产业职能的能力，在推动文化科技融合自主创新层面有较强的竞争力。

通过以上对比分析，不难发现，支撑文化科技融合发展的文化资源、科技资源和中介资源，北京比其他城市的相对拥有量、质量和规模，集约化惠普和程度等均呈现出较大的发展优势。这种优势展示了北京在推动文化科技资源融合发展过程中，具有对各种优势资源的集聚、整合能力和相对宽松的环境，有力地促进了文化资源向文化资本的转化，提升了产业的升级和转型发展。

三、首都文化科技资源融合发展的行业类型及规模

文化与科技的融合发展是时代的重要特征和产业发展的重要趋势。在产业融合创新发展的过程中，由于文化、科技内涵和外延的广泛性、丰富性，当今的科技产业、文化产业已不再是单纯的产业形态，而是具有融合发展的性质。网络信息产业、网络游戏产业、创意设计产业、数字出版产业、广播影视产业、文化装备产业等作为兼具文化科技性质的产业类别，作为文化产业的高端产业形态，在推动北京市产业结构升级、调整和重组等方面发挥着重要作用。

（一）信息网络产业规模大

信息网络产业是以现代信息技术为支撑，具有高价值含量和发展潜力的产业形态。在内容上涵盖的范围较为广泛，涉及信息安全、软件开发、计算机制

---

❶ 薛强、赵静：《文化科技融合视域下科技中介机构的功能分析》，《新疆大学学报》2013 年第 3 期。

造等。信息网络产业是现代信息科技创新的重要领域和产业发展的重要方向，具有科技先导性强、产值倍增性大、领域辐射性广等特点，北京在推动科技创新发展的过程中较为注重软件、网络及计算机服务行业对社会经济发展的提升和带动作用，在人才引进、税收、技术转让等层面予以优惠和扶持，有效推动了信息网络产业的发展。2012年，北京以软件、网络及计算机服务为代表的信息网络产业总收入为3888.1亿元，占整个文化创意产业九大行业总收入的37.7%，为收入最多的产业类型。上海、深圳在软件、网络及计算机服务行业实现的收入分别为2169.6亿元（2013年数据）和1082.8亿元（2010年数据），在收入总额层面均不及北京。体现了北京在聚合科技信息资源、软件开发资源、计算机技术资源，发展优势文化创意产业，提升创新能力和竞争力方面的优势（见表6-4）。

表6-4　软件、网络及计算机服务收入合计　　　　　单位：亿元

年份	北京	上海	深圳 *
2013	—	2169.60	—
2012	3888.1	1973.57	—
2011	3342.5	1815.92	—
2010	2816.3	—	1082.8
2009	2297.0	—	—

数据来源：各市统计局。说明：深圳为通信设备、计算机及其他电子设备制造业数据。

（二）网络游戏产业增长速度较快

网络游戏产业是新兴的产业类别，与文化科技资源的结合较为紧密。由于网络游戏产业在产业的发展中，基于自身的产业渗透性和延展性，形成了较为完善产业链，在当代娱乐产业中具有重要支柱性的地位，产生了良好的经济效益和社会效益，为世界许多国家和城市所青睐。我国在"十二五"规划中，明确提出要大力发展包括动漫游戏产业在内的文化产业，推动文化产业成为国民经济的支柱型产业。近年来，北京大力发展网络游戏产业，随着国家网络游戏动漫产业（北京）发展基地、中国动漫城（石景山）等动漫基地的落地以及原创动漫企业的鼓励和扶持，北京的网络游戏产业发展迅速，完美世界等一批游戏网络动漫企业脱颖而出。2011年，北京的网络游戏产业产值为130亿元，2012年达167亿元，比2011年增长29%。上海也是网络游戏

产业较为发达的地区，2011 年上海网络游戏产业年产值达 149 亿元，2012 年年产值为 187 亿元，同比增长 25.3%。可以说，与上海相比，北京的网络游戏产业产值在年增长速度层面与上海相当，但在产值总额层面略逊于上海，在产业影响力、竞争力层面与上海存在一定差距。

（三）创意设计产业发展迅速

创意设计产业是以创意设计为核心，围绕文化艺术、工业制造、广告会展等领域为对象，充分整合技术、文化、工业等资源，以保护和利用知识产权及其营销为主要商业活动的产业类别。创意设计注重"以技术、艺术、价值观为核心的辐射扩散"，着力于提高产品附加值和产业竞争力，推动创意设计产业的发展，在提升相关产业产品和服务附加值的同时，也有利于促进形成新材料、新能源、新设计、新工艺、新产品、新市场的产业链，在"加强对城市传统产业改造，促进城市产业结构升级，延续城市文脉，提升城市的文化品格"等方面有积极意义。❶

近年来，北京的设计服务行业发展迅速，2009—2012 年一直保持高速增长的发展态势，年收入从 2009 年 245.3 亿元，快速增长至 2012 年的 443 亿元。2012 年北京设计产业总收入突破 1000 亿元。2012 年，联合国教科文组织正式批准北京作为"设计之都"加入全球创意城市网络，为推进"设计之都"建设，北京市在 2013 年 10 月制定并公布实施了《北京"设计之都"建设发展规划纲要》。上海和深圳分别在 2010 年和 2008 年加入全球创意城市网络，成为"设计之都"。从产业规模来看，上海、深圳创意设计产业的发展要强于北京。2012 年上海市工业设计总产出为 527.29 亿元，建筑设计业的总产出为 1235.63 亿元，占整个文化创意产业总产出的 25.91%。❷深圳设计产业的发展速度也较快，从 2003 年至 2008 年的 5 年中，总产值年增速达 16.7%。在众多设计行业中，工业设计的实力最强，规模产值占据了全国约 50% 的市场份额。这一数据体现了北京在发展设计产业、建设"设计之都"的过程中，设计能力、设计水平和设计产业规模还有待进一步提高。

---

❶ 潘鲁生：《设计产业与城市发展》，《深圳大学学报》2010 年第 2 期。
❷ 叶薇：《创意设计助推上海产业转型》，《新民晚报》2013 年 8 月 27 日 A3 版。

（四）电子出版行业数种多

电子出版行业作为新兴的产业形态，是传统印刷行业之外的类型。它体现了文化行业与计算机、信息处理和通信等技术发展的结合，在产业业态上表现为电子图书、电子期刊、电子报纸及各种软件读物等。由于电子出版行业在传播和使用上具有信息容量大、体积小、易保存、便于携带、检索方便等优点，且伴随着网络社会的发展，电子出版物拥有了大量的读者，人们的阅读习惯、收藏习惯等在新兴的电子出版物的冲击下也发生了相应的改变。正是因为电子出版行业展现了较强的生命力，它的出现被称为"继活字印刷术后出版业的又一次革命"。

北京和上海作为文化机构和科技机构较为发达的城市，在全国电子出版行业的发展中居于绝对领先的优势。从出版的种类占全国的总比重来看，虽然自 2009 年以来，呈现出略下降的趋势，但总比重仍占到了 70% 以上，2009 年为 76.94%，2010 年为 75.61%，2011 年为 75.31%，2012 年为 72.87%。但从北京与上海两个城市的对比来看，近年来，北京的电子出版行业呈现出总体基数大，但发展速度放缓的趋势，而上海则与之相反，呈现出总体基数小，但发展速度较快的特征。以 2012 年为例，北京的电子出版物种类为 7983 种，约占全国的 67.53%，而上海为 632 种，约占全国的 5.35%，可以说在总量上北京比上海具有优势。但是从发展趋势来看，2009—2012 年，北京电子出版行业的平均增长速度为 1.07%，而上海则为 8.38%，展示了上海在推动传统出版与信息技术融合发展层面的后发性优势。

（五）数字影视产业年均增长较快

数字影视产业和数字艺术产业，在网络通信技术的强力支撑下迅猛发展，展示出了巨大的发展潜力和广阔的市场前景。数字影视产业作为"数媒经济"的重要行业，"通过产业链和产业关联，对前向、后向关联产业具有明显的拉动作用"，在 135 个产业部门中，影视产业与 12 个产业部门有联系紧密的后向关联，与 18 个部门有前向关联。❶ 由于数字影视产业在繁荣城市文化生活，带动城市经济发展转型等方面具有重要意义，北京市在《北京市"十二五"时期现代产业建设发展规划》中，指出加快广播影视业高端化发展，重点推进建设数字电视产业园、构建广播影视节目营销网络、加强国际影视传播平台建设。

---

❶ 李岚、罗艳：《加快经济发展方式转变与广播影视产业发展研究》，《现代传播》2011 年第 9 期。

目前，北京市在30个市级文化创意产业集聚区中，有5个涉及数字影视或数字娱乐业，分别为北京数字娱乐产业示范基地、中国（怀柔）影视基地、宋庄原创艺术与卡通产业集聚区、中国动漫游戏城、中国乐谷—首都音乐文化创意产业集聚区、北京音乐创意产业园等，其中中国（怀柔）影视基地曾被评为"中国最具投资价值创意基地"（2007年）、"中国最具影响力传媒产业集聚区"（2009年）、"中国现代服务业集聚区投资环境20佳"等。从城市对比的角度来看，上海拥有的影视基地（含）数量多于北京，上海为13家，北京为5家。从产业规模来讲，北京的影视产业收入近年来呈现出快速增长的趋势，2010年前11个月收入总值为109.55亿元，2013年为226.51亿元，年平均增长率约为35.59%；但与上海相比，仍有一定差距。2012年上海影视产业对经济生产的贡献约为533亿元，显示了上海在发展影视产业层面的巨大优势和竞争力。

（六）文化装备制造业优势明显

文化装备制造业是指用于满足人们的文化消费娱乐需求，制造可供文化生产、传播、消费、播放、娱乐设备的行业。从类别来分，文化装备制造业可分为资本密集型、技术密集型和劳动密集型等。文化装备业是文化生产、文化传播、文化消费的物质基础，强大的文化装备制造业，不仅有利于推动文化产业的升级换代，也有利于充分培育和挖掘文化市场潜力，扩大文化消费，助推经济发展方式转型。

北京是文化装备制造业较为发达的城市，汇集了大量数字视听、智能终端、数字出版、数字娱乐等领域的设备设计和制造单位，其中印刷业和记录媒介的复制业、文教体育用品制造业是文化装备业的主要行业，在促进文化科技资源融合发展、催生新型业态等方面，发挥着基础性的支撑作用。从北京与上海、广州等一线城市的比较来看，在印刷业和记录媒介的复制业领域，北京比其他城市具有明显的数量规模优势，2008—2012年，北京在该领域一直保持1600家以上的产业规模，而上海、广州等城市均不足500家，体现了北京在出版印刷、视听设备制造、新闻制作、影视制作等方面具有的产业吸引力。与长沙等二线城市相比，北京及其他一线城市的优势更为明显。在文教体育用品制造业领域，2008—2012年北京、上海、广州等一线城市的制造业数量呈现出下降趋势，但北京仍然比上海、广州等其他一线城市在数量上占优，总体数量保持在330家以上，而上海在2012年已不足150家，广州则不足100家，二线城市长沙的拥有量则不足 10 家。两类数据的反差体现了一些文化科技含量较高的产业类别，在北京等城市发展中的作用越来越大，而一些文化科技含量较低的产业类别在城市发展中正在经历着逐步的淘汰和转移，说明文化科技资源融合发展作为城市发展新的动力，正推动着文化产业的升级与换代。

（七）文化科技园区实力雄厚

文化科技园区是我国文化产业发展的重要载体，园区的确立与发展旨在通过强化管理、规划引导、政策扶持，推动文化产业的规模化、专业化、集聚化发展，为文化产业的发展确立示范性的效应，增进文化科技资源融合创新对城市发展的驱动。

北京在推动文化科技资源融合发展的过程中，较为注重文化科技园区或集聚区对经济发展的促进作用，出台了《北京市文化创意产业集聚区认定和管理办法（试行）》《北京市文化创意产业集聚区基础设施专项资金管理办法（试行）》等文件，以此来规范园区的发展，凸显园区的集聚效应，增强园区的核心竞争力。在 2004 年以来文化部先后命名的五批 266 家国家文化产业示范基地中，涉及文化科技类的北京入选 12 家，上海入选 9 家，天津 4 家，广州 7 家，深圳 3 家。仅从数量来看，北京是入选园区最多的城市，这说明在以园区建设为载体搭建文化科技融合发展平台和建构文化科技产业（产品）孵化体系的过程中，北京走在全国城市的前列，且由园区所形成的产业群落，对完善城市基础设施及发挥园区集聚效应的市场网络有积极作用，体现了园区在推动文化科技资源融合和经济发展方式转型中的促进作用。

但是，从批次数量的稳定程度来看，上海、广州、深圳较为平稳，在第一批、第二批、第三批、第四批、第五批等各批次中，上海入选园区数量分别为 2、2、1、2、2，广州入选园区数量分别为 0、2、2、2、2，深圳入选园区数量分别为 0、1、1、1、0，体现了自 2004 年以来上海、广州和深圳三大城市在促进文化科技资源融合过程中有良好的产业持续性和生长性。天津在五个批次入选的园区数量分别为 0、0、0、2、2，说明天津在 2010 年后文化科技资源融合的程度与水平得到提升。北京与其他城市相比，突出的特点是在 2008 年之后，文化科技资源融合发展的态势呈现出爆炸式的提升，这鲜明地体现在第四批和第五批入选的园区数量分别为 5、4，是前两个批次和上海等其他城市的 1 倍，说明在 2008 年金融危机之后，北京的文化科技产业取得了突破性进展，作为新的经济增长点，成为首都经济抗危机、促发展、保稳定的重要力量。

从整体来看，北京在以文化科技资源融合推动产业发展和经济发展转型的过程中，体现了对文化与科技资源的聚合和融合能力，在产业规模、经济效益以及载体构建等层面均具有领先优势。同时也应认识到，上海、广州、深圳、天津等城市也展示了自身在文化科技资源融合及文化科技产业集聚方面的能力，且在某些方面能够与北京形成强有力的竞争，这也说明了文化与科技的融合创新发展正在成为全社会转型发展的动力。

四、首都文化科技资源融合发展存在的问题

首都文化与科技资源在融合发展过程中，其对城市的驱动效应日益增强，与其他城市相比，在某些行业或领域取得了一定的竞争优势，但也存在制约文化科技资源融合创新发展的体制机制和深入推动文化科技资源融合发展的障碍。这些问题主要体现在以下方面：

第一，制约文化科技资源融合发展的体制机制依然存在。

深入推进文化体制改革是首都面临的重大问题，目前，首都文化体制改革面临的障碍既有我国文化体制改革亟须解决普遍性的因素，也有城市自身的特殊因素。一方面，普遍性的因素是由于历史等多方面原因，对文化、科技的管理是由广播影视、新闻出版、文化、科委等多部门组成，这就导致了部门之间的职能交叉与重叠，同时也易造成管理的缺位和真空。尤其是在文化与科技的融合发展日益紧密的时代背景下，文化的科技化、科技的文化化催生出了许多新的文化科技行业和产业类别，对这些行业的管理面临着政出多门、权责不明、职能重叠、推诿扯皮、效率低下、条块分割等问题。网络游戏作为文化科技融合创新发展的典范性行业，在发展过程中，文化部出台了《网络游戏管理暂行办法》、新闻出版总署出台了《互联网出版管理暂行规定》《出版境外著作权人授权的电子出版物（含互联网游戏作品）审核制度》《关于加强对进口网络游戏审批管理的通知》，广播电视电影总局出台了"网络游戏不得改编电视剧"的禁令。这一文化行政管理体制从表面看是各负其责，但在实际操作中不

利于对网络游戏的统一有效管理，已经成为阻碍网络文化产业发展的障碍。❶
另一方面，北京作为首都城市，需要在全面推动首都文化大发展大繁荣的基础
上，发挥首都全国文化中心示范作用。这就意味着首都的文化体制改革，需要
全面筹划、谨慎操作，既应在实践中积极探索，又应在经验成熟的前提上有计
划地推广，以保持文化发展的稳定性，这就在一定程度上延缓了首都文化体制
改革的创新型发展。

第二，支撑文化创新发展的科技支撑尚待挖掘。

在文化与科技的融合发展中，文化是内容载体，技术是文化创新发展的支
撑，促进文化与科技的融合，能够提升文化的表现力和感染力。当前，首都的
文化科技产业虽然取得较大进展，但关键技术对文化发展的支撑性作用仍没有
充分发挥，科技在文化领域的应用仍不充分。在影视产业的发展中，由于数字
绘图技术、渲染技术、3D 转制技术、高帧率拍摄技术等长期为国外公司垄断，
首都影视产业虽在产业运营中运用此类技术，但应用的水平不高，有时需向国
外公司支付巨额专利费或请国外公司代为制作。2008 年北京动画片产量共 7380
分钟，2012 年达到 9952 分钟，4 年中约增长了 34.85%。但从技术层面来看，
动画片的科技含量不高，很难有几部或一部能与国外动画如《功夫熊猫》《守
卫者传奇》等相媲美的作品。因此，在相对缺乏科技支撑的背景下，从整体来
看，北京文化创意产业的某些行业仍处于产业链的低端，可视化产品科技化的
水平较低，科技对文化创新的支撑与支持仍有待进一步挖掘。

第三，拉动文化科技资源融合发展的品牌企业缺乏。

企业是文化科技资源融合发展的重要载体。北京虽然比其他城市拥有较多
的文化科技机构和咨询机构，但从企业发展规模和影响力来看，仍缺乏有世界
影响力的品牌企业。在 2012 年罗兰贝格公司选出的世界 50 强文化企业中，大
连万达文化产业集团是唯一一个入选的北京企业，以涵盖影视、综合文化场所、
平面媒体、演艺内容的总计约 30 亿美元年营业收入排名第 37。❷ 相比之下美国、
日本、德国和英国是入选企业和城市较多的国家。这一案例说明，在文化科技
融合发展的过程中，首都文化科技企业的品牌化程度与国际其他城市相比仍有
较大差距，体现了首都乃至我国的文化科技融合发展水平尚处在低级阶段，文
化科技企业的规模化水平不高、专业化水平不强，对资源整合利用的能力差，

❶　杜晓：《网络游戏管理仍面临部门协调难题》，《法制日报》2010 年 8 月 12 日第 004 版。

❷　来源：罗兰贝格公司大中华区官方网站，http://www.rolandberger.com.cn。

因此，在以品牌企业带动行业发展乃至行业、城市的国际化水平的驱动效应有限。

第四，促进文化科技资源融合发展的软环境亟待净化。

文化科技企业的发展既需要核心技术的研发和文化创意的涌现，也需要促进和保护文化科技融合发展的氛围。这种氛围主要是指推动文化科技融合发展的政治、经济、社会、法律环境，在文化科技产业发展的过程中发挥着保证、引导、激励、规范与约束功能。❶文化科技产业，是一种高知识性、高附加值且易复制的产业类别，因此以法律手段加强对知识产权的保护是促进文化科技融合发展的有效手段。目前，首都地区知识产权案件频发，2008—2012年期间，北京市检察机关针对侵犯知识产权犯罪案件依法批捕878件1363人，提起公诉1533件2163人。❷根据统计，北京知识产权案的数量在2012年已占全国的21%，成为我国知识侵权的重灾区。2013年3月，在北京市公布的十大知识产权案中，涉及文化科技类的共有5件，分别是"韩寒诉百度文库侵害著作权案""《次仁卓玛》摄影作品著作权案""两个'途牛'商标侵权及不正当竞争案""微软软件著作权案""'狼蛛'（Tarantula）魔术作品著作权案"。❸而长达2年之久的四大国际唱片公司与北京搜狐互联网信息服务有限公司、北京搜狗信息服务有限公司的数字音乐版权纠纷案在2013年最终得到解决，成为"我国音乐作品著作权保护的一个重要案件"。一系列有关知识产权的纠纷，体现了首都地区在促进文化科技资源融合发展的软环境亟待净化。盗版与非法下载泛滥，"剽窃、抄袭"和"强占作品"现象频发，说明全社会对知识产权保护的意识不强，且在维权的过程中成本过大，致使健康、有序的知识产权保护的软环境没有建立，知识产权保护还没有真正成为推动文化科技资源融合发展的"利器"。

第五，保障文化科技资源融合发展的人才队伍结构性失衡。

人才是推动文化科技资源融合发展的重要保证。文化科技资源融合发展，既需要国际知名度高的文化创意人才，又需要有一定技术背景，且能将文化科技资源融合在一起，实现科技文化化和文化科技化的职业经理人、文化创意人和高级技工师。首都地区在文化科技资源的融合发展中，能将文化与科技相融

---

❶ 魏潾：《关于经济软环境的基本理论研究》，《学术交流》2004年第9期。

❷ 徐日丹：《北京：侵犯知识产权犯罪呈六特点》，《检察日报》2013年4月20日第001版。

❸ 刘虹蕴等：《2012年北京法院十大知识产权典型案例》，《电子知识产权》2013年第3期。

合的人才的结构性失衡，成为二者融合创新发展的重要障碍。虽然北京与其他城市相比，拥有明显的科技、文化优势，但文化与科技复合型人才的供给与需求之间严重失衡。在动漫及多媒体行业中，虽然相应的教育机构、培训机构提供的人才数量在近些年呈现出快速发展的态势，但在产业的发展中人才储备供给结构性短缺仍较为严重。"据了解，业界需要的人才是 15 万~20 万，而每年能够提供的合格人才仅为 1 万人左右，随着动漫产业的发展壮大，这个缺口还会不断加大。"❶ 在 2013 年 10 月北京地区发布的相关需求信息中，对动漫游戏设计（含开发、原画、美术、动作、特效、界面、程序等）等有文化科技知识相关背景的需求数量为 33707 人，占总需求的 71.15%，而所需游戏策划、测试、推广、销售等人员的比重总和不足 30%。❷ 这体现了随着产业升级及文化业新态的出现，产业队伍的知识结构和产业运行机制已发生了根本性的改变，文化科技的"复合型人才"的结构性短缺已经成为制约推动首都产业融合发展和地区创新发展的"短板"。

五、推动文化科技资源融合发展的对策建议

为充分发挥首都文化科技资源优势，推动首都文化科技资源融合创新发展能力、创新驱动能力，实现首都"双轮驱动"发展战略和科技文化创新之城建设。根据以上梳理的相关问题，本书提出以下建议。

第一，打破体制束缚，加强部门的统筹与协调。

进一步解放和发展生产力，加强和促进文化科技资源融合创新发展，充分发挥市场对文化科技资源融合发展的导向性和推动性作用，需要从体制上打破部门之间的壁垒，充分加强部门之间统筹与协调。北京作为首都和全国文化中心城市，应在积极稳妥的基础上，在文化体制改革层面发挥示范和带动效应。一方面，首都应积极转变发展理念，树立大文化的发展理念。大文化观的核心在于文化科技资源与其他领域的融合，在这一理念日益深入的情况下，相关责任部门应提高思想认识，提高理论认识和对时代新动向的把握能力。另一方面，首都应充分发挥首都城市的示范带动作用，尤其在京津冀一体化发展的宏观背景下，应在积极稳妥的基础上，打破部门之见、区域之见、体制之见，增

❶ 龚亮：《北京文化创意人才遭遇到什么？》，《光明日报》2011 年 11 月 23 日第 015 版。

❷ 李建盛：《北京文化发展报告（2013—2014）》，社会科学文献出版社，2014，第 84 页。

进部门之间的统筹与协调，探索部门之间的合作与联动机制，整合各方力量，发挥各自优势，推动首都文化科技资源的融合创新发展。

第二，加强技术创新，构筑文化科技成果应用体系。

推动科技在文化创新中的应用，不仅有利于科技成果的转化，也有助于将文化资源更多地转化为文化资本。为加快科技文化化和文化科技化的发展进程，应加强科技研发，加大对科技创新的扶持力度，鼓励和支持文化科技企业成为科技创新的主体，增强企业本身在技术创新领域的研发能力和市场竞争力，依靠技术创新掌握市场竞争的主动权。同时，技术创新的目的在于为文化资源的转换提供支撑，因此，只有将技术创新与文化创意充分结合，才能摆脱文化资源、科技资源在融合发展过程中"两张皮"的现状。为实现首都文化科技资源的融合创新发展，首都应充分发挥中介机构资源丰富的特点，通过完善中介服务和组织，为科技成果的转化和文化资源的转化提供必要的产品研发平台、信息传播平台、金融融资平台、产品交易平台等，在资源、企业和市场三者的互动中，推动文化科技资源的协同发展与创新，进而提升首都的整体创新能力。

第三，打造"文化航母"，提升企业对资源的整合力。

提升文化科技资源的融合度和文化科技产业的竞争力，需要一批在国内外具有影响力的文化企业。首都北京与国内其他城市相比具有一定的优势，但在国际市场的竞争力，"文化航母"的缺失不利于首都文化软实力的提升。针对品牌企业缺乏的实际状况，其一，首都应进一步优化市场发展环境，政府通过简政放权，减少对市场运作的性征干预，充分发挥市场对资源的优化配置，以市场的优胜劣汰促进文化科技的并购与重组，增强企业的发展实力。其二，企业应拓宽视野，在产业经营上力图实现跨所有制、跨媒介、跨行业、跨地区、跨国界的资源整合。❶ 对首都地区而言，出版、信息网络等产业具有较大发展优势，因此，首都的文化科技企业应进一步抓住京津冀一体化的发展优势，通过体制改革和企业管理创新，引入其他产业的发展力量，以规模化带动专业化，以集团化带动集约化，在整合区域发展资源的基础上，提升本身在国际市场上的影响力。

第四，加强知识产权保护，优化资源融合创新发展的内外环境。

---

❶ 杨滟：《北京期待"文化航母"——北京文化创意产业发展策论》，《北京日报》2010年3月22日第018版。

良好的发展环境，是激发企业整合资源、改革创新的重要保证。针对首都知识产权侵权案例频发的现状，在优化推动文化科技资源融合发展的外部环境中，应根据文化科技资源和文化科技产业的类别特点，进行有针对性的保护。首先，对行业本身来说，加强自身的知识产权保护意识，尤其是游戏、动漫、影视作品等容易遭受侵权的行业，在严格规模行业发展的基础上，通过知识产权产权的保护与开发，拓展产品的产业链，提高市场的占有率。其次，对行业发展的外部秩序而言，需要相关责任部门加大执法力度，完善相关的法律法规，严格保护科技创新和文化创意的相关产权，从法律层面鼓励和支持以知识产权为核心的文化、科技发展。制定更完善的影视相关知识产权保护法规，加强打击侵权行为的执法力度，鼓励影视制作业的发展。最后，充分发挥知识产权保护平台的作用。近年来，中介平台在知识产权维权的过程中发挥着越来越重要的作用。2013 年 6 月，北京地区的中国出版集团公司、央视网、北京电视台、百度、新浪、金山、歌华等 70 余家传媒机构联合成立了"首都版权联盟"，旨在加强行业间的联系，形成"互动互补"机制，共同抵制侵权盗版活动。这一联盟的成立，既可以为文化科技行业提供信息和咨询服务，又能够将行业的呼声汇集起来，有助于联合起来向有关行政部门反映、查询，提出建议。

第五，培育复合型人才，为文化科技资源的融合创新发展提供智力支持。

人才是实现文化科技资源融合创新发展的关键，没有人才的智力支持，首都的"双轮驱动"战略和创新型城市建设就难以实现。根据首都文化科技资源融合发展中存在的问题，既要注重人才队伍的培养，增强自身的"造血功能"，又要加大人才引进的力度，通过"输血功能"加强对文化科技资源的整合和创新能力。其一，利用首都地区高校、科研院所、科研机构众多的特点，探索产、学、研、用的人才培养体系。充分发挥高校文化、创意、科技孵化器的功能，结合高校或产业园区的文化园、科技园，把知识传授与产品研发能力的培养相融合，在理论的教学与实践教学中，培养复合型的人才队伍。其二，树立人才的市场导向。文化科技产业本身是产业化的运作，在市场化、产业化的发展过程中，坚持以需求为导向的发展原则，利用首都网络信息平台影响力大的优势，及时发布相关需求信息，通过高职位、高薪酬吸引国内外的文化复合型人才，在世界范围内优化人力资源配置。

第七章　首都文化科技商务旅游融合发展的资源优势分析：文化与商务

文化资源与商务资源的融合创新发展，是推动文化经济快速发展的必然要求。商务，有广义和狭义之分。在广义的层面上，商务是指一切与商品买卖有关的商业事务，而狭义的商务是指商业或贸易。文化商务，作为文化与商务相结合的产物，是充分利用文化资源和商务资源，以文化产品的生产经营为目的而从事的各类与文化有关的产品、节目、信息等的交易或消费的经济活动。文化商务资源的结合，证明了在现代商业活动的发展过程中，人类的消费需求已经从物质层面扩大到精神文化层面。文化参与城市的经济活动，由此商品的内涵和外延也具有了文化和精神的性质。同时，由于文化在城市商务活动中的渗透，也使一些商务街区的文化品位和形象得到提升。

近年来，首都较为注重文化资源与商务资源的融合发展。为了进一步推动文化与商务的融合，扩大文化消费，催生文化新业态，2013年12月，北京市文化局、北京市商务委员会研究制定了《关于促进文化与商务融合加快发展新型文化业态的实施意见》，意见确立了推动首都文化商务融合发展的指导思想、基本原则和发展目标。指出挖掘和整合首都的文化、商务资源，以文化推动商务活动的发展品质，以文化消费促进首都外向型经济的发展，到2020年努力实现与首都作为全国文化中心地位相匹配的，与建设中国特色世界城市的目标相一致的现代文化商贸服务体系，建成服务全国、辐射世界的国际文化商贸中心。这一目标的提出，不仅从制度建设层面强化了文化与商务资源融合发展的关系，也为文化商务融合的发展实践指明了新的发展方向。上海、天津、广州等城市，是文化商务资源和文化商务活动较为集中的城市，在梳理北京文化与商务资源融合发展的过程中，与上述城市进行对比，能够明确首都文化商务资源的优势和发展现状，并在总结首都文化商务资源融合发展中存在问题的基础上，对加快首都的融合创新发展提出对策建议。

一、文化商务资源融合对首都社会经济发展的意义

文化商务资源的融合是现代文化经济发展的需要。文化经济作为 20 世纪中叶出现的重要实践，与消费文化理念的兴起不无关系。在这一理念的传播与渗透下，精神文化产品的生产与消费逐渐代替物质产品的生产与消费成为经济发展的主流。"这种需求转型反映出文化在经济发展中的地位和作用越来越重要，以文化与经济相互结合的形态成为社会经济发展的主流，人类社会发展正在逐渐走向'文化经济'时代。" ❶文化经济时代的悄然来临，进一步推动了文化与商务资源的融合性发展，对首都社会经济的发展而言，这一融合的意义体现在以下三个方面。

在国际层面，推进首都文化资源与商务资源的融合发展，是提升城市发展软实力的重要路径。文化经济时代的到来，意味着文化与商务资源的结合日益紧密，文化逐渐在商务活动中参与到经济发展的运行轨道之中。斯科特指出：城市文化与经济的融合不仅是最具活力的发展领域，是当代世界城市化进程中的显著特征，且在新的资本主义文化经济中发挥着"堡垒"性的作用。"在这种语境下，文化与经济之间许多错综复杂的交互作用处于不断运动之中。地方文化有助于塑造城市内部经济活动的特点；同样，经济活动也成为特定地点文化生产与创造能力的动力要素。" ❷世界许多城市都充分挖掘文化的经济价值，利用多种途径探索文化资源与商务资源的融合方式，以提升城市的文化软实力。如赫尔辛基围绕"光之力"统筹城市商务活动，大力发展商务会展、观光等文化行业；纽约以"百老汇"的演出为依托，大力发展文化商业会演。正是在这一背景下，首都加快文化资源与商务资源的融合创新发展，构筑与建设中国特色世界城市目标相匹配的现代文化商贸服务体系，是首都积极推进城市国际化进程、融入国际城市文化体系并参与国际城市竞争的重要途径。

在国家层面，推进首都文化资源与商务资源的融合发展，是充分发挥首都城市示范作用的必然要求。党的十八大报告提出，以改善需求结构、优化产业结构为重要内容的经济结构的战略性调整，是加快转变经济发展方式的主攻方向。围绕这一目标，北京市委在第十一次党代会中提出，将完善城市现代国际商务功能，加快高端商务服务区建设，拓展文化商务发展空间，扩大首都文

---

❶ 林宗：《文化经济论的时代意义》，《思想战线》2006 年第 1 期。

❷ 艾伦·J. 斯科特：《城市文化经济学》，董树宝等译，中国人民大学出版社，2010，第 6 页。

化消费作为今后五年的工作目标之一。当前，我国居民实际文化消费规模为10388亿元，仅占居民消费总支出6.6%。首都2012年人均文化消费（含教育）3696元，占实际消费支出的15.37%，高于全国消费水平。但从文化消费综合指数（含文化消费环境、文化消费意愿、文化消费能力、文化消费水平、文化消费满意度）来看，首都北京与上海等城市相比，仍有一定差距，其中上海为86.0，略高于北京的84.5，天津和广东等省市分别为80.5和80.3。这一数据说明，在优化文化消费环境，培养人们文化消费意愿，提高人们文化消费能力等方面，首都仍有待进一步提升。文化消费是促进文化商务资源融合发展的主要手段，进一步提高首都的文化消费水平，并由此扩大内需转变发展方式，对首都发挥全国文化中心示范效应有积极作用。

在城市发展层面，推进首都文化资源与商务资源的融合发展，是培育新的经济点的重要途径。以新的产业形态助推城市转型发展，是当前首都城市社会经济发展追求的目标。在几十年的发展过程中，首都经历了以工业型、投资型为主导的发展范式，在新的时代背景下，落后的工业形态逐渐淘汰，产业升级与换代的压力日益加大。当前，产业间的融合发展成为新的趋势，文化与商务资源的结合能够催生新的产业类别，如商务会展、文化贸易、演艺等，且一些原有的商业形式，如商业街区、老字号等在逐渐与文化融合的发展过程中，展示出了新的文化魅力和经济功能，已成为城市发展的重要力量和新的经济增长点。因此，加快首都城市文化与商务资源的融合发展，有助于提升文化经济在整个国民经济中占有的比重，改善经济增长方式和发展方式，推动首都社会经济可持续发展。

文化商务资源的融合，作为首都城市发展的重要内容，体现了城市发展的新思维、新模式和新战略，标志着文化经济已经成为新的发展动力，展示了文化与商务之间存在的互动关系。在这一互动中，文化积淀与文化资源不断转化为富有商业价值的文化产品，商业产品或传统商业模式在文化的融入下，品质也得到了不断提升。

二、文化与商务融合发展的支撑资源

文化资源与商务资源的融合发展，是社会经济发展的重要方向和内容。它一方面体现在文化经济作为一种新的经济形态，成为统筹城市文化、商务等资源融合发展的新的力量；另一方面体现在文化商务资源的融合发展，也是充分探索文化经济化和经济文化化发展的重要途径。在首都城市文化商务资源融合发展的过程中，根据资源的属性，大致可以将支撑文化商务融合发展的资源分为三大类：文化资源、商业资源和中介机构。

（一）文化资源

文化与商务融合发展中的文化资源，是具备可以从事商业化活动或商业特质的文化资源。在经济的发展过程中，能够体现这一特质或能充分推动文化资源商业化开发的文化载体，大致包括演艺机构及设施、会展机构及设施、书刊出版等。

演艺机构竞争压力大。演艺机构和团体是文化商业化运作的重要主体。随着文化体制改革的逐步深入和转企改制步伐的逐步加快，一批文化事业单位以商业化运作的方式参与到市场竞争中。从数量上说，北京的演艺机构自2008年以来始终维持在30多家，基本保持稳定。上海、广州等其他一线城市在演艺机构的增长量上近年来呈现出快速增长的发展态势。上海自2008年以来，演艺机构虽经历了2009年和2010年两年的低谷发展期，但经过2010年、2012年两年的增长，在数量上已达到138家，超过了2008年的拥有量。广州在2008—2010年演艺机构的数量维持在一个较低的发展层面上，但2011年后数量激增，在2012已达到50家。因此，无论是从数量还是增长率来看，北京均不及上海和广州，彰显了上海、广州两大城市的文化活力和发展优势。与二线城市长沙相比，北京、上海、广州等一线城市优势明显，彰显了一线城市对资源的吸纳能力。（见表7-1）

表7-1　部分城市演艺机构数量一览表　　　　　　　　　　单位：家

年份	北京	上海	广州	长沙
2008	33	107	17	12
2009	35	77	18	12
2010	35	89	17	12
2011	35	102	63	12
2012	35	138	50	9

数据来源：各市统计局。

影剧院数量众多。影剧院是城市重要的文化娱乐场所，是商业展演活动的重要载体，作为城市基础性公共文化设施的重要组分，影剧院的多寡直接影响到文化活动的开展。近年来，首都以影剧院为主要内容的公共文化设施数量不断增多，已由 2008 年的 160 家增加至 198 家，年平均增长率为 5.9%。上海在影剧院数量的年平均增长率上保持了较高的水准，约为 10.1%，高出北京纸头 4 个百分点，但在绝对数量上落后于北京，2012 年仅为 139 家。天津、深圳、西安和长沙等城市在数量上均不足 100 家，天津、西安和长沙等城市与北京、上海等城市相比在影剧院的绝对拥有量上都更低，这体现了北京作为全国文化中心城市，比其他城市具有更完善的文化娱乐实施，更多的文化生活以及对商业汇演及发布的吸引力。（见表 7-2）

表 7-2 部分城市影剧院个数一览表 单位：个

年份	北京	天津	上海	深圳	西安	长沙
2008	160	29	99			
2009	150	37	90			
2010	182	27	86			
2011	193	29	105			
2012	198	29	139	88	31	10

数据来源：国家统计局。

会展机构及设施优势明显。会展业是会议业和展览业的总称，是一种新型的商业形式和经济形态。在第三产业的发展中具有"综合性强、关联性大、收益率高"的特点，"对调整结构、开拓市场、促进消费、加强合作交流、推动经济持续快速健康发展发挥着重要作用。"❶ 会展业伴随着国家的改革开放和北京市社会经济的发展而得到逐步壮大，形成一定的规模。目前北京的会展室所由 2009 年的 5585 个发展至 2012 年的 5720 个，会议室的使用面积，从 2009 年的 74.7 万平方米增长至 81.6 万平方米，展览室的使用面积从 66.5 万平方米增长至 67.1 万平方米。作为一线城市的上海也是会展业相对发达的城市，可举办展览的八大场馆的总面积为 20 万平方米。从面积和场馆规模来看，北京比上海更具有发展会展业的基础和优势。（见表 7-3）

❶ 中国国际贸易促进委员会、北京国际会议展览业协会等编：《北京会展业发展报告》，对外经济贸易大学出版社，2010，第 3 页。

表 7-3　北京会展基础设施一览表

	2012	2011	2010	2009
会议室	5720	5693	5679	5585
会议室使用面积（万平方米）	81.6	80.4	78.9	74.7
展览馆面积（万平方米）	67.1	65.0	67.6	66.5

数据来源：北京市统计局。

期刊出版全国占优。期刊杂志的商业化运作，是期刊杂志参与市场经济活动的重要方式。为了适应现代社会的发展需要，现代商业杂志具有定位上小众化、视觉上图片化、经营上集团化等特点。❶我国随着文化体制改革的逐步深入，期刊出版逐渐摆脱原有的体制束缚，开始与现代商业相结合。从发行的种类看来，北京借助首都城市的发展优势，成为许多期刊杂志发行的总部基地，在拥有的数量上北京由于借助首都优势，杂志众多，内容丰富，无论在种类还是发行量上在全国都具有绝对性的优势。2008 年，北京的期刊种类为 2898 种，上海、广州两个城市的期刊种类之和仅为 914 种。与二线城市长沙相比，北京、上海等一线城市的优势较为明显，从数量来看，2012 年长沙杂志出版的种数为 245 种。从总体来说，北京、上海、广州、长沙四个城市的期刊种类的数量尽管都呈现出一定的上升趋势，但从总量而言，北京拥有的决定性优势是其他城市不可比拟的。

（二）商业资源

商业资源究其本质而言，是以商业贸易为核心内容的资源。本书的论述中，对商业资源的理解与使用，在秉承商业资源本质性特征的基础上，注重商业资源的文化特征，展示商业与文化融合发展的趋势。从种类来看，具有文化特质的商业资源，大体包括以下三种：从事经济活动的文化、体育和娱乐单位；具有特色的商业街区；老字号、企业总部等。

从事经济活动的文化、体育和娱乐业单位数量众多。文化参与经济活动说明能够围绕文化生产进行资源配置。文化是扩展现代经济的重要组成部分，"现代文化不再仅仅是社会经济发展的精神动力和智力支持，它已作为一个独立的

---

❶　宋革新：《解读中国现代商业杂志》，《出版发行研究》2005 年第 3 期。

经济成分和产业升级标志而成为经济现代化的重要组成部分"❶。它的主要载体是从事各种经济、商业活动的企业法人，主要分布在文化、体育和娱乐业。北京是文化、体育和娱乐业较为发达的城市，单位数量超过了 1000 个，从业人员在 2012 年达到 15.5 万人，比 2008 年增长了 12.3%。与上海相比，北京在这一领域有着巨大的资源优势和发展优势，2012 年上海从事经济活动的文化、体育和娱乐业的人员数量仅为 6.5 万，与上海的 15.5 万人相比，将近有 9 万人的差距，显示了北京有较为发达的文化商业性活动和城市文化经济的发展活力。（见表 7-4）

表 7-4　从事经济活动的文化、体育和娱乐业单位数

年份	北京		上海
	单位数（个）	从业人员（万人）	从业人员（万人）
2012	1262	15.5	6.5
2011	1209	15.1	5.8
2010	1143	13.8	5.6
2009	1137	14.3	5.1
2008	1155	13.8	5.8

数据来源：各市统计局。

　　特色文化商业街区建设相对匮乏。特色商业街区是城市商业文化的集中体现。作为现代经济的重要形式，特色文化商业街区既融合了商业发展活动，又凸显了街区的文化特色，形成了以文化体验和产业交易为主的发展格局。在文化与商业的互动中，在经济、市场、消费等多重因素的共同推动下，"街变身为展现城市景观、商业文化，表达城市精神、社会文化的重要窗口，完善城市职能、塑造城市形象的重要手段"❷。特色文化商业街是北京作为国际商贸中心建设的重要内容，经过十几年的发展，目前北京已发展出 26 条市级特色文化商业街，在类型上形成了以与古都风貌结合、体现北京历史文化和传统商业文化的商业街区；传承中国文化、享有很高知名度的特色市场和特色街区；时尚元素比较丰富、体现国际化大都市形象的商业街；体现现代生活方式，展示新北

---

❶ 叶南客：《当代文化经济一体化的生成动因与实现途径》，《江海学刊》2004 年第 4 期。
❷ 张世标：《商业街发展模式探索》，《现代商业》2013 年第 2 期。

京新形象的街区协同发展的建设格局。在其他一线城市中，上海、广州、天津等城市在数量上明显超过了北京，其中，上海有 50 条，以具有悠久的商业贸易传承和历史文化底蕴的老街、餐饮休闲娱乐街区、服装服饰小商品商业街、其他专业或市场类特色街为主；天津有 50 条，主要以综合性商业街、餐饮类商业街、文化旅游商业街、特色商品零售商业街、其他类等为主；广州有 50 条，以传统历史文化商业街、商业步行街、现代商贸金融街、餐饮小吃商业街、专业类商品批发街区等为主。数量的差距，体现了上海、天津、广州等城市文化的发展比北京更为多元和富有特色。

　　"老字号"数量丰富。"老字号"作为传统商业文化的瑰宝，从历史上看，在漫长市场竞争中有着成功的经营实践；从品牌上看，有着良好的社会声誉；从服务上看，有特色的产品和优质的服务。加强与保护"老字号"的发展，不仅有助于发扬老字号的经营思想、服务观念、质量意识、商品特色，对于繁荣商品市场具有重要的现实作用，而且"有利于保持和发扬历史性城市独具特色的风貌，扩大城市的文化含量"。❶为了充分发挥"老字号"在现代市场经济中的功能性、情感性和价值性的作用，商务部于 2006 年出台了"中华老字号"认证规范，并于 2006 年和 2010 年分两个批次公布了入围名单。北京历史文化悠久，是传统商业字号集聚的城市之一。目前在商务部对"老字号"认证的两个批次中，北京以 79 家仅次于上海的 99 家，在所有城市中居于第 2 位，在数量上超过其他城市：天津 45 家、广州 17 家、长沙 14 家、西安 11 家。从两个批次认证的数量悬殊程度来看，上海比北京、天津、广州等城市更为均衡，上海两个批次的入围名单数量分别为 52/47，而北京则为 67/12，天津为 30/15，广州为 13/4，西安为 8/3，长沙为 9/5。这既说明，不同的城市可供转化的传统文化资源数量不同，也体现了"老字号"在经过现代市场开发与利用的过程中，城市之间存在意识层面的差异。北京虽然为首都城市，在将"老字号"这一文化资源转化为文化资本的过程中，上海比北京更善于挖掘传统商业文化资源。

　　企业总部经济发展略有不足。企业总部是支撑文化商务融合发展的重要资源。知识经济的兴起，使技术、信息、人才等知识要素成为企业、城市和国家发展的关键。随着现代物流及工业生产的区域性转移，企业总部"通过规模效应、产业带动效应、知识外溢效应、学习效应等，对加快中心城市产业结构优

---

❶　单霁翔：《重视老字号的保护与发展》，《中国文物科学研究》2006 年第 4 期。

化升级，提高经济发展质量和效益，提升城市服务功能，增强区域参与国际竞争的能力"等层面具有积极意义。❶尤其是随着文化产业的快速发展，总部经济不仅为文化产业的规模化、集约化发展提供了方向，也为文化产业的布局优化和形态创新提供了实践路径。自 2004 年之后，北京市一直倡导总部经济，2008—2009 年度，北京共有企业总部 694 家，2009—2010 年度发展为 712 家，是拥有企业总部和总部经济较为发达的城市之一。但是与上海相比，则有明显不足。2008—2009 年度上海有企业总部 835 家，2009—2010 年度发展为 889 家。从内部构成来看，北京与上海的差距主要体现在外国总部数量北京不及上海。2008—2009 年北京的外国总部有 534 家，而上海有 727 家，相差 193 家；而发展至 2009—2010 年度，这一差距扩大至 199 家。这彰显了上海比北京具有更高的国际化程度，更强城市经济活力和吸引力。

（三）中介资源

经纪机构支撑力强。文化商务资源的融合发展需要作为中介的经纪机构的支持，尤其是在国内外文化交流日益增多以及文化活动对宣传、营销具有需求的状况之下，专业性经纪机构的出现，是充分挖掘文化资源以及文化机构主动适应市场，与国际通行的经济代理制度接轨的重要表现。演艺行业是经纪代理最为典型的行业活动之一，演艺经纪有助于艺人摆脱旧有体制的束缚，激发创作能力，为演艺事业的拓展和延伸提供平台，从而实现演艺及其演艺业商业价值的最大化。❷目前，北京市拥有全国最多的演艺经纪机构，登记注册的经纪机构共有 1818 家。强大的中介机构，不仅有助于为商业演出提供更为专业化的服务，也提升了各类文化活动经济收入和商业影响，在北京发挥国家文化中心城市向心力和吸引力的过程中承担着不可忽视的作用。

通过以上梳理和分析，支撑文化商务资源融合发展所需的文化、商务及其中介资源中，北京、上海等一线城市，比广州、天津、长沙、西安等城市聚集了更多的资源，显示了文化中心城市对文化、商务资源的储备和吸引能力。北京与上海两城市相比，上海在与偏商务资源层面与北京形成了强劲竞争力，如商业"老字号"、企业总部等，体现了上海作为全国最大的经济中心在文化商务资源融合发展中的资源优势。

---

❶ 赵弘：《知识经济背景下的总部经济形成与发展》，《科学学研究》2009 年第 1 期。
❷ 赵宁宇、杨紫苏等：《中国演艺经纪公司调研报告》，《当代电影》2012 年第 5 期。

三、首都文化商务资源融合发展的行业类型及规模

文化商务资源的融合彰显了可持续发展对文化经济化和经济文化化的必然性要求，以文化内容为主导的经济形态成为当代城市发展的主流。在这一时代背景下，文化不仅成为提升商业产品附加值的重要手段，实现增加文化行业本身的造血功能，而且扩展了现代经济活动，带动了社会经济等各个方面的变化。首都在文化商务资源的融合发展过程中，基于文化商务资源的发展优势，在融合过程中文化贸易总额快速增长，行业多元化的趋势增强，驱动了首都城市经济的创新发展。

从总体来看，文化贸易是文化商务资源融合发展最为直接的体现。2006—2011年，北京的文化贸易状况发展迅速，文化贸易进出口额由12.65亿美元增至26.79亿美元，年复合增长率达到16.2%。其中，文化贸易出口额由6.75亿美元增至13.96亿美元，年复合增长率为15.6%；文化贸易进口额由5.90亿美元增至12.83亿美元，年复合增长率为16.8%。❶2012年北京的文化贸易继续保持快速增长，进出口总额为30.54亿美元，同比增长15.55%。但从全国范围来看，北京的文化产品的进出口总额并不占优。上海2012年文化贸易进出口总额已达168.79亿美元，体现了上海在文化"走出去"过程中所具有的"桥头堡"的功能和地位。

从行业发展来看，北京由于市内的消费市场较大以及作为全国文化中心的引领性作用，使北京在文化行业的发展层面呈现出一定的比较优势。

会展业规模与效益增长较快。会展业是现代市场经济的产物，它是"以城市基础设施、产业结构、消费结构和文化软环境等为基础条件，通过专业化运作主体、市场化运作方式和专业化运作手段，以在城市举办的展览和会议为载体"的现代商业化活动。❷会展业不仅能以其场地租金、门票收入、展览装修设计为城市或地区带来直接的经济效益，也能推动城市和区域基础设施及其他相关设施的建设。北京与上海是会展业较为发达的城市，在接待会议和展览的个数上两个城市均位于全国前列，但相比较来看，北京在会展业的规模和效益等层面略强于上海。2011年上海共接待展览674个，其中国际展览227个，而北京2012年接待展览为1059个，其中国际展览为281个，在绝对数量上北京超过了上海，且北京承接会展的数量增长率也较高，2009—2012年3年间的年平均增长率约为3.83%。会展基础设施的完善及承接较多的会展数量和与之相应

❶　北京市商务委员会服务贸易处：《北京文化贸易发展情况报告》，中国服务贸易指南网。

❷　涂成林、陈仲球、易卫华：《会展：现代城市发展的杠杆》，中央编译出版社，2008，第27页。

的参会/展览人数的增加，体现在经济效益上即表现为会展业收入的持续攀升。
2009年北京会展业总收入为1308600万元，2012年增长至2507206万元，年平
均增长率约为30.5%。其中，国际会议的收入约占会议收入的7.3%，国际展览
收入约占展览总收入43.9%，国际收入占总收入的比例超过20%，显示了北京
会展业具备了一定的国际影响力。（见表7-5，表7-6）

表7-5 北京承接会展状况一览表

会议情况					
	年份	2012	2011	2010	2009
接待会议（个）	总个数	277487	283453	256771	220932
	国际会议	7403	7993	5912	5084
接待会议人数（万人次）	总人数	1882.8	1947.0	1731.3	1348.9
	国际会议	73.7	70.5	78.0	54.8
展览情况					
接待展览个数（个）	总个数	1059	1313	1196	1097
	国际展览	281	322	291	252
	展览面积1万（不含）平方米以下的展览个数	865	1140	1056	983

数据来源：北京统计局。

表7-6 北京会展业收入一览表　　　　　　　单位：万元

年份		2012	2011	2010	2009
会展总收入		2507206.1	2229634.8	1724839.5	1308600.0
会议收入	总收入	1378457.9	1253964.1	957404.6	713853.1
	国际会议收入	100469.2	96245.9	101217.5	37419.7
展览收入	总收入	959336.5	832870.5	703779.9	551250.5
	国际展览收入	421151.5	351955.1	343766.0	275740.4
奖励旅游收入		169411.7	142800.2	63655.0	43496.4

数据来源：北京统计局。

　　演艺业发展平稳。演艺业在宏观的产业分类中属于"文化艺术服务业"，
随着转企改制的不断深入，越来越多的剧团等专业演艺机构以市场化和商业演
出的形式，实现自身的创新发展。首都作为演艺机构较为集聚和文化设施较为
完善的地区，在演艺业的市场容量和市场需求等层面彰显出一定的规模效应。

从收入来看，北京演艺的收入尽管有上线浮动，但在整体上呈现出上涨趋势，2008—2012 年的 4 年间，总额增长了 12407 万元，年平均增长率为 7.5%，体现了首都演艺市场有较大的市场空间和发展前景。从市场消费的情况来看，北京与上海演出市场的观众数量大致相当，2012 年北京演艺业观众数量为 1204 万，上海为 1247 万，说明北京与上海的市民均有较高的文化消费热情。但从演艺业的演出频率来看，上海的演艺更为频繁。在场次的总量和增长率层面，2012 年北京为 12675 场，比 2008 年约增长了 11%，而上海为 27977 场，比 2008 年约增长 52.4%，这一数字差距说明上海的演艺市场更具活力，在争夺首演、在国内外拓展市场空间等方面北京面临着上海的强劲竞争和压力。（见表 7-7）

表 7-7　北京、上海演艺业场次及观众数量一览表

年份	北京		上海	
	场次（次）	观众数量（万）	场次（次）	观众数量（万）
2012	12672	1204	27977	1247
2011	11757	1173	21356	1043
2010	10983	1108	19753	1036.7
2009	10131	863	15763	1012
2008	11417	877	18361	727

数据来源：各市统计局。

广播影视业增速快。广播影视业是近些年发展较为迅速的一种产业类型，尤其是随着我国社会主义市场经济在各个行业的逐步渗透，商业化的视听产业得到快速发展。广播影视业作为视听产业的重要类别，本身具有的文化消费性，能够将"广播影视消费和人类自身的发展有机地结合起来，可以满足受众精神文化需求，提高生活质量，推动全民素质的提升，增强从业者的创新能力，促进经济社会全面发展"❶。因此影视产业在国家发展战略中，被赋予助推产业经济发展转型、增加和带动其他产业的文化附加值、协调社会经济发展的作用。北京较为重视广播影视产业的发展，也是广播影视产业较为集中的城市。近年来，北京的广播影视产业呈现出快速发展的态势。2009 年，北京广播影视产业的总收入为 86.3 亿元，至 2013 年已激增至 226.5 亿元，增长了约 162.5%，年平均增长率约为 40.6%，超过了同期的金融、餐饮、旅游、印刷等行业的增长

---

❶ 李岚、罗艳：《加快经济发展方式转变与广播影视产业发展研究》，《现代传播》2011 年第 9 期。

速度，是增长速度最快的行业，显示了广播影视产业的市场活力。

在广播影视产业中，电影产业是重要产业形态。在电影商业化发展的过程中，电影充分发挥了其本身的"影响力经济"效应，将审美、娱乐、宣传教育、商业活动相融合，实现经济效益和社会效应的统一。作为广播影视产业的核心性资源之一，"电影的故事、人物、明星、形象、品牌等资源还会被文化娱乐传媒业挖掘利用娱乐内容的再生产，使作为核心资源的电影形成更大的影响力"❶。北京是中国电影产业重要的生产基地，全国近乎一半以上的电影是在北京生产，且由于消费市场较大，北京的电影票房在全国所有城市中连续多年排名第一。2009 年至 2013 年，北京电影票房分别为 2.9 亿元、9.9 亿元、11.5 亿元、13.3 亿元、16.3 亿元，实现连续 5 年稳定增长。同期上海的电影票房为 2.7 亿元、9.4 亿元、10.9 亿元、13.2 亿元。仅从票房的收入来看，北京高于上海，但从增长的速度来看，上海在近年呈现出快速增长趋势。2009 年，上海与北京的电影票房相差 4.2 亿元，但 2012 年仅相差 0.1 亿元，几乎与北京持平，显示了上海在发展电影产业层面的后发实力。

期刊印刷出版发展稳定。印刷出版是文化经济的重要活动，承载着信息传递的作用。随着改革的不断深入，我国印刷出版行业的市场化程度逐渐提高，商业化运作模式不断完善，使出版行业越来越向多元化、开放化的方向发展。北京借助首都城市优势，集中了一大批国家级期刊，从种类数量来看，北京的期刊种数是全国最多的，2012 年达到 2064 种。总印数是体现期刊发行数量最为鲜明的指标。在这一层面，北京地区的期刊印刷出版优势最为明显。2006—2012 年北京地区期刊杂志的总印数呈现出稳定增长的态势，总印数从 2006 年 8.29 亿册，增长至 2012 年的 10.31 亿册，6 年中约增长了 24.4%。与之相反，上海、广州期刊杂志的总印数在近年总体上则呈现出下滑的趋势。2006 年上海期刊杂志总印数为 1.83 亿册，广州为 1.83 亿册，至 2012 年分别递减至 1.82 亿册，1.72 亿册。北京与上海、广州在期刊印数层面的此长彼消，说明北京作为首都城市具有其他城市难以比拟的平台和影响力。

从整体来看，在文化商务资源融合发展的过程中，北京充分了发挥了首都城市功能，利用国家机构或设施集中的便利条件，在会展业、影视制作、期刊出版等行业中，形成了具有其他城市难以比拟的影响力。但在对外文化贸易这一层

---

❶ 刘藩：《电影产业经济学》，文化艺术出版社，2010，第 19 页。

面，与上海相比，北京有不小的差距。2011 年我国首个国家级对外文化贸易基地落户上海，充分显示上海在文化商务及文化经济一体化发展中的领先性优势。

四、首都文化商务资源融合发展存在的问题

首都文化商务资源的融合与创新，推动了首都文化经济的发展。文化经济不仅成为首都社会经济发展中独立的经济部分，也促进与推动了产业的升级。但是由于制度与实践层面的不完善、不健全，首都文化商务资源的融合发展还存在多方面的制约与束缚，主要体现在以下方面。

第一，文化商务融合发展的体制机制改革仍显滞后。文化商务资源的融合，既是将文化资源充分转化为文化生产力的必然要求，也是以文化来提升商务发展品质和经济创新能力的有效途径。但是文化与商务的融合发展，在管理的体制机制上仍不完善，缺乏总体的协调机制。文化商务从产业经济发展的层面来说，涉及面广、综合性强，各要素分属不同的部门管理、条块分割管理、各为其政、职责不清等现象较为严重。"相关职能部门的分设不利于政府机构和职能的整合，不利于简政放权，不利于打破严重制约文化产业发展的行业化分割。"❶党的十八大后，国家提出通过转变政府职能、理顺内部关系，以大部制改革来促进社会经济全面发展。在落实这一精神时，北京市于 2014 年初正式启动将北京市广播电影电视局、北京市新闻出版局合并为新的北京市新闻出版广电局，但与天津市、上海市、重庆市、山西省、江苏省等其他省市相比略显滞后。❷对于文化市场较为发达、文化经济活动较为频繁的首都北京而言，在体制机制改革层面的滞后，不利于文化商务资源融合发展以及管理部门之间的沟通与协调。

第二，文化市场培育不完善，市场配置资源的能力没有充分发挥。文化商务资源的融合发展，究其本质而言是一种经济形态，需要发展市场在资源配置中的作用，尊重和鼓励文化企业作为独立的主体在市场竞争中充分发挥其对资源整合的能力。对北京而言，文化商务资源的融合发展，是建设与中国特色世界城市的目标相一致的现代文化商贸服务体系，建成服务全国、辐射世界的国际文化商贸中心的重要内容，符合北京的城市功能定位，且文化商务资源融合发展所催生的新型文化业态已在首都的社会经济发展中发挥着重要的作用，但

---

❶ 郭全中：《80 余项改革大多都是"硬骨头"》，《中国新闻出版报》2014 年 3 月 20 日第 001 版。

❷ 于华鹏：《"文广合并"深化 6 成地市完成》，《经济观察报》2013 年 1 月 28 日第 004 版。

由于改革的不彻底以及市场化水平仍处在发展阶段，以行政干预来助推文化发展的色彩仍较为明显，企业对"政策红利"的依赖度较高，❶且由于市场体系不统一，从而在整体上制约了文化企业能动性的发挥与创造，企业作为市场主体在推动企业本身跨区域、跨行业的集团化的发展依然面临如何市场化的问题。

第三，文化"走出去"的步伐较慢，国际化水平不高。积极利用一切可以利用的资源，是推动文化商务资源融合发展的途径之一。从首都文化商务发展的实践来看，其一，总部经济的规模与层次仍有较大提升空间，这主要表现在首都与其他国际城市相比较而言，对国际企业总部的吸引力仍有不足。《北京经济发展报告》指出："尽管北京总部经济发展已初具规模，聚集的世界 500 强企业总部仅次于东京，但与纽约、东京等国际大城市相比，在拥有的总部企业数量、总体规模、经济贡献等方面还存在较大的差距。"❷因此，具有较强融合发展能力与水平的国际企业对首都文化商务资源的融合发展所起到的作用有限。其二，文化贸易的国际化程度不高。文化贸易是文化商务的重要组成部分，推进对外文化贸易和文化"走出去"，提升文化贸易的国际化水平，是文化生产具有活力的体现，也是推动开放型经济转型升级的有效途径。北京的文化贸易虽然增长较快，但从全国排名情况来看，并不占优，这其中的原因既包括文化企业整体实力不强，缺少具有国际影响力的"文化航母"，又包括外向型的文化企业和文化中介机构偏少，使北京的文化经营主体在对外交流和文化推广中的渠道相对贫乏。

第四，财政和金融的支撑体系尚不完善。文化商务资源的融合发展需要财政和金融的强力支撑，这不仅是文化商务所代表的文化经济在国民经济中地位提升的需要，也是通过财政金融导向引导经济资源配置的重要手段。目前，在财政金融支撑文化商务资源融合发展的过程中，逐渐探索出了新的信贷模式、基金发展模式、洽商平台、众筹模式等，但政府主导的色彩依然很浓，如文化创新发展基金要求政府可以通过股权投资的形式参与到企业运作，虽然这样可以保证国有资产的保值增值，但政府参股在某种程度上又必然影响到企业的发展战略和管理经营。此外，民间资本数额较大，但进入相关产业领域的障碍依然存在。如商业剧团的国有和民营之分以及国家财政对国有剧团的演出的财政补贴制度，直接影响

---

❶ 王吉鹏：《仅靠政策红利难以释放文化产业活力》，《中国企业报》2013 年 12 月 10 日第 G02 版。

❷ 张静华：《提升北京总部经济发展能力的对策研究》，《北京经济发展报告》，社会科学文献出版社，2012，第 102 页。

到民间资本进入市场的积极性。因此，完善财政和金融的支撑体系，充分尊重企业作为文化商务融合发展的主体性地位，破除民间资本进入的障碍，充分释放经济发展的活力，是促进文化商务融合发展亟待解决的问题。

五、首都文化商务资源融合发展的路径与措施

首都文化商务资源的融合发展，不断增强文化与商务融合发展的动力，是实现首都社会经济发展转型的重要任务。为加快首都文化与商务资源的融合，积极引导社会各界参与文化与商务融合发展工作，本文根据以上梳理出的问题提出以下建议。

第一，深化体制机制改革，积极探索新形势下的管理模式。随着改革进入深水期，难度和困难也越来越大，打破体制和机制上的束缚，从顶层设计的层面，加强制度建设，明确改革时间表，并明晰部门职责，将改革视为文化商务融合发展最大的红利。相较于其他城市，北京作为首都城市既有一般城市的发展特征，也有其自身的特殊性，即文化与其他要素的融合发展，要坚持经济效益和社会效益的结合，在充分实现文化商务商业化运作的同时，要保证文化的价值导向，因此，对文化商务的融合发展，应该在减少行政干预与充分发挥企业主体间把握一种平衡，实现文化经济发展与文化价值导向的互利共赢。

第二，完善市场体系，构建融合服务平台。完善的市场经济体系是文化商务资源融合发展的重要载体。文化市场体系的建立，一方面，在于培育独立的、合格的文化市场主体，尤其是要根据首都的文化优势和功能特点，发展一批低能耗、环保的高端文化企业，打造能够引领时代潮流和行业发展的具有国际影响力的"文化航母"。不但应通过推动与促进文化商务资源的融合发展，催生新的文化业态，如动漫游戏、网络演出、艺术品网络交易等，拓展文化商务融合的产业链和产品服务，且应充分挖掘传统文化商业的价值，将首都"老字号"企业的品牌效应、文化效应与现代文化和商业理念充分结合，增强"老字号"的文化传承力和影响力。另一方面，发挥企业的市场主体地位，还意味着政府应通过简政放权，积极转变自身职能，因此以企业为主体的市场竞争，需要一个可以依托的公平、开放、透明的市场规则。政府可以通过公布权力清单，从制度上规定政府的审批范围与权力，通过政府权力的缩减，尽可能地发挥市场的决定性作用。

第三，增加国际文化商务交往，加快开放步伐。文化商务资源融合发展同样

需要文化企业自身的创新与创意，只有在增强自身文化创造能力的基础上，才能实现文化企业的跨越式发展。进一步增强首都文化商务的国际化水平，其一，应积极转变人才、技术和经营的管理理念，以一种更加开放和包容的态度，吸收和借鉴国外城市在融合发展中的优秀经验和发展成果。其二，大力培育和发展中介结构，拓展文化经营主体在文化"走出去"和文化"引进来"过程中的渠道，鼓励国内文化企业对海外市场的开拓，同时也支持国内文化企业参与境内外的一切展会和促进活动，举办各种文化专场、与国外设立文化年等活动，搭建首都文化走出去的平台。其三，打造现代文化商务交易平台和现代文化商务流通网络。积极利用首都已有的交易平台，如中国（北京）国际服务贸易交易会、中国北京国际文化创意产业博览会、中国艺术品产业博览会等，扩大首都高端展会的国际影响力，推动与促进国际展会之间的交流与合作。充分发挥首都总部经济的文化商务优势，以重大的文化商务项目的建设为重点，以完善服务设施。

第四，完善金融财政支撑，营造良好的外部环境。文化商务的融合发展既有内在的因素，也需要财政金融领域的外部支撑。完善财政金融对文化商务融合发展的支撑体系，关键是加强财政金融政策的科学化。其一，通过简政放权，尽可能地降低行政对企业经营的干预，加大市场是企业资源配置的调节力度。从总体而言，以文化商务为代表的首都文化经济的发展尚处在初步发展阶段，一定程度的金融财政干预是必要的，但干预过多势必影响企业的正常运转，因此通过精简政府机构，把经营管理权下放给企业，是财政金融支持效果发挥最大化的必要条件。其二，加强财政金融支持对象的针对性。文化商务的融合发展，催生出众多产业形态，其需求有较大差别。由于行业垄断和改革的不彻底性，民营企业和中小企业相比国有文化企业更需要财政和金融的支持，且在激发市场活力和增加就业等层面，民营和中小企业的作用与优势明显。因此，对需要的对象进行有针对性的帮扶，才能起到真正的促进作用。其三，创造公平的环境。公平竞争是市场经济的重要发展，由于民营和中小企业的先天不足，在市场竞争中国有垄断性文化企业在贷款等方面具有优先性，从而造成民营和中小企业不能在资金等方面获得支持，使国有垄断性文化行业和民营、中小企业不是在同一个层面展开市场竞争。所以在制度和实践层面调整信贷政策，为中小企业营造公平的信贷环境，才能释放民营和中小企业的创造力，吸引和盘活民间资本。

第八章　首都文化科技商务旅游融合发展的
资源优势分析：文化与旅游

　　文化旅游的融合发展，是文化与旅游发展的新趋势，作为旅游消费市场出现的新动向，文化旅游具有很大的市场潜力，二者的融合创新发展，不仅有助于提升旅游的文化品质和文化内涵，而且能够推动文化、旅游的可持续发展。国内许多城市均注重文化旅游产业的发展，北京、南京、上海、西安、天津等城市在文化与旅游的融合发展层面有着较为丰富的实践。首都具有丰富的文化旅游资源，促进首都文化旅游资源的融合，可以在加快首都城市社会经济文化创新发展的基础上，提升首都城市文化发展的影响力。在分析首都文化旅游产业发展的同时，与其他城市进行对比，进一步彰显首都文化旅游的发展优势。

一、文化与旅游资源融合发展对首都社会经济发展的意义

　　第一，有助于提升首都旅游的国际竞争力。随着国际交往的更加频繁，旅游已经成为推动国家文化交流的重要动力。20 世纪 80 年代以来，文化旅游作为旅游业的主要形式开始在国际旅游市场中得到发展。在日趋激烈的国际竞争中，富有特色和内涵的旅游资源、旅游设施、旅游服务是提升城市自身竞争力的重要途径。

　　首都城市的竞争是高端城市的竞争，而文化与旅游的融合发展，不仅代表了一个国家、城市的资源整合能力，而且能够体现城市文化经济的发展水平。首都北京正处在建设中国特色世界城市的道路之中，而这一目标的建设需要文化旅游的支撑，一方面，文化旅游本来从属于中国特色世界城市建设，是城市文化发展的重要组成部分，富有特色和内涵的文化旅游，是提升中国特色世界城市发展的重要动力，也是特色世界城市文化多样性的重要体现；另一方面，文化旅游也是推动首都文化走出去的重要内容和方式。构建中国特色的世界城市，要向世界展示新的北京形象，在这一过程中文化与旅游结合，就是通过对

旅游资源文化内涵的挖掘，赋予固态的旅游资源以生命力，使其转为文化资本，并以一种新的形式参与到当代社会经济文化活动中。

第二，有助于提升首都国内旅游发展的综合实力。国内经济发展方式的转型以及人们对文化精神生活需求的日益增长，21世纪以来国内文化旅游市场开始得到重视和发展，并且文化旅游有效推进了国内旅游业的发展。

随着国内旅游市场的火爆，国内各城市之间旅游市场的竞争日趋激烈，文化旅游在保护性开发各民族地区文化特色、丰富完善旅游产品的内涵及价值等层面作用明显，且能够推动以文化创意产业为代表的文化经济的发展与繁荣，促进地区经济结构的转型与发展。首都旅游业从总体来说，属于都市旅游的范畴，尤其是伴随人们对民族地区异域风情喜好的增加，都市旅游在特色化、差异化等方面与民族地区相比并不具有明显的优势。因此，通过加快文化与旅游业的融合发展，实现以文化增强旅游业发展的特色化、差异化，注重旅游文化体验的内容建设，有助于充分挖掘和释放首都旅游丰富的文化潜能，在某种程度上能够促进文化资源向文化资本的转化，能够有效提升首都文化旅游的竞争力、吸引力，在国内旅游市场的竞争中以质量和内容取得优势。

第三，有助于实现首都旅游业的发展转型。从宏观上来说，首都社会经济的发展正处在一个转型发展阶段，首都"十二五"规划指出，以创新驱动促进经济发展方式转型是城市应对人口资源环境挑战、实现持续健康发展的根本之路。

在首都城市的发展转型中，作为首都整体发展的重要组成部分的旅游业发展同样需要进行发展方式的转型。转型方向是由过去单纯增加旅游目的地和旅游设施数量的外延式发展，向以注重文化体验的内涵式发展进行转变。旅游业发展转型的动力源于文化与旅游的融合，在融合发展中，旅游由一种经济性很强的经济活动转变为具有经济特质的文化活动，在旅游活动中，旅游者由传统意义上的观光者转变为一种文化的体验者。所以，加快首都文化与旅游的融合发展，从管理的角度而言，能够有效促进旅游产品的开发和经营，盘活和利用文化资源，使首都以产业转型带动城市转型，以产业创新促进城市跨越式发展。更为重要的是，首都作为文化、旅游等资源较为集中和丰富的城市，率先实现文化旅游的融合发展，在提升首都文化和旅游业发展质量的同时，能够有效发挥首都在全国发展方式转型中的垂范意义。

第四，有助于在新形势下的创新创业。以大众创业、万众创新为主要内容的"双创运动"推动了文化旅游产业领域创新发展。2014 年，《国务院关于促进旅游业改革发展的若干意见》的发布，提出着力围绕转型升级、提质增效，推动旅游产品向观光、休闲、度假并重转变，满足多样化、多层次的文化旅游消费需求；推动旅游开发向集约型转变，更加注重资源能源节约和生态环境保护，更加注重文化传承创新，实现可持续发展；推动旅游服务向优质服务转变，实现标准化和个性化服务的有机统一。随着需求的多样化以及良好创新创业环境的培育，文化旅游业日益顺应网络时代大众创业、万众创新的新趋势，在线旅游等文化旅游项目蓬勃发展。如途牛旅游与首都航空探索开展的所有旅游项目，整合双方优势，开创"机票 + 地接"打包产品航企合作新模式。

二、首都文化旅游融合发展的支撑资源

文化旅游资源从种类和类型上来讲，划分方式不同，数量也会有所差异。如根据旅游资源本身的基本属性划分，可以分为历史文化旅游资源、历史文化展览资源、现代文化休闲资源三大类；根据旅游资源管理级别来分，可以分为世界级旅游资源、国家级旅游资源两大类；根据活动内容可以划分为游览鉴赏型、知识型、体验型、康乐型等。由于北京市文化旅游资源的丰富性以及与其他城市分析比较的需要，本书对文化旅游融合发展支撑资源的梳理，在综合以上分类标准的基础上，以世界级文化遗产、国家级旅游资源和乡村特色旅游资源、中介资源为主要分析路径。

（一）世界级文化遗产国内数量最多

世界文化遗产在世界文化保护与传承中处于最高级别，作为联合国教科文组织一项旨在促进各国和各国人民交流、保护和恢复人类共有遗产的文化项目，世界文化遗产在发展文化多样性、传承与保护优秀历史文化方面发挥着重要作用。同时，世界文化遗产也有着独特的自然和人文景观，在文化旅游开发等方面具有极大的价值，使旅游成为世界文化遗产保护与发展的多赢平台。❶在世界文化遗产拥有的数量上，北京与其他城市相比，具有较大优势。北京 7处，西安 2 处，天津 1 处，南京 1 处。从遗产的文化内容来说，北京拥有的文

---

❶　孙九霞：《旅游：世界文化遗产保护与发展的多赢平台》，《旅游学刊》2012 年第 6 期。

化遗产极具代表性，不仅是一个城市优秀的文化遗产，在某种程度上也是中国传统文化的优秀代表。这些文化遗产在承担传承和弘扬传统文化的作用的同时，也发挥着旅游休闲的作用。北京故宫是世界上最大、最完整的古建筑群，是中国优秀传统文化的结晶。"2012年，故宫已成为世界上唯一一个每年接待游客超1000万人次的博物馆。"❶这一事实充分说明，北京在依托世界级文化遗产发展文化旅游方面有着西安、天津等其他城市不可比拟的优势。

（二）国家级旅游资源丰富

国家级旅游资源在资质上是由国家相关部门核准的能够开发为或已经开发为旅游目的地的各种事物。国家级旅游资源是一个城市的优质旅游资源，作为能够代表一个城市旅游吸引力和文化魅力的景观性资源，具有观赏休息、历史文化等价值和作用。我国在国家级旅游资源的认定方面分为五级，目前，北京共有评A的旅游景区（点）213家，天津共92家，南京共53家，西安共62家。从数量来看，全国5A级景区共批复155家（截至2013年5月），在国家5A级旅游资源的拥有数量上北京与西安相同，都是7家，约占全国的总数的4.5%，不及南京的9家。数字的差异说明南京作为"六朝古都""十朝都会"在长期的历史文化发展中，有着较为深厚的文化积淀和底蕴，在发展现代文化旅游业的过程中历史传统文化资源为其提供了强有力的支撑。从入围的类别属性来看，几大城市均以历史文化资源为主，但北京奥林匹克公园的入围，在一定程度上体现了北京在发展现代文化旅游业的过程中，在充分挖掘、转化与利用传统历史文化资源的同时，开始注重现代文化旅游资源的培育。从5A级景区占其所在市的A级景区的比重来看，北京在几大城市中并不占优。北京为3.29%，不及南京的16.98%和西安的11.29%，高于天津的2.17%，这说明，北京虽然在优质文化资源的总量上占优，但在优质文化资源的开发和利用上仍有一定欠缺。

（三）乡村特色文化旅游资源稳定发展

乡村旅游是与城市旅游相对的一种概念，乡村旅游的出现源于人们在快节奏的城市生活中，为追求一种不同于城市的文化体验而进行的一种文化活动。北京在现代化的城市发展中，通过政策扶持与积极引导，发展现代乡村旅游

---

❶ 王传涛：《故宫游客世界第一，服务也该争第一》，《工人日报》2013年12月11日第003版。

业。从总体来看，北京的民俗村约 189 个，在数量上相对稳定。而民俗观光园则由于城市现代化和城市化的加快，在数量上有所起伏，2009 年北京市有民俗观光园 1294 个，2010 年和 2011 年分别为 1303 个和 1300 个，2012 年在数量上则有一定降低，减少至 1283 个，但在总体上仍然保持在一个较高的发展水平上。

（四）中介性资源储备全国领先

文化与旅游资源的融合发展，需要中介的推动。这一推动集中体现在旅行社作为在市场环境中经营文化与旅游的主体，引领着市场观念等方面的变化。"旅游经济对社会、文化、环境的影响重大，表现在大规模的旅游经济活动，使社会信息得到充分的交流，从而传播了现代文明，促进了各种社会关系的协调及进步。"[1] 在推动文化旅游资源融合及带动相关文化旅游产业发展的过程中，首都重视以旅行社为中介的资源性建设。2009 年首都共有旅行社 819 家，至 2013 年发展至 1147 家，年均增长率为 10.01%。从数量来看，首都在旅行社的绝对拥有量上远超过其他城市，南京 535 家（2012 年数据）、西安 393 家（2012 年数据）、天津 347 家（2013 年数据）。首都丰富的中介性资源为首都文化旅游的融合发展提供了强有力的支撑，也直接带动了首都文化旅游业及相关产业的发展。

从整体而言，北京发展文化旅游具备较为雄厚的资源。世界级的文化遗产、文化资源远高于全国其他城市，这说明北京在建设国际交往中心、有中国特色的世界城市，加强与世界其他城市交往等方面具有其他城市不可比拟的优势。但从国内的发展而言，对国家级文化旅游资源的开发和利用方面，北京与其他城市相比，在以文化旅游促进全国文化中心建设、城市建设等层面整体优势仍较为明显。乡村旅游资源的开发，一方面有助于发掘和利用农村的文化资源，另一方面也有助于首都的文化多样性建设。中介性资源作为推动文化与旅游在市场中运行发展的重要支撑，在现代产业融合发展的过程中作用越来越明显。

三、首都文化旅游资源融合发展相关行业的发展规模

首都文化旅游的融合发展，有效促进了首都文化旅游资源的整合和开发，

---

[1]　李英：《旅行社是现代旅游业迅猛发展的支柱》，《合作经济与科技》2012 年第 4 期。

对相关行业的带动作用也日益突出。从整体来说，由于文化旅游业是一个旅游业、交通客运业和以饭店为代表的住宿业为重点支撑的行业，以追求经济效益为主要目标，在产业发展规模上集中体现在旅游总收入、游客人数、住宿业等层面。

（一）旅游总收入处于第一阶梯

旅游收入代表一个地区文化旅游产业的繁荣程度和发展水平，较高的旅游收入不仅可以体现出一个地区和城市拥有优质的旅游资源和高品质的服务水平，而且说明该地区在旅游发展方面有较高的知名度、美誉度、旅游人气。从全国范围来看，旅游收入就总量而言，可以划分为几大阶梯，北京、上海、广州等城市位于第一阶梯，旅游总收入达 3000 亿元以上；广州、重庆等旅游总收入在 2000 亿元左右，武汉、杭州、南京等在 1000 亿元。从 2012 年全国部分城市的旅游收入排名来看，北京为 3626.6 亿元，在总量上稍低于上海，但与广州、南京、西安等城市相比总量优势明显，这也进一步说明了北京作为全国文化中心城市在通过发展文化旅游带动城市发展层面上具有的优势。

（二）旅游接待人数位居全国第二

旅游接待人数是一个城市和地区在发展旅游产业中的客流量，它具体体现为旅客的流动。从几大城市旅游接待人数的总量来看，基本与年度旅游总收入呈现出的排名一致。上海、北京领先于其他城市，在全国旅游目的地的选择中处于全国前列。其中，上海 2012 年接待旅游人数为 25894 万人，北京接待旅游人数为 23500 万人。相比之下，广州、南京等城市则不足 20000 万人，说明游客在选择旅游目的地时，一线的文化中心城市更具有吸引力。同时，也应注意到，北京与上海两大城市相比，北京接待的旅游人数略逊于上海，说明同为一线中心城市，上海在发展文化旅游层面比北京更有优势，更具有产业发展的吸引力。

（三）住宿业收入比重及规模较大

旅游住宿是文化旅游产业向下游延伸的产业链条，作为文化旅游产业链中的重要环节，住宿业在满足游客休闲观光、为游客提供必要的住宿服务的同时，还关系到能否留得住游客，从而吸引他们参与到当地的文化与娱乐消费中。从总体而言，住宿业与旅游业息息相关，良好的住宿业不但能够"通过它们的市场影响力为自己带来客源，以减少（住宿业）拓展市场的成本，提高经济效益和社会效益"，❶ 而且作为文化旅游整体产业链的重要组成部分推动着文化旅游产业的发展。在旅游住宿业的实际收入上，北京、上海两大城市相比，北京高于上海，数量的差距显示了北京在整体文化旅游的发展中，旅游住宿的规模和水平高于上海。以 2013 年为例，北京星级宾馆总数量为 614 个，而上海仅为 278 个，在所有消费支出中，住宿和相关餐饮业支出占消费支出的比重北京为 40.9%，上海为 23.0%。由此可见，在所有的消费性支出中，住宿及相关餐饮支出对整个文化旅游业的发展作用明显。

文化旅游业的发展在近些年呈现出总体上升趋势，这与人们生活水平的提升对文化休闲生活的需求有很大关系，从消费的层级来说，当人们最基本的物质文化得到满足之后，必然会转向较高层级的精神文化需求。可以说，正是在这一大的时代转向下，文化旅游产业在需求的主导中应运而生，并在旅游总收入、旅游人数和住宿等相关行业等方面获得较大提升。首都的文化旅游相比其他城市，如南京、西安等，具有明显的优势，但也存在强劲的竞争，上海在总收入、接待游客规模等方面超过了北京，彰显了上海作为我国第一大城市和国际大都市在发展文化旅游业上的潜力。

（四）首都文化旅游资源融合发展存在的问题

首都依靠丰富的文化旅游资源，在城市发展和产业发展中取得优秀的业绩，综合效益显著。但在世界及全国城市文化旅游竞争日益加剧的时代背景下，首都也面临来自自身和外部的诸多挑战，文化旅游的实力在迈向更大、更强的发展过程中，首都也存在一些亟待解决的问题。

第一，文化与旅游融合度不深。文化与旅游的融合发展，文化既是内容也是形式，但从发展的实际现状来看，文化与旅游"两张皮"的现状仍然比较严重，即文化没有作为支撑或提升旅游发展的重要资源，对文化的开发与利用，没有真正与旅游的发展相结合。首都在旅游发展的过程中，就景区而言，仍然以门票收入为主要收入来源，如故宫、十三陵等景区内真正与文化相结合的项目较少，因此文化创新与创意对旅游业的支撑明显不足，这一点鲜明地体现在

---

❶ 刘德秀：《环城市带旅游住宿业研究》，《经济社会与发展》2003 年第 2 期。

文化旅游的消费性支出中。在"吃、住、行、游、购、娱"等几个要素中，"娱"与文化旅游的融合发展密切相关，但从在整个支出中所占的比重来看，文化娱乐支出仅为 0.5%，与购物、餐饮等相比所占比重明显偏低，尤其与上海3% 的市场份额相比，差距仍然较大，说明首都在旅游产业的发展中，文化资源没能充分地利用和转化，对文化旅游的文化产品和文化内容没有进行较为深层次的挖掘，缺乏有特色的文化体验的娱乐活动。

第二，产业链拓展与延伸性不强。产业链的延伸与拓展是文化旅游产业发挥巨大经济和社会效益的关键所在，从目前的发展趋势看，"吃、住、行、游、购、娱"等几个要素均有不同程度的发展。但就发展层次而言，尚处于传统产业链的发展阶段，一些核心性的产业链环节存在重视及设计不足的状况，在资源规划开发、旅游产品生产、旅游产品销售和旅游产品消费等产业环节均未有进一步的挖掘。❶以十三陵景区为例，作为国家 5A 级景区和世界文化遗产，其主要的收入来源为门票，不仅在传统产业链吃、住、购、娱等产业环节上没有充分的开发，资源规划开发等具有核心性或创意性的产业链环节也未能对整个景区文化旅游产业链做进一步的挖掘和设计。因此，从总体来说，首都文化旅游产业链的延伸和拓展缺乏依托资源的系统化、形象化、体验化和大众化的娱乐策划和创意，未能有效地通过丰富旅游内涵、拓展旅游空间，来实现产业链的延伸和文化旅游社会经济效益的最大化。

第三，高端文化旅游发展不足。高端文化旅游是相对于传统大众旅游而言的一种旅游项目，其中往往伴随赛事、会展与商务等旅游项目，但从首都文化旅游的现状来说，对高端旅游产品的开发相对不足，使赛事、会展、商务与文化旅游处于相对独立的状态，传统的文化旅游产业向高端的文化旅游产业提升方面动力不足。2012 年以来，首都为推动高端文化旅游的发展，推出了"京城盛宴——异域美食之旅、博物馆之旅"系列高端旅游体验产品，内容涵盖餐饮和博物馆游览等活动，将首都地区 26 家特色异域的风味餐厅和 11 家特色博物馆纳入旅游产品的开发中，❷但从内涵来说，以餐饮和游览为主的产业链开发仍然是相对传统的产业链拓展模式，商务、会展等较为高端的产业链环节仍有待进一步开掘，因此虽然这一系列在称谓上称为"高端旅游"，但从内容实质来看，仍处在相对低端的发展水平上。首都正在向富有世界影响力的文化城市

---

❶ 赵小芸：《旅游产业的特殊性与旅游产业链的基本形态研究》，《上海经济研究》2010 年第 6 期。
❷ 赵珊：《北京推出高端文化旅游产品》，《人民日报海外版》2012 年 6 月 2 日，第 007 版。

迈进，作为中国文化"走出去"和中国文化形象构建的重要窗口，在某种程度上首都高端文化旅游的不足制约着城市文化发展品质的提升和城市文化品牌的打造。

第四，文化旅游缺乏资金支撑。文化旅游业以区域特色的文化资源为底蕴，以历史文化游、风景游、主题公园游、胡同游等游览观光活动为主，涉及面广、种类繁多、形式多样、内容丰富。作为传统文化产业的高端发展形态，文化旅游更为注重以科技为主导的体验式消费，因此，它的发展与繁荣需要大量的资金投入。目前，由于我国文化旅游项目以国有资产的形式居多，所以文化旅游资金仍以政府投入为主，社会资本较少介入。受制于资金投入的运行机制，导致文化旅游业投融资渠道较为单一，金融资产未能在文化旅游业的发展中发挥应有的作用，其他像金融行业也没有发挥作用。

首都文化旅游产业存在的不足，既有文化与旅游融合发展中文化资源向文化资本转化中缺乏创意驱动的因素，也有高端文化旅游产业发展过程中的乏力。文化旅游产业的发展不仅需要文化与旅游的深度融合，需要创意对文化资源的开发和利用，更需要统筹规划发展首都的文化旅游资源，推动文化旅游产业的延伸与拓展。

（五）推动首都文化旅游融合发展的对策建议

首都文化旅游融合创新发展，既是适应首都新形势下文化、旅游资源向资本转向的必然要求，也是促进首都旅游产业升级发展的内在要求。加快首都文化旅游的融合创新发展，有助于提升首都城市文化在国内的综合竞争力和国际影响力，根据以上梳理出的相关问题，提出以下三点对策建议。

第一，强化文化创意在推动文化旅游融合发展中的作用。文化旅游的融合发展需要创意的驱动，创意不仅是文化、旅游资源向资本转化的重要驱动性要素，也是推动文化与旅游深度融合发展的核心。增强创意的作用，不仅要创造培养创意人在现代文化旅游产业融合发展中发挥或生成创意的氛围和环境，且要根据首都的文化资源优势、旅游资源优势进行有针对性的开发，避免因外部投资者在旅游产品大规模的商业化中因照搬、移植其他产业发展模式，而造成对文化旅游资源的伤害，且在文化旅游产业的开发中，不但要加强文化旅游项目本身的文化体验性、吸引力，更应充分体现首都文化传统魅力、现代精神，顺利实现首都文化旅游资源的融合发展。

第二，延伸与拓展产业链在文化旅游产业发展的推动作用。在首都文化旅游资源的融合发展中，应树立"大旅游产业"的发展意识，所谓"大旅游产业"的融合发展指在顶层设计层面，文化旅游产业的发展需要政府、社会、企业、个人的整体性配合，从战略发展的高度统筹首都区域内的文化旅游资源，从而实现文化旅游产业的产业链在整个区域的延伸。在内容开发上，要将管理部门、团体、个人、行业从业人员以及旅游者纳入大旅游产业的发展中，真正实现文化旅游相关部门在产业发展中的协调一致，在整个产业链的协调统一中，发展咨询、策划、营销等周边产业。

第三，培育高端文化旅游市场影响力。高端市场的发展是传统旅游产业与现代商务文化、会展文化、赛事文化等相结合而发展的产物，首都作为国际城市发展高端文化旅游市场不仅仅是扩大自身的旅游市场份额，推动旅游与文化、商务、会展等产业的融合创新发展，更在于要通过打造文化旅游品牌在世界城市文化体系的构建中，营销首都的城市文化，塑造首都的城市文化形象，从而占领世界高端的文化旅游市场，而不是仅仅依靠古代的文化遗产，走继承和弘扬传统文化的发展之路，而是要在新的时代有新的创新和突破，将首都打造成名副其实的富有世界影响力的文化城市，增强首都的国际交往职能。

第四，拓展旅游投融资渠道。积极拓展投融资渠道，尤其是要充分发挥北京旅游资源交易平台的作用，为资金与项目对接搭建平台，推动旅游项目开发建设。举办各种形式的投融资项目推介会，加强与各地旅游主管部门、企业、园区、项目的合作交流，支持符合条件的旅游企业上市融资，探索通过企业债券、短期融资券、中期票据等非金融企业债务融资工具，开发旅游项目新型金融类产品，促进旅游企业发展。

第九章　首都文化与科技商务旅游融合发展案例研究：文化与科技

当今世界，科技与文化的互动融合、相互渗透已成为加快文化发展和推动文化创新的强大动力。在科学技术日益更新和文化形态不断发展的今天，文化与科技有着越来越密不可分的关系，科技和文化相互作用推动文化的发展，科技与文化的相互作用也推动文化科技的融合发展。近年来，北京市提出科技与文化双轮驱动战略，进一步加快文化科技的融合发展。本章选取两个具有代表性的案例，通过中关村文化与科技融合的国际化提升发展研究、水晶石文化科技融合发展研究和构筑中华世纪坛数字多媒体艺术馆研究，分析首都文化与科技融合中的自主创新、视觉创意、转型发展和数字科技。

一、自主创新：中关村文化科技融合的国际化提升发展研究

中关村，被誉为"中国的硅谷"，是我国科技研发及其产业发展最为发达的地区。中关村因20世纪80年代初"中关村电子一条街"而开始闻名，并在此基础上汇聚了大量的文化和科技企业，逐渐成长为我国高新科技产业和文化创意产业发展的重要基地。在中关村的发展中，大致经历了由科工贸商业街区向总部经济汇集区的发展历程，文化与科技的融合在中关村的发展与转变中不断加强，成为中关村得以快速发展的重要支撑。目前，中关村将"具有全球影响力的科技创新中心"视为中关村未来的发展方向，逐步提升中关村的国际化水平和国际影响力，在文化与科技融合发展日益紧密的时代背景下，中关村充分吸收、借鉴或利用国际发展经验，在注重自主创新的基础上，实现中关村文化科技的提升发展。

（一）路径与措施

为了进一步实现中关村在国际产业格局中的创新能力和创新水平，提升中

关村的国际竞争力和影响力，推动文化科技的融合创新发展，中关村充分利用国际优质资源，加强国际交流与合作，在坚持园区和企业将国外先进理念、经验和技术"引进来"的同时，加快"走出去"的步伐，在全球市场增强中关村参与资源配置和产业创新发展的能力，扩大自身在国际高端产业价值链市场中的占有量和份额，积极开拓国际市场。

第一，加强政策的推动与扶持，拓展中关村的国际影响力。为积极拓展中关村在国际市场上的影响力，增强中关村的自主创新能力，充分利用国际市场推动中关村的文化科技融合发展，中关村相继推出了一系列的政策体系，如《北京市国际科技合作基地管理办法（试行）》（2011年）、《中关村管委会实施〈北京市企业人员申办 APEC 商务旅行卡管理办法〉细则》（2012年）、《中关村国家自主创新示范区国际化发展专项资金管理办法（试行）》（2012年）、《中关村国家自主创新示范区支持企业国际化发展行动计划》（2013年）、《中关村国家自主创新示范区产业发展资金管理办法》（2015年）、《中关村国家自主创新示范区企业改制上市和并购支持资金管理办法》（2015年）等。这些政策在海外基地建设、国际交流、资金支持、市场拓展、企业上市等多个层面对中关村的国际化建设做出了具体部署，积极支持中关村企业"走出去"和上市融资，对提升中关村的国际化水平起到了促进作用。

第二，搭建海外交流平台，吸收国外先进城市集聚区的发展经验。中关村一直在进行着国际化的努力，努力构建与国际交流与合作的平台，为此，中关村专门成立了"国际化领导小组"，在推进文化科技融合的国际化发展层面，探索稳定的项目发现渠道和长效机制。一方面，陆续在海外设立联络处。21世纪以来，中关村分别在硅谷、纽约、东京、多伦多、伦敦、慕尼黑、悉尼、赫尔辛基、布鲁塞尔设立了10多个海外联络处。海外联络处的设立，是中关村为平台为园区企业搭建开拓海外市场的服务平台，并以此为基础招揽海外高端人才，同时，也是中关村了解和把握世界文化科技动态，引进国际先进文化科技信息的重要基地。另一方面，加强与海外园区的业务合作和交流。国际间园区的互动可以在优势互补的基础上，促进园区的协调、均衡发展。目前，中关村已经与法国索菲亚科技园区、韩国大德科技园区、以色列施拉特集团、芬兰贸易协会以及俄罗斯"斯科尔科沃基金会"、日本关西学研都市、加拿大渥太华研究创新中心等园区和组织建立了合作关系，其业务内容涉及技术合作、管理经营交流、人员交往和市场开拓等诸多层面。

第三，加强中关村的国际化人才建设，引进国际高端人才。企业是中关村发展文化科技融合产业的主体，人才则是企业顺利实施文化科技融合的关键。近年来中关村加强对国际高端人才的引进与培养，实施"千人计划""海聚工程""高聚工程"等支持中关村的人才国际化发展战略。2016 年，公安部根据中关村的实际发展需求，以中关村国家自主创新示范区为试点，结合北京创新发展的地位，制定 10 项支持有利于北京创新发展出入境政策措施，对中关村外籍高层次人才、中关村创业团队外籍成员和中关村企业选聘的外籍技术人才、外籍华人、外国学生等四类群体适用出入境便利政策。在中关村开展新政策试点，既是支持中关村加快向具有全球影响力的科技创新中心进军的积极探索，也是为落实国务院批复北京服务业扩大开放综合试点工作积累经验，研究形成系统配套的引才政策措施的重要手段，更是不断为国家探索出入境管理改革创新的重大举措。

通过政策的扶持、平台的构建和人才队伍的引进，中关村文化科技化和科技文化化的转化能力得到一定程度的提升，在把握海外文化科技发展的信息动态、人员交流与交往渠道、国际经验的引进与使用等方面均有不同程度的加强，自主创新能力也实现了一定的突破。

（二）成就与前景

经过近些年的努力，中关村的国际竞争力有所提升，国际化水平不断提高，文化与科技的融合水平进一步增强，在以下几个方面效果显著。

第一，抢夺行业发展的国际话语权。国际话语权代表着一个国家的整体发展水平，是一个国家政治实力、经济实力、文化实力、创新能力在对外关系中的具体体现。在文化、科技创新发展领域，我国长期落后于西方国家，一些产业标准、行业标准均使用或遵循西方国家的标准，中关村在国际通行标准的制定上有所突破。2013 年，中关村企业共参与制定国际标准 93 项，比 2012 增加了 20 项。❶尤其需要指出的是，2013 年由中关村研发的信威 McWiLL® 技术的空对地飞机移动通信标准提案在日内瓦召开的国际电信联盟会议中通过，成为全球空对地飞机移动通信国际标准。这一国际标准的通过不仅是对中关村园区内企业自主创新能力和科技水平的肯定，也有助于中关村企业在全球空对地飞机移动通信技术研发

---

❶ 武睿琦：《中关村五年之变》，《中国信息报》2014 年 7 月 29 日第 008 版。

与出售、信息传输、相关技术知识产权掌控等领域抢占有利地位。

中关村围绕创新引领战略，始终坚持全球范围内前沿的科技创新和产业布局，创造出了一批具有世界一流水准的科技成果，创制出了 207 项国际标准、3111 项国家标准。尤其是在互联网、大数据、移动通信、云计算、人工智能、生物医药、新能源等领域，中关村不断推出新标准、新技术、新产品，使中关村成为驱动北京乃至中国创新转型发展的重要载体。

第二，国际融资的能力进一步增强。企业在国际市场上的融资能力决定着企业在国际产业格局中的发展水平，也代表了国际市场对企业创新发展的信心。根据中关村管委会发布的数据显示，就企业上市的规模而言，中关村共有 79 家上市公司，在美上市的企业 48 家，且在纳斯达克已经形成了以百度、亚信、新浪、搜狐为代表的中国互联网概念股板块，在美国纽交所和纳斯达克形成了以新东方、安博教育、学而思、学大教育、环球雅思、全美测评、弘成教育等为代表的中国教育概念股板块。❶ 两大板块的形成，体现了中关村在文化科技融合发展层面的实力与竞争力，这不仅带动了中关村企业进军国际资本市场，在国际市场中参与资源分配，也极大提升了中关村的投资价值。

鉴于中关村企业的国际影响力，一些境外资金也开始以收购、投资的形式抢滩中关村，如 IDG、老虎基金、DCM 等国外资本在中关村均有企业份额。境外创业投资中关村科技企业，某种程度上推动企业的快速成长、增强企业竞争力，有助于企业在国际市场的竞争中抢占市场先机。同时，境外资金参与中关村科技创新，也进一步增强了中关村在全球进行资源配置的能力，提升了企业的国际化水平。

第三，国际人才吸引力不断加强。人才是企业得以迅速发展的重要保障，国际人才的融入既能扩展园区和企业的国际视野，又能进一步增强园区和企业自身的发展实力。从近些年中关村发展的实际状况来看，中关村已经成为国际化人才的重要聚集地。从统计数据来看，外籍工作人员在数量上保持一定规模，2012 年中关村外籍专家人数达到 2319 人，占外籍从业人员比重的 30.2%。同时，良好的发展环境也吸引着越来越多留学归国人员，从数量来看，中关村博士及以上的留学归国人数从 2009 年的 1313 人增长至 2012 年的 1890 人，年均增长率约为 14.6%；硕士留学归国人员由 2009 年的 4880 人快速增长至 2012

---

❶ 方彬楠：《中关村企业海外上市再提速》，《北京商报》2012 年 11 月 12 日第 C03 版。

年的 10529 人，年均增长率约为 38.6%，显示了中关村对人才的巨大吸引力，而人才的汇聚也为中关村进一步的提升发展奠定了智力基础。

2016 年，为进一步吸引国外人才，公安部根据中关村发展需求制定了便利的外籍人才出入境办法，经中关村地区的高等院校、科研单位、高新技术企业等单位推荐的外籍高层次科技人才，只要符合直接申请"中国绿卡"的 17 项条件之一，便可获得居住权。出入境制度的革新，以"国际人才红利"为突破口，有力地吸引了国际化人才，进一步强化了中关村作为链接全球创新网络关键枢纽中心的作用。

可以说，中关村在文化科技融合发展及自主创新能力提升等方面，已经取得了一定的成就。在产业发展方面，积累了良好的产业基础，聚集了大量的创新要素；在国际话语权的争夺、国际融资、人才资本的吸引等层面，也显示出了中关村的发展潜力和世界竞争力。

（三）目标与差距

自主创新，是推进中关村在国际文化科技产业中竞争力的关键。从世界层面来说，融合与创新正成为国际新一轮竞争的高潮与重点。当今世界在文化科技领域，正发生着大变革、大调整，尤其是随着全球信息化、数字化时代的到来，文化与科技融合创新发展的趋势日益增强，文化与科技融合催生出的新业态正逐渐成为推动整个文化创意产业发展的核心力量。

加强创新，提升中关村文化科技的融合发展，是中关村抢占世界科技创新、文化创新战略性发展的制高点。美国的硅谷、英国的剑桥、德国的北威州、法国的索菲亚、印度的班加罗尔等世界文化科技融合高地，在创新发展，引领世界文化科技融合发展等层面具有不同层面的比较优势。从企业的集聚规模来说，中关村与美国硅谷相比仍有较大差距。根据相关数据统计，中关村拥有企业数量仅为 2 万家，而硅谷有 17.8 万家，数量上硅谷约是中关村的 8 倍。❶从这一数据不难发现，中关村在与国际一流文化科技产业聚集区的产业规模对比中，中关村与硅谷并没有处在同一个重量级别上。产业规模的总量偏小，直接影响到企业的活跃程度和企业间利用市场进行的资源再分配。2011 年中关村新创办的科技型企业 4243 家，而硅谷达到 1.72 万家；在企业并购的规模上，

---

❶　陈劲等：《中关村：未来全球第一的创新集群》，《科学学研究》2014 年第 1 期。

中关村为 76 起，而硅谷为 841 起。[1] 新创办企业的数量多，彰显的是硅谷有良好的创新环境和创业条件，能够有效地推动生产要素的流动，将文化创意、科学技术转化为社会经济发展所需要的生产力。而企业间较多的并购次数，则体现了企业在创新发展的驱动下，生产要素之间有着较高的调整、聚合、重组频率，生产要素向着更有效率、更有效益的经济发展方向流动。

可以说，相对偏低的产业规模和企业活跃度直接制约或影响了企业的创新发展，使中关村在通过自主创新实现整个区域产业提升发展方面稍显力不从心。2013 年 10 月美国博斯公司最新发布的"2013 全球创新 1000 强"企业名录中，只有中国中铁、联想集团和百度 3 家中关村企业入围。而市值在 1000 亿美元以上，成立时间在 1900 年之后全球 25 家顶尖非行政垄断型企业中，中关村更是无一家企业上榜。[2] 与全球文化科技企业巨头相比，中关村领军企业在国际市场格局中实现创新驱动发展的目标仍有较大差距。这彰显的是中关村尽管在创新资源的绝对数量上较为丰富，但高质、高效的资源较低，影响了中关村的整体竞争力。

（四）对策与建议

以创新发展推动中关村的文化科技融合，全面提升中关村的创新水平和国际竞争力，相较于中关村与其他世界一流城市集聚区的发展，中关村应将激发产业存量活力、提升创新发展效率作为产业发展的着力点。

在这一提升发展过程中，一方面，应注重市场化的运作方式。中关村虽然在国内有大量可以依托的扶持政策，但这种依托只是产业发展的扩张期的一种权宜之计。随着产业基础的不断完善，与国际接轨的程度日益加深，在市场上参与国际竞争是中关村未来必然性的选择与趋势，因此奠基于文化与科技融合之上的创新驱动，并不是简单的技术变革和一种单纯的经济过程，而是包括广泛与深层次的社会和文化变革、发展体制变革等多种因素。因此，只有在一种广泛和深刻的变革中，中关村文化与科技的融合创新发展才会有质的提升，中关村的影响力才能实现真正的"走出去"。

另一方面，进一步活跃企业创新的氛围。效率的低下不仅在于企业、市场与政府之间的关系不是太明确，而且在于企业间的协作不广泛。由于体制机制

---

[1] 陈劲等：《中关村：未来全球第一的创新集群》，《科学学研究》2014 年第 1 期。

[2] 李小彤：《加快创新驱动发展 发挥集聚辐射带动作用》，《中国劳动保障报》2014 年 9 月 6 日第 003 版。

等原因造成政府参与、干预得过多，如开办高新技术企业、文化企业中各种烦琐的审批手续，严重制约了企业的积极性，因此需要在顶层设计上解决中关村在融合创新发展和走向国际化过程中所遇到的问题；企业作为融合创新发展的主体，并没有在完整形成研发体系的基础上，带动整个区域的集聚发展，而是形成了不同规模的个体商贸集团，因此，应活跃企业间的经济活动，鼓励兼并与合作，增强集聚效应，在实现资源重新配置的基础上，为中关村创新发展的国际化发展之路进一步夯实产业基础。

二、视觉创意：水晶石文化科技融合发展研究

视觉消费是文化消费的重要内容，它注重视觉与观看，由此在以需求为导向的时代症候中，视觉创意及其图像本身的产业化开发，成为视觉消费的重要支点。在抢占这一领域发展制高点的征途中，北京水晶石数字科技股份有限公司通过近20年的发展与变革，始终致力于数字科技与文化创意的融合发展，围绕数字技术创新和视觉图像系统的开发，探索出了一条以数字图像技术的开发和应用商业服务为主要内容的发展之路，成为一家全球领先的数字视觉创意集团。

（一）视觉创意，水晶石发展的生命线

视觉创意，是图像时代的悄然降临对视觉观看的一种必然性要求。随着现代社会图像的密集轰炸，富有创意的图像成为吸引人们眼球的关键。这一视觉图像以景观性的场景为载体，凸显形象设计、色彩搭配、画面特效等视觉因素在图像自身表现中的作用，以影像的更迭作为叙事的重要手段。[1] 在当代文化创意理念的推动下，景观影像与创意逐渐相融合，且由于新的传播渠道和媒介形式的迅速扩张，以景观影像为中心的相关数字内容产业迎来了前所未有的发展机遇，如与影像密切相关的影视产业、广告设计产业、网络动漫产业等新业态展现出了强劲的发展态势。

图像的视觉创意以当代科技的发展为基础，它以吸引眼球、直观展示为最基本的诉求，而对富有创意性视觉图像效果的展示便成为图像开发企业得以在市场中立足的关键。[2] 在以寻求图像消费与服务为主导的市场竞争中，水晶石数字科技股份有限公司在不断调整发展战略和业务拓展的过程中，始终坚持技术

❶ 王林生：《创意经济视角下景观影像的三大特征》，《中华文化论坛》，2014年，第1期。

❷ 叶苹等：《视觉设计与创意》，辽宁美术出版社，2008，第15页。

支撑下视觉创意的开发，充分实现了技术图像化和图像技术化的一体化发展。水晶石在不断调整发展战略和业务拓展的过程中，以三次"领先"加速了企业创新发展。

第一阶段，推动传统图像绘画向技术图像制作阶段。水晶石成立于1995年，成立的初衷是推动和实现建筑绘图的技术化发展。建筑绘图关系到建筑施工的规范化、标准化，在建筑施工中发挥着指导作用，但由于手工制作存在速度慢、效率低、难修改以及误差较大等缺陷，现代化技术化的绘图方式成为发展的必然。正是在这种背景下，水晶石在国内率先利用计算机三维图像技术（CG）完成建筑制图，三维的视觉效果以极富创意的形式，将建筑的构图完美地表现出来。作为当时业界的一大突破，水晶石的建筑设计在环境、形象、材质、光影等方面完美地将建筑表现出来，且水晶石将电脑建筑设计方案结集出版，陆续出版了《水晶石建筑表现Ⅰ》《水晶石建筑表现Ⅱ》《水晶石建筑表现Ⅲ》《水晶石建筑表现Ⅳ》等。水晶石的出现，不仅在建筑产业中拓展出了一个产业链，将建筑绘图发展成为一个具有独立产业能力的环节，而且推动了设计产业链工作形态的改变。

第二阶段，图像展示技术在国内占据领先水平。随着产业的升级和技术水平的不断提高，水晶石凭借图像展示技术迅速在国内的建筑设计行业成为知名品牌。21世纪以来，水晶石不断在业务领域进行拓展，相继开办教育培训、高端课程、虚拟实验室等。正是凭借过硬的技术和创意性的视觉表现，2001年水晶石成为北京申奥指定的三维图像开发公司，配合相关部门制作了申办北京奥运会的视觉模拟专题片。2004年水晶石成为Discreet公司3DSMAX软件中国区最佳用户。在技术和已形成的品牌的强力支撑下，水晶石在2006年正式成为北京2008年奥运会图像设计服务供应商和奥运会开（闭）幕式影像制作运营项目总承包商，独立承担了奥运场馆、国家体育场等大型文化体育设施的三维动画及数字媒体展示工作。2010年水晶石又成为上海世博会指定的多媒体设计服务供应商，制作了巨幅动态版《清明上河图》，这一视觉创意不仅成为上海世博会中国馆的"镇馆之宝"，而且在中国香港、中国澳门、中国台湾、新加坡和伦敦等地热展，充分展示了水晶石图像的技术水准和艺术水准。水晶石在北京奥运会和上海世博会中的创意性创作及其取得的巨大成功，说明水晶石在视觉创意的创作方面，已经由20世纪90年代的计算机辅助制图阶段发展为数字化为核心支撑的提升发展阶段，数字展示图像构成了视觉创意的关键性内容。

第三阶段，视觉创意图像服务走出国门。参与世界竞争是企业竞争力的最佳体现，在市场竞争中，企业充分利用国际资源配置来提升企业本身的文化与科技结合与转化效率。通过北京奥运会和上海世博会两大具有世界意义的"大事件营销"，水晶石在国际上逐渐崭露头角，正是凭借一流的视觉创意图像服务水准，水晶石获得了伦敦奥运会数字图像服务商的资格，成为唯一一家赞助伦敦奥运会的中国企业，提供了包括场馆设计可视化模拟、宣传推广数字内容制作等图像内容。通过这一服务提供水晶石不仅在技术和创意上实现了跨界、跨领域的整合与探索，而且将依附于设计产业中的数字视觉发展成为一个大的产业。尤其是随着信息可视化时代的到来，对视觉创意图像的需求必将为水晶石的发展与创新提供更大的发展空间。影视特效也是水晶石积极拓展的空间，相继参与完成了《故宫》《大国崛起》《玄奘之路》《新丝绸之路》等影视作品，其中《玄奘之路》成为赠送印度的国礼。在《玄奘之路》中水晶石利用数字特效技术复原和展现了玄奘取经旅程中所经历的不同地域的瑰丽风貌。在中华文化"走出去"的过程中，彰显了水晶石在文化或博物视觉化方面的技艺。

可以说，在水晶石发展的三个阶段中，始终坚持文化与科技的融合发展，以图像的视觉创意为企业发展生命线，在一系列"大事件"的营销中，水晶石通过创新、拓展新的文化空间、技术空间，在内容与创意层面的不断提升，逐渐从一个具有相对专业性的建筑设计领域，拓展至一个与文化消费、信息传播、多媒体展示技术相关的更为宽泛的发展领域。

（二）产业链的延伸，视觉创意的多元化发展

多元化的发展路径，是当今行业之间跨越和融合发展的必然趋势与要求。水晶石在企业发展的过程中，是以视觉创意图像为主的内容提供商，在业务的不断拓展与追求内容不断创新的产业运营中，水晶石逐渐探索出了一条视觉创意图像提供多元化的发展路线。从产业链的角度来说，多元化的视觉创意内容是产业链延伸与拓展的重要组成部分。从内容类别来说，其产业链的多元化产业化多元化的发展路径包括以下几个层面。

第一，建筑设计。建筑设计是水晶石视觉创意内容提供的起点，正是在此基础上水晶石开启了产业链的拓展之路。作为水晶石产业链的重要内容，以建筑形象的设计与创造为产业开发的重点，将城市具有识别性、纪念性和标志性的城市建筑与城市的周边环境相融合，以形象、生动的形式再现或表现出建

筑及其周边区域的全貌，将建筑的空间逻辑幻化为创意性的视觉效果。在多年的实践中，水晶石制作了杭州阿里巴巴展示中心、甘肃和政古动物化石保护馆、延安清凉山旅游规划、西安凯旋大厦等多个优秀案例，实现了高科技的设计手段与创意性视觉形象的完美结合，彰显了视觉创意图像文化性与商业性的统一。同时，水晶石在建设设计领域，不仅将实物影像化，而且积极开拓建筑可视化领域的业务，即通过计算机三维技术将抽象的数据转化为形象的视觉图像，在此过程中，融合多媒体、动画、虚拟现实等技术，将未知的视觉图像以动态、立体和创意的形式予以呈现。凭借水晶石过硬的技术水准和艺术水准，此项业务已经在迪拜、伦敦、东京、中国香港、新加坡等多地设立了分支机构，利用海外平台积极拓展国际业务。

第二，影视制作。作为当下最时尚和最具冲击力的文化消费，影视产业的生产及其消费在近年呈现出迅猛发展的态势。水晶石以其高超的数字再现或表现技艺，参与影视节目的生产与制作，不仅延伸和拓展了原有的传统影视作品的生产流程和方式，而且使影视作品的创造可以不再局限于实地场景和道具的限制，充分释放了创作者的想象力，扩大了影视作品的叙事空间。水晶石在汇集了优秀的影视特效导演、策划导演等人力资源的基础上，凭借过硬的技术，制作了电影《赤壁》中的火烧赤壁的恢宏场景、纪录片《玄奘之路》中大漠戈壁的瑰丽画面、电视剧《我的团长我的团》中激战怒江天险的惨烈场面。经过10多年的探索，水晶石作为国内影视特效制作的佼佼者，已经具备为影视制作场景复原、场景渲染、虚拟场景再造、影像合成等在内的全流程服务，并具备了向国际影视特效市场进军的实力。

第三，商业展示。商业展示是水晶石视觉创意的重要内容，这一业务的开展主要是基于商务活动进行产品展现、空间展示、场景模拟等活动的需要。在这些业务活动中，创意性的视觉图像，能够突破现实环境因时间、空间等条件的限制，以一种可以视觉体验化的方式，或表现现实操作中无法或难以实现的场景和事件，如爆炸、巨大的货轮结构、细胞结构等，或是作为教学片对过程、流程的模拟，如TOYOTA产品解说、网通三维培训平台等。视觉创意在商业展示中的体现，充分发挥了图像在展现、体验和互动等方面的功能，将图像打造成为虚拟信息和现实世界沟通的载体和桥梁，显示了以传统展板为展示方式的巨大优越性。

第四，Ncity。Ncity是以互联网为技术平台，以三维高仿真图像的打造为目的，能够以形象和直观的方式展示城市空间信息的聚合平台。作为一种创意性的图像，Ncity 存储了超大内容的数据信息，在网络的展示中能够做到无插件高速多角度展示，且能够结合卫星照片、实地场景实现图像的立体效果。Ncity 空间网络展示技术推广以来，在城市区域、园区开发、大型活动、产品演示、房地产等多个项目的内容中均有涉及，并因其快速的展示速度、极佳的视觉展示效果、逼真度高等为各种宣传和商业活动所青睐。水晶石在 Ncity 业务的发展中，对奥林匹克公园、中关村科技园的视觉创意图像的开发是较为成功的案例。在图像的制作中，水晶石利用图像叠加等技术，清晰地展示了区域内的规划、设施、结构布局、商贸分布等状况，为城市建设和区域发展提供了直观而清晰的三维立体视觉体验。

产业链的多元化发展，体现了视觉创意内容在多个领域的巨大商业价值、艺术价值和产业价值。水晶石赋予视觉创意以多种文化形式，一方面在于强大的技术支撑，为视觉创意图像的生产与制作提供了可能性；另一方面在于现代经济活动的复杂性需要文化形式的多元化支持。可以说，正是在双向的需求与刺激下，水晶石探索出了一条科技与文化融合创新发展之路。

（三）移动终端，视觉创意未来发展的着力点

随着水晶石产业发展实力的不断增长，在产业链的延伸与拓展中一路高歌猛进，为人们创造了一个又一个的视觉奇迹。从文化发展的趋势而言，以视觉创意为中心内容的文化产品在未来文化消费中所占的比重将会逐步攀升，也就是说水晶石所从事的视觉创意影像制作，是一种极具生产、传播和消费潜力的朝阳产业。在相关产业链的开发和运营中，水晶石在建筑设计及其可视化、影视制作、商业展示、Ncity 等领域扩展，取得良好业绩的同时，水晶石也面临因消费方式转变带来的挑战。

移动消费终端的迅速崛起，是近年文化消费中的重要事件。移动终端指手机、平板电脑、笔记本电脑、便携式游戏机、MP4 播放机等，在网络传输和集成电路技术日益宽带化的发展趋势下，移动终端对信息流的处理能力不断增强，使移动终端从原初一种简单的通信工具变成了一种具有综合信息处理能力的载体，移动终端在未来文化消费的过程中将占有不可忽视的位置，尤其是随着 4G 牌照的发放，宽带传输对移动终端的限制被进一步打破，高清晰视频图像和高像素图片的传输成为了一种可能，移动视频将成为移动互联网时代一座

诱人的金矿，这就向以视觉创意影像生产为企业发展生命的水晶石提出了新的挑战。从目前企业的整体战略来看，水晶石的视觉再现技术对历史宏大叙事进行了不乏创意性的开发，对建设设计及再现进行了开创性的探索，但在抢占以移动终端为主体的新兴消费市场上，尚未有大的突破。

水晶石作为国内乃至世界在视觉创意领域取得成功实践的优秀企业，在许多领域已经成为行业的拓荒者、探索者和引领者。移动终端对视觉创意影像的需求以及移动终端视频所能刺激的消费、具有的市场潜力不容小觑。有统计显示，2016 年，视频将会在所有移动互联网流量中占 70%，越来越多的用户会选择移动终端来收看视频，移动终端视频行业的激情将被燃爆，这不仅要求移动终端的硬件制造商做出相应的战略调整，也要求视频内容的供应商做出回应。从内容上来说，移动终端对视觉创意影像的需求，不仅仅是一般的视频客户端所能提供的，不是移动终端对传统互联网视频内容的简单转化，而是更适用于移动终端传播、消费的创意化影像产品。这不仅是水晶石进一步拓展产业链亟须思考的问题，也是培养抢占视觉创意制高点，不断开拓技术创新、文化创新的重要途径。

第十章　首都文化与科技商务旅游融合发展案例研究：文化与商务

在城市现代化和经济全球化的进程中，国内国际经济与文化之间的交往日益增强，作为经济重要组成部分的商务活动在城市间、区域间和国际间快速流动，与此同时，不同城市、不同地区、不同国家之间的文化也伴随着这种流动而交流和传播，文化与商务有越来越密切的关系。本章从总部经济和艺术品交易层面研究和分析北京中央商务区文化与商务融合发展和798艺术品园区艺术与商务融合发展。

一、总部经济：北京中央商务区文化与商务融合发展研究

商业活动是产业发展的重要类属，而商务活动则是商业活动发展到一定程度专属商品买卖的事务，指企业为实现生产经营活动而专门从事的各类有关资源、信息和知识交易等活动，而从事这一活动的区域则称之为商务区。文化商务区是在这一商务区域内，与文化贸易、文化信息传播、文化形象展示等元素结合较为紧密的区域。在这一区域中，践行文化商务及其他行业的企业总部，是推动商务区发展的核心力量。所谓总部经济，"是指某区域由于特有的资源优势吸引企业将总部在该区域集群布局，将生产制造基地布局在具体比较优势的其他地区，而使企业价值链与区域资源实现最优空间耦合"。❶从发展的历程来说，中央商务区与总部经济的发展二者之间是彼此紧密联系在一起的。没有总部经济的支撑，商务区便没有在经济和产业上的号召力和影响力，而且"文化商务区"这一概念在1923年由美国社会学家伯吉斯提出便被定义为"商业汇聚之处"。这里的"商业汇聚"不是一般意义上商业活动的汇集，而是具有对文化、商务、经济、贸易、信息等产业控制功能等意义上的商务汇聚，这便与企

---

❶ 赵弘：《总部经济新论 城市转型升级的新动力》，东南大学出版社，2014，第4页。

业或产业总部紧密相连。

北京中央商务区，亦称 CBD，是指西起东大桥路、东至西大望路，南起通惠河、北至朝阳路之间约 3.99 平方公里的区域，这一区域聚集着大量的文化商务企业，且企业以其影响力和竞争力，在金融、保险、服务、传播等领域，推动着城市现代服务业与城市时间、空间的融合，成为城市最为繁荣和最具活力的核心地带。

（一）北京文化商务区发展的历程

中央商务区及总部经济的发展在时间和空间上有一个历史性的过程，这不仅因为商务区作为一个空间概念，它的形成与发展既需要有相关配套文化设施的建设与完善，又要有相关企业总部的集聚与带动。在产业发展中以总部经济为核心的产业带动，为中央商务区的发展奠定了基础。美国曼哈顿文化商务区是世界上最为知名的商务区，它从成形到发展成熟大致经历了 100 年的时间，在近百年的时间中曼哈顿出台了一系列优惠政策吸引全球企业总部入驻，如纽约证券交易所和纳斯达克、时代华纳、洛克菲勒中心等世界超级跨国企业均在此办公。总部经济的发展不但有助加强区域产业、空间立体开发以及地下综合体的建设，也带动了与之相关的金融、商业、贸易、信息以及中介服务机构的发展，成为世界以总部经济推动中央商务区发展的典型案例。北京中央商务区的发展也在践行着以总部经济推动城市文化商务融合发展的路径。虽然北京中央商务区的历史还较为短暂，其理念提出与实践大约经历了三个较为明显的阶段。

第一阶段（1993—2000 年），自发成长阶段，定位发展总部经济。

城市商务区的发展，一是要受市场因素的推动，二是有赖于政府顶层设计的推动。北京中央商务区在政府规划层面第一次出现在政府文件中是 1993 年国务院批准的《北京市城市总体规划》，规划指出要在朝阳门至建国门、东二环至东三环一带，规划建设具有金融、保险、贸易、信息、商业、文化娱乐和商务办公等现代化多功能的商务中心区。在这一批复中，文化商务是这一区域发展的核心要素。

北京在这一时期提出发展中央商务区的理念，在于中国加入世贸组织为北京作为首都城市加强对外开放建设现代化国际大都市提供了挑战与契机。加强中央商务区建设，从完善城市基础设施的角度来说，有助于北京建成环境优美、功能齐全和设施完善的现代化新城；而从产业发展的角度来说，北京建设中央商务区，有助于发挥城市优势产业的规模和集聚效应，发展会展、酒店、金融、贸易和信息等文化商务经济，以实现培育、发展和吸引旗舰企业，提升城市核心竞争力。从经济发展的角度来看，中央商务区"表现出的是一种职能上的升级，其概念已明显区别于城市中心区以及城市商业中心区"❶。为发展北京中央商务区，1998 年北京市在《北京市中心地区控制性详细规划》中将北京商务区的区域位置进行了较为明确的确定，提出在朝阳区内西起东大桥路、东至西大望路，南起通惠河、北至朝阳路之间约 3.99 平方公里的区域，为城市经济发展核心区，打造首都北京最具活力和现代化气息的城市核心地带。可以说，从 1993 年规划的批复，至 1998 年规划的最终落地，在这一段时期，北京中央商务区处于一种自发的发展阶段，798 艺术园区、三里屯时尚文化街区的雏形开始出现，国际商务办公规模逐渐增大，一些新兴行业和大型企业开始在此集聚，为日后商务区的成形和总部经济的集聚奠定了基础。

第二阶段（2000—2009 年）：全面建设阶段，总部经济繁荣发展。

全力推动北京中央商务区，大力发展相关产业，完善区域功能，以总部经济推动区域城市发展是这一时期的主要任务。基础设施建设是中央商务区和企业总部发展的重要基础，完善的基础设施有助于商务区的快速发展。《北京商务中心区控制性详细规划》自颁布和实施以来，北京为中央商务区发展总部经济相继制订了功能布局规划、交通规划、地下空间利用规划、空间形态、智能交通、绿化系统等十多项专业规划，形成了较为完备的规划体系。如在功能布局规划中借鉴国内外商务区建设的经验，提出北京中央商务区建设应避免办公建筑过于集中而造成的交通带压力和"空城"现象，因此致力于打造"24 小时都能够活动的充满活力、充满情趣，文化氛围浓厚的人性化社区"，规定在将近 1000 万平方米的区域内，写字楼、公寓以及为商业、服务、文化娱乐设施和市政配套设施的面积分别占 50%、25% 和 25%。这种分区规划避免了商务区的空间形态因开发强度过高而给人造成的钢筋混凝土森林般的单调、乏味、陌生与冰冷感。可以说，中央商务区的规划中，已经意识到文化体验在城市开发中的重要性，体现了文化商务在规划建设阶段的初步融合。

北京中央商务区的发展在积极以规划促融合的同时，也加紧提升区域的文

---

❶ 蒋三庚：《文化创意产业研究》，首都经济贸易大学出版社，2006，第 226 页。

化影响力。2000 年北京开幕的第一届北京朝阳国际商务节，就将 CBD 作为城市"名片"向社会和公共隆重推出。而这一概念的正式提出，也被新闻媒体评选为 2000 年北京十大经贸事件。国际商务节展示了中央商务区总部经济在建设现代国际化商务中心区过程中起到的积极作用。

在这一发展阶段，中国第三使馆区初现规模，80% 以上的联合国驻华机构、国际组织和外国驻华使馆，微软、爱普生等跨国公司以及与之相配套的涉外宾馆、商务写字楼等社交、办公场所云集于此。国贸、华贸、汉威、嘉里、银泰、京广、中环世贸、财富中心等主要商务楼宇已经成为世界知名跨国企业和总部的所在地。辖区内聚集着普华永道、麦肯锡等 200 余家世界级高端服务企业，三星、惠普等近百家跨国公司研发机构，壳牌、丰田、通用等近 50 家跨国公司地区总部，中央电视台、凤凰卫视、BBC、WPP 集团、阳狮集团、北京电视台等大型传媒企业。区域内 22 座楼宇在 2008 年朝阳区区级税收均过亿元，彰显出总部经济在文化商务融合发展中的产业带动力，而现代服务业、金融业、文化创意产业等行业所创造的产值连年增长，2013 年收入分别为 3616 亿元、859.7 亿元、694.8 亿元，在中央商务区总收入居于前列，显示了经过将近 10 年的发展，中央商务区通过发展总部经济推动社会经济转型升级过程中的重要作用，以总部经济所形成的高端商务品牌效应逐步彰显。

第三阶段（2009 年— ）：CBD 东扩，总部经济迎来新的发展时期。

伴随着北京中央商务区的发展与成熟，其所具有的现代商务功能日益完备，国际影响力逐年提升，区域内空间与产业发展之间逐渐饱和。跨国公司总部数量约占全市的 80%，传媒机构约占全市的 90%，金融机构约占全市的 70%，此外，中央商务区承接了北京市约 50% 以上的国际会议和约 90% 的商务展览。可以说，中央商务区在逐渐由雏形向成熟发展的过程中，面临着空间和产业的饱和。为了进一步满足辖区内企业对空间的需求，提升区域发展品质，将中央商务区向东扩就逐渐被提上日程。

东扩在空间结构上，延续并继承了原中央商务区"金十字"的空间格局，形成双十字，即"一主一副"的建筑格局。为了进一步增强东扩空间的基础设施配套，区域内设置了三个绿地公园，并在三个公园之间设置绿色空间廊道，形成文化、生态与商业相融合的景观。在功能定位上，东扩后的 CBD 仍与目前 CBD 的定位是一致的，仍着力发展国际金融等高端商务总部经济，"吸引更多跨国公司设立地区总部、投资公司、研发中心和采购中心，带动会计、审计、评估、律师、信息咨询等中介服务业发展，使朝阳成为国内外跨国公司和国际机构的集聚地，提高朝阳区综合服务能力。"❶由此可见，CBD东扩后将提升整个区域的发展质量和水平。

（二）总部经济的发展类别

总部经济在空间上的扩张，极大地带动了辖区内和周边产业。从投资方面来说，中央商务区的投资金额占到全区总投资额的将近40%，而从收入的总体状况来说，现代服务业、金融业和文化创意产业的总部经济在总体收入和税收利润等方面，均处于区域前列。

现代服务业，是以现代科学技术手段为支撑的产业形态，以信息网络技术、软件开发、信息传输和计算机软件业、科学研究和技术服务等行业为主。这种服务行业与传统的地产、商贸、仓储和交通运输业不同，现代服务业紧紧依托于信息技术和知识经济，以新型的管理、商业和服务方式，与传统的服务业相结合，为社会提供知识性、高附加值的生产或生活服务。在北京中央商务区的发展中，截至2013年，入驻的现代服务型企业个数为6484个，比2012年增长8.2%，总资产达到80598.4亿元，增长速度约为15.2%。北京中央商务区已经成为跨国公司、世界500强和外贸金融机构在中国首选的聚集地。❷在所有服务业的分类中，商务服务业在数量上分别占到总量的约41.8%，是所有服务业企业中最多的一种。如美国霍金豪森律师事务所在北京设立代表处，麦肯锡、普华永道、华强等会计事务所在商务区均有特设机构，其中普华永道会计事务所在北京中央商务区的办公区为亚洲最大的办公区，全球最大的独立公关公司爱德曼公关也将办公区设在此，彰显出北京中央商务区依托的北京乃至中国市场具有巨大的市场潜力。

金融业是银行业、保险业、信托业、证券业和租赁业的总称。在现代市场经济的发展过程中，金融业与各部门、各行业、各单位的生产经营密切相关，不仅是监督、调控和刺激国民经济运行的重要手段，也是在国际交往中推动国际贸易、增进交流合作的重要纽带和桥梁。北京中央商务区自成形以来，在金

---

❶ 周瑜、何莉莎：《一个影响世界的地方：服务经济时代的CBD》，知识产权出版社，2014，第225页。

❷ 陆昀：《CBD成为现代服务业龙头基地》，《中华工商时报》2005年7月13日第009版。

融总部的发展过程中一直扮演着重要承载者的角色。[1] 截至 2013 年年底，商务区共有金融机构 1671 个，收入总计约 973.0 亿元，金融机构数量约占全市的 93.7%。从整个北京金融业的发展来说，金融街是金融业发展的重镇，入驻金融街向来被认为是一家机构具有实力和地位的象征，而且金融街本身具有相当强势的专业集聚能力。因此，在商务区金融业发展的过程中，商务区与金融街展开错位竞争是商务区金融业未来发展的关键。

文化创意产业是一种朝阳产业，从一种较为广泛的意义上来说，"创意产业提供我们宽泛地与文化的、艺术的或仅仅是娱乐的价值相联系的产品和服务。它们包括书刊出版，视觉艺术（绘画与雕刻），表演艺术（戏剧、歌剧、音乐会、舞蹈），录音制品，电影电视，甚至时尚、玩具和游戏"[2]。作为在全新的经济、技术和文化发展背景下，适应新的时代发展趋势而逐步发展起来的产业形态，文化创意产业在国民经济中的重要性日益凸显，已具备成为国民经济的支柱型产业的特质。文化创意产业作为北京中央商务区发展的重要行业，由于其所创造的高附加值、占用资源少、产业关联度高以及具有的较强的创新创意能力，自 1993 年北京筹划建立商务区之时便开始发展。经过近 20 年的发展，北京中央商务区的文化创意产业九大门类较为齐全，其中软件互联网产业、广告业、新闻出版业等较为发达。尤其是新闻传媒行业聚集了一批国内外龙头型传媒企业，如 CCTV、时代华纳、凤凰卫视、BBC、纽约时报、华尔街日报、美国新闻周刊等企业总部或办事处设在此地，极大地增强了商务区的传媒影响力。定福庄传媒走廊是 CBD 东扩的重要部分，在承接传媒产业专业和拓展传媒产业发展空间等方面，为商务区传媒产业的发展提供了重要载体。这也说明，商务区在以总部传媒经济推动区域发展层面，具备强大的和持续的驱动力。

从整体来说，北京中央商务区在以总部经济推动文化商务融合发展的过程中，取得了明显的成效，辖区内聚集了众多具有代表性的旗舰型企业，这鲜明地体现出北京中央文化商务区在产业的多样化、多种经营发展层面已逐渐成形。

---

[1] 袁平、王伍、谷博学：《未来北京 CBD 应充分发挥服务业的主导作用》，《中国税务报》2011 年 12 月 7 日第 008 版。

[2] 埃德娜·多斯桑托斯：《2008 创意经济报告——创意经济评估的挑战 面向科学合理的决策》，张晓明、周建钢等译，三辰影库音像出版社，2008，第 3 页。

（三）特色缺乏，商务区文化商务融合发展制约

文化与商务融合发展的关键是需要产业的支撑，没有产业的支撑文化与商务的融合发展就失去了载体与基础。从目前的发展现状来看，北京中央商务区虽然在总部经济的集聚层面领先于国内其他城市，但就北京创建具有世界影响力的文化中心城市来说，北京中央商务区的发展还缺乏规范化、高端化、特色化、现代化和国际化的水准，文化商务的融合还存在基础设施等因素的制约，这集中体现在特色产业较为缺乏这一方面。

文化商务融合发展需要特色产业支撑，特色是 CBD 差异化发展的必要条件，也有助于在融合发展中催生出新的文化商务产业形态。因此，打造特色专业化的产业品牌是深化文化商务有机融合与要素配置的重要基础。具有特色化的品牌产业，具有强大的市场号召力，在市场要素的配置上更易发挥统筹和协调作用。北京乃至我国在城市现代化的进程中，由于现代化的速度过快，基于迅速填充产业空白的需要，在城市 CBD 建设中"毫无原则"地吸纳了其他国家和地区一定程度上的高端产业的转移。虽然这些产业在发展与竞争中形成了一定的规模，但仍缺乏品牌的号召力。如在世界前 20 的媒体排名中，美国有 12 个，英国占 4 个，法国 2 个，德国占 1 个，加拿大占 1 个。中国的央视、凤凰出版集团等虽然入围世界 500 强，但从利润及影响力方面，仍与国家传媒巨头有明显差距。

这一差距，体现出北京中央商务区在品牌化的发展过程中，仍需进一步提升商务区文化经济的带动力、辐射力和影响力，而这首先要进一步优化商务区的产业结构，吸引国际金融、传媒企业入驻，大力发展高端商务，推动经济集约发展、特色化发展、品牌化发展。

二、艺术品交易：798 艺术品园区艺术与商务融合发展研究

艺术品园区是近年来发展较为迅猛的创意产业园区，作为艺术品空间集聚的重要产业类别，艺术品园区承担着集聚艺术品创新资源、培育新兴产业、催生新的文化形式、保留和改造老旧建筑设施、加速城市更新和建设、助推经济发展方式转型等重要使命。艺术品园区在产业发展的过程中，衍生出艺术设计、工业生产、装饰展销，以其对历史文脉的延续、前卫的艺术、时尚个性的

生活为人们所关注。作为一种重要的产业运营形式，艺术品交易是支撑艺术品园区的重要链条，它上承艺术品的生产与创作，下接艺术品的销售与传播，承担和助推着艺术品的经济化。从产业融合的角度来说，艺术品交易是最能直接体现文化艺术与商务融合发展趋势的。"反映出经济全球化面向艺术品市场的全面扩张，并帮助画廊等提升了品牌知名度，扩大了客户群，以形成规模经济。"❶ 艺术品交易本身具有鲜明的经济化、商业化特质，而且伴随着艺术品市场的繁荣，艺术品交易以其在文化商务融合发展中体现出的合力，推动了艺术品产业链、艺术品园区的快速发展。

798 是我国著名的艺术品园区，作为一块曾经为追求破除观念和体制束缚而自发成长起来的创作自由之地，在市场化的运作与发展中已成为创意十足的时尚之地和北京都市文化的新地标。在这一过程中，艺术品交易作为重要的产业环节，完善了艺术园区的产业链，推动了艺术园区的发展。

（一）艺术品交易：艺术品园区的重要产业链条

艺术品园区一般是指艺术品生产与销售大量聚集的区域。园区是发展艺术品行业的重要载体，它不仅涵括较为丰富的人力资本、科技资本、金融资本，具有一定代表性的领军人物和龙头企业，而且可以有效整合园区内的产业要素，优化产业组合，节约产业成本，提升生产、传播和销售的效率，从而推动园区的集聚效应、示范效应和带动效应，在整体上提升园区的影响力。从构成上来讲，艺术品园区是"文化（艺术）+创意+产业+集群"四者的有机融合。从产业链的构成来讲，艺术品园区是"艺术家+创作空间（画廊、工作室）+拍拍"的载体，承载着艺术品的生产与销售。在某种程度上可以说，艺术品交易是艺术品园区的生产活动得以持续的核心支撑，推动着艺术品园区的可持续发展。

艺术品园区，是具有生产职能的产业空间，以工作室和画廊为代表的产业类型称为发展的主要支撑，它们发挥着艺术品生产与创作的核心职能且具有孵化艺术家的优势。798 艺术园区在 20 多年的发展历程中，艺术家工作室、画廊、商铺、其他文化机构的数量呈现出连年上升的趋势。据相关数据统计，798 艺术园区入驻的艺术家工作室总体上呈现出"驼峰形"的发展走势，自 2007 年

---

❶ 诺亚・霍洛维茨：《交易的艺术：全球金融市场中的当代艺术品交易》，东北财经大学出版社 2013 年，第 20 页。

艺术家工作室呈现出数量下降趋势。与此同时，外资画廊的进驻，如"东京艺术工程"画廊、比利时尤伦斯当代艺术中心、意大利常青画廊、德国空白空间画廊等，却极大地带动了画廊数量的增长。这主要是由于随着艺术园区的发展经历了快速膨胀之后，798 艺术园区的房租、地租开始飙升，使一些市场效益差的艺术家难以承受高租金之痛，而一些知名的海外艺术画廊在此时的进驻在某种程度上填补了艺术及逃离的空缺。在园区艺术生产单位数量"一增一减"的过程中，艺术园区从大规模的扩张开始走向具有更高水准的艺术园区。随着一些有影响力的艺术展、艺术节的成功举办，798 的国际艺术声誉及影响力大大提升，产业功能得到加强。

　　在这一过程中，艺术品交易的出现，从产业功能的角度而言是园区自身结构和功能完善的表现。从一种较为广泛的意义上来说，自从 1995 年园区开始有艺术家入驻，便有了最初的艺术品交易。但如果从产业链的角度而言，2006 年798 艺术区被正式命名为北京市第一批市级文化创意产业集聚区，则意味着园区本身具有了相当的产业规模和先进的产业形态，而艺术品交易在整个园区产业链的建设中则被置于了产业的高度。

　　对于园区的开发与建设来说，艺术品交易作为园区建设的重要产业链条，在整个产业链的拓展中，艺术品交易承接着艺术品从上游产业链的生产至下游的销售，没有艺术品交易的产业环节，艺术品产业链是不完整的。正是在艺术品交易的参与下，艺术品生产才得以进入新的产业生产。对艺术生产而言，艺术品交易能够最大可能性地激发艺术家创作的激情。作为一种创作和劳动成果，艺术品能够满足人们的精神文化、收藏鉴赏的需求，艺术品交易的产生和出现，通过经济回报的形式，为艺术家的再创作提供物质支撑。对艺术品而言，艺术品进入交易领域才能成为商品，才能实现其应有的经济价值。而生成艺术商品的必要性环节，则在于其能够进入交易和销售领域。这一过程"虽然在艺术品制作或艺术商品生产的基本形式上并无大的改变，但作为艺术品实物则已完成其价值实现的重大转变，由不具有经济价值而具有了经济价值"。❶ 对于艺术品的鉴赏和收藏而言，艺术品交易是使收藏家、鉴赏家能够在市场中甄选珍品，以实现收藏、展览目的的必要手段。

　　可以说，艺术品交易对艺术家、艺术品和收藏家等产业环节来说，都具有

---

❶　田川流：《论艺术品与艺术商品的价值》，《山东师范大学学报》2012 年第 6 期。

十分重要的意义。当然，这一重要性最终对艺术品园区的建设与发展而言，完善了整个园区的产业链条和组织架构，提升了园区的产业水平。

（二）艺术品交易的多种形式

艺术品交易因依托载体的差异，在所选择的方式上也有所不同。就交易的方式来说，包括线上交易和线下交易。所谓线上交易，就是依托互联网交易平台，通过线上下单，支付宝或其他安全中介支付的购买形式，如艺客网（http://www.noart.com）；而线下交易就是采取传统的面对面交易，通过现金直接购买艺术品。

线下交易根据类别的不同，又分为直接销售和艺术拍卖。直接销售是指艺术家在画廊展销过程中，直接接受收藏家和鉴赏家的订单，以独立营销人的姿态通过面对面的方式，将艺术作品卖给收藏家和鉴赏家。这种方式最为传统、最为直接，它避免了艺术品批发商和零售商这一中间环节，同时，也要求艺术家有尽可能多的忠诚的客户群体。目前，798艺术区近20家艺术家工作室、170家画廊以及创意工坊都在不同程度上经营此类业务，几百、几千甚至几百万的艺术作品均有出售。

艺术品拍卖是艺术品交易的高端市场形势，"对艺术品收藏起着引领、指导和强势推动的作用"，❶它是通过拍卖机构公开竞价的方式，将艺术品转让给应价者的买卖方式。艺术品拍卖是艺术品市场化运作最直接的也是目前最流行的形式，而且成熟的艺术品拍卖市场与制度，有助于艺术家更好地创作，也有助于艺术品市场针对市场的波动与需求，进行市场要素配置的自行修复、调节与优化，从而培育完备的艺术市场体系，实现艺术品经济利益和社会效益的最大化。798艺术园区自发展成熟以来，艺术品拍卖活动频繁。"自2003年起，约80%的中国重量级当代艺术拍品由798起步——或者在这里创作完成，或者在这里展览成名，或者被这里收入囊中。"❷而当代艺术的顶级拍品则高达95%以上，这一数据鲜明地体现出798在全国艺术品拍卖中具有的影响力和号召力。

在实际拍卖活动中，798各类小型的拍卖活动较多，大型的拍卖活动较为缺乏，较为有名的画廊和工作室往往委托专业的拍卖公司、中介机构对其艺术作品进行销售，如嘉诚拍卖行、保利拍卖行等。春拍和秋拍是艺术品拍卖较为

---

❶ 韩骏伟、胡晓明：《文化产业概论》，中山大学出版社，2009年第264页。

❷ 陈涛：《逾八成当代艺术扛鼎拍品由798起步》，《北京日报》2013年12月6日。

集中的两大时段。2010 年嘉诚在 798 艺术区举办的当代艺术拍卖是其第一次在 798 举办的正规拍卖会。在艺术区举办拍卖会，从产业发展的角度来说，是产业要素的集聚，是促进园区产业链的生长与完善。拍卖活动在艺术园区举办，对艺术品交易和传播来说，有助于更多有实力和鉴赏能力的收藏家、艺术家了解当代艺术，而且活动与画廊、艺术家工作室合作，能拓宽拍卖行征集作品、销售作品的渠道，推动艺术理念与实践的结合。

　　线上活动，是随着互联网的普及与推广，依托互联网平台，线下交易活动在网络虚拟空间的拓展。艺术品交易的线上活动，从产业链发展的角度来说，是产业链在互联网空间中的延伸与拓展，它衍生出互联网交易平台、互联网交易安全中介、艺术品物流等产业环节和要素，积极开拓了艺术品的交易、交流和传播空间。目前与 798 艺术品交易较为紧密的线上交易平台有中国艺术品交易平台、雅昌艺术网、艺客网等。具体的交易模式，除直接线上下单之外，还大致包括微拍、打包挂牌等类型。具体的运营方式包括线上拍卖、线上信息拍卖、艺术家或艺术家工作室画廊与网站合作、网上画廊等。

　　艺客网是近年来兴起的艺术品交易平台，798 很多艺术家在艺客网开设自己的专属艺术空间。在此空间中，艺术家除通过展示出自己相关的艺术产品，与艺术发烧友进行交流互动之外，还可以以此为平台出售自己的艺术作品。在一个艺术品竞争日趋激烈的时代背景中，"艺术品网站 + 艺术家模式"将助推艺术品交易的发展。其原因在于互联网是一个开放的空间，它打破了时空的限制，互联网平台对艺术家及艺术作品的营销，不是简单的传统画廊直接性的营销，而是有一定的针对性。如艺客网为吸引 798 的艺术家们入驻以及推广已入驻艺术家们的艺术作品，艺客推出了《Mook zoo》画册、《No Arter》杂志和手机 APP 平台，对不同风格和流派的艺术家的艺术作品进行定向展销。与传统的画廊直销的方式不同，"艺术品网站 + 艺术家模式"可以最大可能地减少店租、物流等成本，释放价格空间，更有利于青年艺术家的成长。

（三）信用体系缺失，线上交易在推进文化商务融合中的障碍

　　线上交易是未来艺术品交易发展的重要趋势。互联网、物联网等科技发展，为互联网交易提供了强大的技术平台，数字化的浪潮势不可当，它几乎将社会领域的一切纳入数字平台的互联之间。随着互联网经济的不断繁荣，互联网日程成为新经济发展的引擎，它所创造的巨大的经济和社会效益，对传统的

艺术品交易模式产生了极大的冲击。798艺术品市场在长期的发展过程中，形成了艺术品网站＋艺术家模式，但这一模式由于产业链本身的不完善以及艺术品在线上交易过程中自身的某些特质，使线上交易在推进艺术品与商务融合发展过程中还存在一定的障碍，这主要体现在信用体系不完整这一点上。

信用体系不完整是制约艺术品交易的重要因素。艺术品是极易被高仿的产品，798艺术区赵无极画作被仿品调包、高仿字画进入艺术区导致一些画廊倒闭等现象层出不穷，说明在现代科学技术的支持下，造假伪作艺术品的现象已经蔚然成风。798艺术区的艺术品价格低者上万，高者则达上百万，因此在缺乏一定信用体系的情况下，存在艺术家造假的可能性，也存在买家买后造假的可能，因此线上交易存在着不可忽视的风险。因此，构筑一种较为完善的线上交易信用体系，对推动艺术品交易和保护艺术品市场就显得尤为重要。其必要性体现在以下方面。

其一，维护艺术品交易正常运行。艺术品交易是社会经济生活中重要的经济行为，构建一个可以覆盖艺术家、中介市场和消费者等各个环节的信用体系，是维护正常艺术品交易的重要条件。对798艺术区的青年群体艺术家而言，维护正常艺术品交易，是保障他们日常生活及经营运转的基础。如2014年798青年艺术节、2015年798青年艺术节中，在大力展出青年艺术家作品之时，论坛话题均涉及艺术品交易信用体系构建的问题。这说明，信用问题已经成为艺术品交易活动中的核心话题。

其二，保护艺术品投资市场。艺术品投资市场正成为我国投资领域的新着力点，这不仅是由于国家社会经济水平的提高，使人们有能力进行艺术品的投资，也在于经济下行压力的形势下，其他领域投资的回报率低，风险较大的背景下，艺术品这种特殊商品的稀缺性与较高的回报率，吸引着越来越多的投资人。但有信用体系的缺失和监管的相对不足，使艺术品交易中的拍卖行的"拍假"和"假拍"现象时有发生，这就在某种程度上干扰了艺术品市场的正常运转。位于798艺术区的HIHEY（哈嘿）艺术品电商与艺术家之间的维权纠纷，彰显出市场的不规范，已影响到艺术品市场向纵深拓展。

其三，拓展与完善艺术品产业链。完整的价值链是艺术品产业和艺术品园区得以持续发展的重要保障。在产业链的延伸与拓展中，开发周边产品与衍生产业是衡量这一产业本身具有较深市场潜力和产业价值的重要标准。尤其是线上交易日益成为艺术品交易的背景下，围绕艺术品交易平台所形成的艺术产权市场产业链呼之欲出。"艺术产权市场涵盖了艺术资产交易市场、权益资本交易市场和中长期债务资本交易市场、创造力资本交易市场以及精神消费资本交易市场"，❶在这一产业链建设过程中，信用体系构建中艺术品的"确权""确真"和"确值"始终是困扰艺术品实现顺利交易的核心问题。因此，构建优化艺术品交易的征信环境，推动艺术品征信专业技术及其系统软件的研究与开发，是未来加快艺术品交易健康快速发展的重要内容。

从总体来说，艺术品交易的出现，是艺术品本身探索和实现文化商务融合的产物。798 艺术品交易在整个园区的发展中，其重要性正日益凸显。在政府的相关规划中，已明确提出要进一步提升 798 艺术区等文化园区的国际交流、交易功能。随着园区交流与交易功能的不断增强，艺术品所能发挥的促进文化与商务的融合也将逐步在园区及对经济社会发展的带动中不断展现。文化与商务的融合，意味着艺术品从创作到展销、收藏的过程中，并不是单纯的文化行为，而是渗透着经济、市场、金融、保险、物流、退换货政策设计、基础设施等一系列要素的复杂行为。这不仅需要从顶层设计层面推动文化商务的融合，也需要在实践中肃清影响文化商务融合发展的不良因素，培育良好的市场氛围。

---

❶　西沐：《中国艺术金融产业引论》，中国书店出版社，2012 年第 78 页。

第十一章　首都文化与科技商务旅游融合发展案例研究：文化与旅游

北京作为全国文化中心和历史文化名城，有着丰富深厚的文化资源，同时，北京也是著名的旅游城市，因其文化的历史悠久性、丰富性和多样性而使北京的旅游具有深厚浓郁的文化性，可以说，北京的旅游是名副其实的文化旅游，换言之，北京的文化与旅游具有极高的融合度。本章选取南锣鼓巷文化与旅游融合发展、三里屯文化旅游融合发展两个典型案例进行研究，探讨文化与旅游融合发展中的休闲文化、时尚文化。

一、休闲文化：南锣鼓巷文化旅游融合发展研究

休闲旅游是旅游文化中的重要组成部分，是当代都市人一种消磨闲暇时光的精神和娱乐需求。而休闲文化是以休闲旅游为重要内容所形成的文化形态，作为一种理论形态的休闲文化，它是人们在工作之余将休闲时间"用于自我享受、调整和发展的观念、态度、方法和手段的总和"，从结构上来说，包括社会公共休闲、高雅休闲、大众娱乐等方式。❶从实践上来说，包括逛街、度假、影视消费等内容。可以说，从理论和实践两个层面来说，休闲文化与传统休息意义上的休闲有了很大不同，这种差异不仅体现在人们选择休闲的方式与途径越来越多这一层面，而且体现在它更多地包含着文化与旅游的融合。

对休闲文化的发展而言，文化与旅游两种质素的融合意味着人们对休闲提出了更高的要求，从身体的放松转向对精神文化的需求；对旅游业的发展而言，文化与旅游的融合，是旅游业摆脱单纯风景景观游，开始向文化体验游的转变。可以说，以休闲文化为特征的文化旅游，遵循着社会经济发展的一般规律，在融合发展的过程中，既带动了旅游业的发展，也实现了街区的更新。南

---

❶ 楼嘉军：《休闲文化结构及作用浅析》，《北京第二外国语学院学报》2002 年第 1 期。

锣鼓巷是中国唯一保存完整且最富有老北京风情的街巷，在南锣鼓巷从沉寂向繁荣发展转变的过程中，以休闲文化姿态呈现的文化旅游发挥了重要作用。

（一）南锣鼓巷文化旅游价值

历史文化是南锣鼓巷重要的文化内容。这主要是基于南锣鼓巷自建成以来所形成的深厚的历史文化积淀和人文底蕴。南锣鼓巷自元大都即公元 1267 年建成，经历了近乎 800 年的历史。在历史的风雨变幻中，南锣鼓巷经历"文革"期间的毁坏、改革开放的经商潮、入选历史文化保护区、入选首批历史文化街区四个较为明显的阶段。随着时代的发展以及街区的演变，南锣鼓巷目前已成为唯一保存着元代胡同院落肌理且富有历史底蕴和文化创意的历史文化街区。从类别来说，南锣鼓巷的文化旅游价值体现在以下三个方面。

第一，体现了中国传统城市的肌理。

胡同是传统中国城市最显著的城市空间，是历史文化的重要载体。在城市发展过程中，"胡同体现着组织旧城空间基本功能，并规范着区域内功能空间的个性与基本特征"❶。胡同，从城市规划的角度来说，是宋代"街坊制"治安管辖的重要方式，元代承袭了宋制，且又将街区划分规模和等级，胡同成为距离的丈量单位。明清以来，胡同作为一种文化形式，在空间上不仅构成了城市的基本脉络，也是普通人们生活的重要载体。

北京城市的空间格局延续着"左祖右社""前朝后市"的空间布局，仅就南锣鼓巷而言，它是"后市"的组成部分。市，即市场，一般群众的居住区。自元以后，南锣鼓巷街区是市坊的所在地：北边至鼓楼大街，南边至地安门大街，西边至地安门外大街，东边至交道口南大街。东面的"昭回坊"和西边的"靖恭坊"以南锣鼓巷为界，人们在此处进行了一些经营性的活动。昭回坊，从北向南包括菊儿胡同、后圆恩寺、前圆恩寺、秦老胡同、北兵马司胡同、东棉花胡同、板厂胡同、炒豆胡同。靖恭坊，从北向南包括前鼓楼苑、黑芝麻胡同、沙井胡同、景阳胡同、帽儿胡同、雨儿胡同、蓑衣胡同、福祥胡同。这些胡同东西通直、宽阔，在整体上东西对称，呈现出"蜈蚣形"的格局分布。目前，南锣鼓巷的这些胡同仍然保护完好，也是国内规模和规制较大的胡同群。南锣鼓巷胡同群对了解中国传统城市格局与市民生活，提供了样板和案例。

---

❶ 邓奕：《北京胡同空间形态演变浅析》，《北京规划建设》2005 年第 4 期。

第二，呈现出棋盘式的分布格局。

传统的北京城市格局，呈现出横平竖直"棋式"的道路网络。北京城市道路在总体上是以棋盘式的格局出现，皇宫居于城市中心，以一条贯穿南北的中轴线将城市的街道串联起来，南锣鼓巷的空间布局仍然遵循并延续着这一传统。从总体来说，南锣鼓巷棋盘式的布局，以南锣鼓巷和东西方向各8个胡同为核心，加以连接。纵横交错的棋盘式格局在社会生活中能够容纳高度密集的院落，可以最大限度优化人居环境、利用公共空间。南锣鼓巷的常住居民达2800多户，充分彰显了这种街巷格局的巨大涵容性。

南锣鼓巷的棋盘式格局，街巷的经纬清晰，识别性强，具有高度的形式美，同时传统四合院在街巷中大量分布，它所体现出的"四合"观念，即空间上东南西北四个方向、时间概念上对应的春夏秋冬，礼制观念上的长幼尊卑等，暗合着传统文化中的"天人合一"思想。具有形式美的蜈蚣式结构和体现出的"天人合一"思想，构成了以街巷安怡静雅为品位的人文环境。

第三，蕴藏着丰富的名人故居文化。

名人故居文化是南锣鼓巷文化旅游的重要内容。南锣鼓巷建成800多年来，有许多知名人士在此居住和生活，在某种意义上可以说，南锣鼓巷是一座活态的历史文化博物馆，记录着历史风云和社会风情的变幻。这里有炒豆胡同的僧王府、东棉花胡同吉林将军凤山府邸、菊儿胡同荣禄的故居、黑芝麻胡同奎俊宅第、帽儿胡同婉容故居，茅盾故居、齐白石纪念馆、秦唐府客栈7号院等。高密度的名人故居，展示了南锣鼓巷这一地区厚重的人文历史。对名人故居的保护既是延续城市历史文脉的重要内容，又是以此打造城市文化名片的重要方式。南锣鼓巷丰富的名人故居文化，为南锣鼓巷在现代城市发展中提供了可资利用的物质和精神遗产，虽然南锣鼓巷的诸多名人故居目前已沦为私宅或大杂院，但它仍和受保护和正在利用的名人故居一起作为一部"立体式教科书"，给当下提供了一幅生动、深刻的历史画卷。

第四，丰富的非物质文化遗产。

非物质文化遗产是一个团体文化和社会个性的表达形式，蕴藏着所属民族的文化基因、精神特质和价值追求。这些在长期的生产生活实践中培养而成的民族文化，是口耳相传、手手相传积淀下来的文化精髓，包括民族的价值观念、审美态度、心理结构、气质情感等在内的群体意识。内涵式发展追求的是"质"与"量"的统一，对街区文化的发展而言，"量"集中体现为街区曾为人诟病的过度商业化表征，而"质"恰恰赋予街区文化品格的精神追求，集中体现为对历史传统文化的弘扬与传承。南锣鼓巷街区有着近乎 800 年的历史，高密度的名人故居和府宅大院为本地区留下了丰富的非物质文化遗产。2015 年，以"北京财神"为主题的非遗体验基地正式落户南锣鼓巷，面塑、泥塑、内画、脸谱、吆喝、葫芦烙画等 15 位技艺大师现场展示技艺。为进一步传承与弘扬非物质文化遗产，非遗体验基地设立免费的"非遗公益大讲堂"，并依此开展非遗项目宣传、非遗文化知识交流等活动，提高了居民非遗保护的认知。

从总体来说，南锣鼓巷悠久的历史，为街巷注入了悠久的文化。街巷丰富的历史文化内涵、较为完整的街巷格局，形成了南锣鼓巷以深厚历史文化底蕴为支撑，以名人故居和文物古迹为节点，以老北京文化风情为点缀的文化品格。正是在这种文化风情的吸引和感召之下，南锣鼓巷的文化旅游让游客流连忘返，日均 2 万人的游客数量让这条淳朴的街巷直逼故宫，而在节假日单日游客流量已经达到惊人的 10 万人次，可见南锣鼓巷已成为北京休闲旅游的目的地。

（二）以休闲文化为特色产业结构

南锣鼓巷由沉寂走向兴盛，离不开文化资本的转化。这一转化，从空间意义上来说，是将南锣鼓巷加以创意性的开发，使这条长 878 米的街巷从道路通行的功能转向可供休闲娱乐的功能；从资源转化的角度来说，是使处于闲置状态的文化资源，如故居、古迹等，以某种恰当的形式转为可资利用的文化资本。在探索产业结构和转化文化资本的过程中，需要社区、居民与商户的共同努力。从总体来看，南锣鼓巷形成了以休闲文化为中心的产业结构，包括观光、餐饮和手工艺品制作与出售三种较为集中的类型（见图 11-1）。

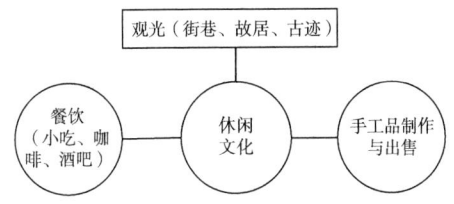

图 11-1　南锣鼓巷地区产业结构

其一，观光是休闲文化的重要内容，它的活动方式与人们的休闲行为密切相关。其产业类别一般表现为旅游观光、健身、娱乐等个人或群体性活动。就休闲文化中的旅游观光而言，是随着体验经济的发展而发展起来的，在休闲观光过程中形成了"以旅游服务为舞台，以旅游产品、旅游设施为道具，以旅游者追求旅游愉悦为目标，在整个旅游过程中通过沟通、互动、游览和消费等方式体验放松、新奇等独特的精神享受"❶。南锣鼓巷的休闲观光是以胡同为文化体验的载体与平台，以四合院和古迹为设施或道具，在胡同游的过程中胡同的历史底蕴以及风土人情成为旅游者消费体验的内容。南锣鼓巷现有国家级文物保护单位 1 处，北京市文物保护单位 11 处，东城区文物保护单位 9 处，各个时期名人故居近百处。因此，从这一点来说，物质性街道、四合院等其他建筑以及存在于物质之上的精神性文化内容，已成为观光旅游的主要内容。

但是，随着街区创意性产业的进驻，镶嵌于墙壁或门楣上的店铺招牌，也日益成为游人欣赏观看的对象。"12 平米""三棵树""过客""这儿没有玉米汁儿""火山人""遇见恩""一花一果""弹丸滋地"等，这些极富创意性的店名作为南锣鼓巷一道亮丽的景观，为古老的街巷赋予了时代气息。而这在某种程度上也说明了南锣鼓巷为何能在现代都市生活中为都市年轻人所喜爱。

其二，餐饮。与休闲相联系的餐饮与传统的一般意义上的餐饮有所不同，休闲餐饮在经营方式上更具有灵活性，既可以是街头小店，又可以有室内经营。经营的餐品一般为具有一定创意性或较为精致的甜点、饮品，而且室内经营的休闲餐饮店尤其注重室内氛围或情调的设计。

南锣鼓巷的许多餐饮店均注重文化休闲性，比如营业时间大都是在上午9:00 至次日凌晨 2:00，为喜爱夜生活的人们提供了充裕的可选时间段。在室内的空间设计方面，也具有一定的格调。"小新的店"位于南锣鼓巷 103 号，在这个灰色的小平房中透出室内橘黄色的光，门前两只旧式的简易沙发，室内空间用沙发隔为六七个独立的小空间，且在茶几上摆放金鱼缸和绿色植物，衬托出小店素朴、清新的格调。在经营的餐品上，包括芝士蛋糕、T 拉米素和水果比萨等，尤其是各种餐品的每日限量版，如芝士蛋糕和 T 拉米素每日只做 8 份，水果比萨则限量 10 份，可谓在经营上别具一格。正是这种独有的创意使小店在经营过程中逐渐形成了一种文化品牌，为小店招徕了许多慕名而来的顾客。而"过客"的小吃店在经营上与"小新的店"的餐品限量版不同，它更为注重餐品

---

❶ 许建：《体验经济时代下体验旅游产品开发策略》，《资源开发与市场》2010 年第 1 期。

的改造。中菜西做、西菜中吃是这家餐饮店最大的特色，羊肉串比萨不仅提升了传统比萨的口感和品质，也成为这家餐饮店的招牌，更彰显出这家店在饮食层面推动中西餐饮文化交流的贡献。

可以说，在南锣鼓巷"吃"不仅仅是一种日常的行为，一种单纯满足胃肠之饥的需要，更是一种文化。这种文化是人们在休闲生活中追求的一种情调，它能够满足人们对感官和精神的追求。即在这个层面上，南锣鼓巷"贩卖美食，更贩卖情调"。

其三，手工艺品的制作与出售。手工艺品的制作与出售，是南锣鼓巷文化经营与体验的另一重要内容，这类工艺品包括软陶手工艺品店、瓷器手工艺品店、服饰手工艺品店等。手工艺品店在南锣鼓巷的经营类店铺中数量最多，超过餐饮店，居于第一位。这类店铺在南锣鼓巷的大量集聚，使南锣鼓巷构成了商品观看的景观，它满足的是人们在"闲逛"之际的消费需求。

在现代都市中，琳琅满目的手工艺店铺以惊人的速度在城市中蔓延和增长，它将在街上"闲逛"的人们包裹在作为商品的"物"中。在对商品的观看中，作为"闲逛"的休闲者一方在观看中能得到一种视觉的文化体验，又能在熙熙攘攘的人群中强化自己在体验过程中所能体味到的认同感。因此，在南锣鼓巷对工艺品店的观看中，在看和被看的复杂关系中，是对休闲生活中消费欲望的生产和满足，刺激和吸引着更多来此处"闲逛"的人们。

围绕以休闲为中心的观光、餐饮和手工艺品制作与出售所构成的产业类型，在实现街巷更新的同时，也丰富和繁荣了街巷的文化物质生活。休闲作为南锣鼓巷最富有特色的文化名片，将旅游、商业、自然、历史、文化等各种要素集于一身，成为古都北京休闲旅游和文化创意的特色街区。

（三）商业化与同质化，南锣鼓巷文化旅游发展存在的主要问题

南锣鼓巷在产业链的开发与拓展中，通过对街巷的创意性开发，使其成为具有地标性的文化休闲场所和文化景观，从而实现景观本身的人气和商业集聚效应。在这个过程中以历史和民俗文化景观为核心的基础性文化旅游产品是整个产业开发中的重点。虽然这是一种较为理想的街巷更新模式，但是街巷在开发历史文化游和民俗文化游的同时，最惹人注目的还是景区之内无处不在的各类商业活动。不可否认，"经济思想倾向"或者"经济意识形态"在时代发展中具有不可忽视的主导作用，"对于满足人们生活的各个方面'经济的'和'非经

济的'需求和改善社会状况来说，这一观念具有最大效率"❶。因此，南锣鼓巷在以文化旅游发展推动街巷更新的过程中，仍不可避免地浸染了浓重的商业性气息。

在南锣鼓巷的经营与发展中，创意服饰店、特色小吃店、创意手工饰品店等，形成了街巷内的一大独特景观。如果说，街巷内各类历史和人文景观构成了街巷能够存在的物理空间，是街巷的"骨架"，那么以各类商业活动构成的商业景观就是附着在这一骨架上的装饰。琳琅满目的商品，虽然装点了街巷，给街巷增添了人气，但商业活动近乎无秩序性的发展致使商业活动的风头掩盖了本应有的文化气息，使文化景区尽显商业之气、尽是叫卖之声。一定程度上，南锣鼓巷文化休闲旅游产业的发展模式可以概括为"观光＋小商品出售"模式。

"观光＋小商品出售"模式在某种程度上恰恰迎合了文化休闲旅游一体化发展的需要。但观光辅以小商品出售的旅游产业发展模式，尽管在推动南锣鼓巷经济社会发展中的确发挥了显著的作用，但是商业氛围过于浓重，则将街巷完全转化为卖场，成为与他处无异的集市。胡同历史文化游，俨然成为买卖街，这在某种意义上不是城市更新的初衷，也不是文化旅游融合发展的应有之义。由于南锣鼓巷的过度商业开发，使其在新一轮历史文化街区的评选过程中落选，也就不足为怪了。❷ 其实如果将视野放眼于全国，济南的芙蓉街、上海的田子坊、长沙的太平街的街巷更新和开发模式莫不是如此。

这种模式的相同或相似，凸显出的是我国旅游产业创意的动力与能力明显不足。创意不足是制约我国旅游产业发展的重要因素，正因为缺乏好的创意，开发不出具有吸引力的创意产品，才造成各历史文化街巷不得不通过商业开发的形式实现街巷的更新。虽然近年来许多历史文化景区或民族地区以实景演出的形式为景区创收，恩施土司城内的土家歌舞及"上刀山"表演、明十三陵的"梦回永乐"演出、西安的大唐乐舞，着实拉动了景区内的文化消费，但这一形式一经出现就立即被各大景区"转载复制"，存在同质化的趋势。可以说，我国文化旅游的发展模式，停留在相互模仿与抄袭的恶性循环中。

面对文化旅游建设与发展中出现的"同质化"乱象，一个自然而然的疑问是：创意街区的"同质化"是如何造成的？对这一问题的解答，我们可以以惯

---

❶ D. 保罗·谢弗：《经济革命还是文化复兴》，高广卿译，社会科学文献出版社，2006，第154-155页。
❷ 张景华：《老街保护的一波三折》，《光明日报》2015年07月29日第5版。

性的思维将问题的症结归为地方政府的规划。地方政府在规划中看到了创意街区在其他地方的成功，于是乎就将创意街区的做法移而置之，忽略了街区规划的文化定位，从而造成街区特色雷同、风格单调、面貌相似、创意缺失等"同质化"的困局。需要特别指出的是在规划过程中，规划设计又往往受制于规划本身的限制。这是由于我国长期以来将城市规划与设计纳入工程技术和建筑学等专业理工类专业中，相反，艺术学、人文学、环境学等能支撑起城市或街区艺术化、特色化发展之类的相关专业则在城市规划与设计中重视不足。

恰是在这个意义上，城市规划与设计体系的先天不足，成为街区规划与设计注重物质而轻人文的重要因素，从而也使创意性的文化元素不能有效地与街区物质空间的再造相结合，街区个性化特色化的文化特征不能在街区的景观外貌和经营内容上予以深刻的体现。所以，有些创意街区虽有"创意"之名，却无"创意"之实，最终形成千街一面的文化效果。

二、时尚文化：三里屯文化旅游融合发展研究

三里屯，在地理空间上，它由 10 条纵向、12 条横向的街巷组成。它虽然面积与整个庞大的京城相比，仅处于朝阳区的中西部一隅，但在整个文化生态上却以时尚文化为显著的标志，并且带动了三里屯地区文化旅游的融合发展。时尚旅游是现代都市生活中以满足休闲文化娱乐为主的旅游形式，它聚焦于某一特定的城市空间，给旅游者提供时尚购物、前卫艺术、时尚自助、时尚节会等高端商务产品和文化服务。三里屯在文化旅游的融合发展过程中，基于地缘和现实发展的需要，时尚文化不仅成功推动了街区的转型，将这一行进在没落与沉寂中的地区带向了繁荣，也在文化旅游融合发展的过程中，培育和发展出时尚的文化形式，以新的文化和产业形式打造了一个全新的三里屯。

（一）时尚文化助力三里屯文化旅游

在现代城市发展的过程中，城市始终被冠之以"时尚"的名义。这是因为城市生活代表着时代发展的潮流，是流行与前卫的代名词。且随着大众文化的广泛传播，以流行、时尚为主格调的城市文化生活，已日渐在城市文化生活中居于主导性的地位，构筑了全新的城市文化生态，推动着城市时尚旅游与休闲的发展。对于三里屯城市时尚旅游与休闲的发生与发展，以时尚为核心的消费

文化及其消费群体的聚集，是不可或缺的要素。

其一，消费文化的集聚。

从城市发展的宏观历史进程来说，消费文化随着改革开放以来我国文化产品的极大丰富，文化商品与消费对国民经济和城市发展的作用日益凸显，在一定程度上可以毫不夸张地说商品与消费开始成为统治世界的核心力量。正是在这一大的转折性趋势中，为文化时尚旅游与休闲的生成与发展提供了土壤。三里屯在 20 世纪七八十年代，还是较为落后与萧条的地区。宽阔的马路中除零散地分布着几个汽车修理店、国营照相馆和理发店之外，一般性的商业活动较少，处于较为沉寂的状态，因此，街道财政的收入较为紧张和匮乏。真正改变三里屯历史命运的是改革开放后，特色商业街区开始出现，在经历了汽车修配行业、服装市场、农贸市场的流行之后，与大众文化相适宜的消费文化开始出现。

第一，大型商场云集，加快消费主义理念的流行。现代商场是最能体现消费文化的特征，尤其是它构筑起的商业景观，将现代社会引入消费社会时代。商场购物在消费社会的蔓延中发挥着不可忽视的作用，这是因为统治在消费社会之上的消费主义理念奠基于商场购物的实践之上。三里屯靠近国贸和使馆区，有着大量的消费群体，因此一些高端商业区开始在此集中出现。世贸百货、三里屯 Village 以及 3.3 大厦等是较为有名的大型购物区。三里屯 Village 为开放式购物区，让人们在这里既可以购物、玩乐，还可以选择美食。入驻在世贸百货的 Hello Kitty 主题餐厅为亚洲首家经授权的餐厅，使三里屯在文化经营和体验上具有了独特的理念和文化。3.3 大厦是以服饰为主要特色，在经营中形成了其个性化的时尚商业特质，在其倡导和扶持创意产业和原创品牌的推动下，三里屯迅速成为引领北京时尚街区建设的领跑者。

第二，酒吧大量聚集。酒吧是时尚人群最爱的聚集地，酒吧消费也是一种颇具魅力的文化消费形式。三里屯的兴盛与发展与酒吧有着紧密的联系，自 20 世纪 90 年代发展起来的酒吧文化已经成为北京国际时尚文化中最亮丽的名片之一。❶1995 年三里屯第一家"云胜酒屋"正式营业，从此这种适合大众休闲娱乐的文化形式开始被广泛接受和流行，并迅速成为三里屯的一大特色。目前，三里屯方圆一公里的范围内集中着北京城一半以上的酒吧。酒吧的时尚，不仅

---

❶ 李晓光等：《三里屯酒吧街的兴起与发展》，《当代北京研究》2011 年第 3 期。

体现在它本身是一种前卫的文化休闲方式，也在于酒吧的内外装潢以及酒吧音乐等软文化。所以，在某种意义上可以说酒吧文化是一种融合着旅游、消费、时尚、艺术与休闲的文化。

第三，高科技品牌店入驻。与时尚相关的文化类别，还包含以苹果为代表的高科技时尚性文化消费品。苹果手机和电脑是时下最具有世界影响力的文化品牌，其在技术上的创新和时尚性的功能，在追求差异化、个性化的今天，拉动与提升了人们的消费标准。2008 年中国第一家苹果店在三里屯开业，提振了中国消费者对苹果产品这一最具时尚化产品消费的热情，也带动了三里屯休闲旅游的人群流量。作为国内最大的苹果店，它追求的是一种销售风格，它提供的 One to One 私人培训、Genius Bar 天才吧等特色服务，为慕名而来的游客提供了一种独特的享受，而且苹果三里屯店以其前卫的设计入选全球最美苹果专卖店之列。

其二，消费人群的追捧。

时尚的消费离不开消费人群的追捧，对于以时尚推动的城市文化旅游亦是如此。三里屯作为北京时尚旅游的地标，到此一游的人群不仅包括使馆区的外国人，而且有许多慕名而来的中国人。在旅游消费人群的连年增长中，一个显著的变化是国人的比例逐渐上升。20 世纪 90 年代初三里屯酒吧刚刚兴起之时，外国人的比例占到了 95%，而进入 21 世纪之后，外国人到三里屯的比重有所下降，国内游客的比例占到了大约 60%，成为酒吧消费的主要群体。这说明随着社会经济的转型，越来越多的中国人开始接纳这种具有一定情调的文化消费形式。而网络中随处可见的"三里屯旅游攻略""三里屯自助旅游攻略""三里屯美食攻略"以及三里屯旅行社的大量出现等充分说明，追求时尚与潮流的文化消费，在三里屯文化旅游中发挥着重要作用。

（二）三里屯时尚文化多样性形式

以时尚文化推动的城市文化旅游，较为注重青年人群的生活方式、品位和休闲娱乐需求。它与历史景观推动的文化旅游方式不同，时尚文化在形式上所表现出的崭新性、前沿性、休闲性和活跃性，使时尚文化更为注重人们尚新的文化心理和人们的消费欲求。从整体来说，三里屯中的时尚文化从内容上大致分为以下几种。

第一，街头艺术，丰富着城市文化生活。

三里屯周围为使馆区，有着较大的人群流量和慕名而来的游客，作为北京文化开放的前沿阵地，这里从来都不缺乏街头艺术。街道是街头艺术表演的主要空间，在三里屯的街道之上，总会遇到三五"流浪歌手"或"街头艺人"的现场表演，或者前卫艺术家的作品。街头表演或街头艺术，可以活跃城市文化生活，它既为表演者提供了展示才艺的机会，也为路人提供了休闲娱乐的契机。从城市景观功能的塑造来说，街头艺术可以发挥空间强调功能、场所塑造功能、景观文化特质建立功能等，❶以现代创意文化为导向的城市较为注重街头表演这种源自草根群体的艺术形式，一个城市街头艺术形式的多样、数量的众多，往往意味着城市拥有较为发达的创意群体和创意文化。三里屯街区，外国艺术家曾在街头为路人描绘修饰，国内艺术家设计的富有意味的"六张白色双人床"、狼群雕塑等，时常出现的街头艺术增添了该街区浓厚的艺术氛围，也吸引了前来观光旅游的人们。

第二，夜经济，提升街区文化旅游人气。

文化旅游的核心在于人气，没有人气的文化旅游是不具有持续发展能力的。夜经济是国内外发达城市重要的经济增长方式，也是近年来文化旅游重点关注的话题。这是因为夜经济与文化消费密切相关，与工业、交通、酒店、餐饮、购物、休闲养生、文化娱乐等部门或行业存在着紧密的联系，能够有效地提高城市设施的利用率，刺激或拉动生产和消费的需求。三里屯夜经济的出现，一方面与大卖场相关，另一方面与酒吧的大量积聚相关。三里屯有 soho、世贸百货、三里屯 Village 以及 3.3 大厦等大卖场，这些卖场已不是传统意义上的百货商场，而是聚集着大量现代时尚品牌的高端商城，太古里包括了世界一、二线知名品牌的旗舰店，这些品牌代表着商品时尚化、潮流化发展方向。而且商场夜场的开放，给商场带来了巨额的销售收入，午夜销售额与上午时段是几乎持平的，在顾客感受时尚潮流前端乐趣的同时，也在另一个侧面推动了文化旅游与商业的融合发展。酒吧是支撑三里屯夜经济的重要组成部分，也是支撑夜经济的主要行业。三里屯众多的酒吧将三里屯打造成了"一条时尚的夜河"，这里不仅有大量外来人口，而且随着三里屯、后海等酒吧夜经济的成功，以酒吧为核心的夜经济发展模式也逐渐为其他城市所复制。

第三，体育文化，以文化多样性推动文化旅游发展。

---

❶　安琳莉：《浅议街头艺术的城市景观功能》，《美术大观》2010 年第 12 期。

　　体育文化也是三里屯时尚文化的重要部分。与时尚文化密切相关的体育文化，与传统意义上的打拳、广场舞、扭秧歌等文体活动不同，它是极具有后现代文化或亚文化特征的体育文化。跑酷是三里屯较为流行的一种时尚的体育文化方式，跑酷者利用街头的各种设施做出一些极具挑战性、专业性和观赏性的活动。但就推动文化旅游发展而言，跑酷并不能带来大量的游客，但能促进其他城市跑酷俱乐部与北京的交流。"红牛三里屯跑酷个人竞速"是近年在三里屯兴起的一种运动，活动利用三里屯下沉广场进行个人竞技。作为一项具有全国性的活动，它吸引了全国近60家俱乐部和300多名运动员参加。随着影响力的不断增加，"红牛三里屯跑酷个人竞速"逐渐成为具有一定影响力的观赏性节目。

　　第四，节庆文化，以现代创意彰显时代色彩。

　　城市节庆的种类与形式多种多样，从一种较为广泛的意义上说取决于城市本身的文化底蕴和文化传统，但需要进一步指出的是，仅仅作为一种传统，节庆是无法受到当代城市管理者青睐的。就如同传统习俗中的好多节日只是局限在民间，它之所以能够在当代城市的发展中大行其道，就在于节庆是以一种产业化的方式运营，在传统与现代的碰撞中激发出时尚浪漫的色彩。三里屯太古里"爱·分享"圣诞主题活动、三里屯国际时尚街区灯会等是三里屯有影响力的节庆会展。太古里"爱·分享"圣诞主题活动用霓虹效果装点街区，展示太古里摩登都市的光彩，并与公益慈善活动结合起来，引来近万名游客。三里屯国际时尚街区灯会是春节期间的大型灯会，灯会将传统灯会中的兔爷灯笼展示与时尚现代感很强的三里屯Village相结合，外加12组印有"灯彩江湖"各种字体的异彩创意灯屋，展示了三里屯的时尚民族风。

　　从整体来说，三里屯的时尚文化因内容和形式的差异而表现出不同的类型。从推动三里屯街区的文化旅游而言，街头艺术、夜经济、体育文化和节庆文化之间并不是孤立地发挥作用的，而是相互连接与支撑，共同塑造了三里屯文化旅游的文化生态。

（三）时尚文化推动文化旅游过程中存在的问题

　　不可否认，时尚文化在推动三里屯文化旅游融合发展的过程中，带动了商业、交融、消费等其他行业的发展，在促进街区的更新与繁荣的过程中起到了积极的作用，但也存在一些不可回避的问题。

其一，城市管理的压力。三里屯本来就是人气较为旺盛的街区，平时的旅游休闲的数量较大，且又成为跑酷、街头艺术的聚集地，因此人群的大量集结为城市管理带来了较大的压力。如前所述，时尚文化以城市街道为空间载体，它的展示与表演面向街区往来的人群。在这个舞台中的表演，有着其他室内舞台无与伦比的自由性。跑酷是一项技巧性很强的活动，技巧表演的载体可以是专业性的器材，也可以是街区中任意的基础性设施，如石墩、石凳、花坛墙等。街头艺术表演则一般会选择地铁口、地下通道等人流量较大的街区。也就是说，在公共空间中的艺术表演，对三里屯、西单等北京人口密度大的区域而言，不免阻碍公共交通，影响市民出行。轰动一时的三里屯"斯巴达勇士"事件就是一件典型的通过街头艺术来吸引游客进而达到商业营销目的的闹剧。❶这些颇具"斯巴达"勇士之风的队伍，一经出现便引来众多路人、游人的围观，给街面秩序带来了不良影响，造成街道拥堵等。因此，一些追求时尚的文化形式虽能吸引眼球，丰富城市文化生活，但在某种程度上也游走在艺术表演与破坏社会秩序之间。就如同江苏常州上演的 50 多名街头艺人集体与城管"打游击"，这都说明街头的时尚性表演在当代城市秩序和文化生态中所面临的尴尬。

其二，时尚文化的选择缺乏异质性。异质性是城市文化之所以能区别于其他城市的重要特征。在当代城市转型升级发展的过程中，通过节庆这一具有重大影响力的"事件"性营销，能够在推动城市文化资源向文化资本转化的同时，为城市赢得人们的注意力，提升城市文化旅游的发展。由于节庆产业具有"成本低、影响大"的特点，世界很多国家或城市通过创造节庆来发展和繁荣社会经济。瑞士由"日内瓦节"发展出的节庆经济不仅是瑞士文化产业的重要支柱，而且成为瑞士的三大支柱性产业。法国巴黎每年 10 月举办的"不眠之夜"文化活动，带动了展览、演出、旅游、博物馆等产业发展，有效推动了巴黎现代艺术市场的探索。三里屯国际时尚街区灯会等，可以说从举办的目的至举办的形式乃至节会的功能，难出其右。但是就其独特性来说，国际时尚街区灯会与前门灯会、世界花卉大观园灯会、红螺寺灯会等，无论在内容上还是形式上并无太大区别。所以，在以时尚文化推动城市文化旅游过程中，对时尚文化的选择应具有一定的产业基础和文化特色。如果文化本身缺乏必要的文化和产业基础，规划不仅会毫无特色，也会使城市"时尚"泛滥，难以形成持续高效的

❶ 曹鹏程：《营销创新，别闯过界了》，《人民日报》2015 年 7 月 24 日第 005 版。

影响力。

其三，文化旅游带有浓重的商业特色。在当代社会的发展中，文化、旅游与商业的融合发展是趋势，也是不可回避的现实。良好的融合发展对区域社会经济的全面提升具有积极意义，但是在城市文化旅游的发展过程中，商业文化的色彩过于浓重，成为城市文化旅游发展的重要制约。以三里屯而言，时尚构成了城市文化旅游的重要体验性的内容，但作为一个商圈，大型综合商业设施、周边百余家企业、外国商社以及大批高端楼盘，将三里屯打造成了具有一定国际性的商业黄金地段，其所包含的时尚性反而容易在商品消费的潮流中迷失。从文化发展角度来说，时尚与消费有着紧密的联系，且一直是驱动商业消费的重要元素，但在城市文化旅游的过程中，侧重消费的现实实践，抵消了城市应彰显出的时尚魅力，不利于三里屯整体文化形象的提升。

换言之，时尚文化对现代城市文化旅游而言，具有十分重要的意义。由于以消费为基础的时尚文化，能够在城市文化旅游中创造出巨大的商业价值和商业文明，所以，时尚旅游作为一种生活方式，不仅是物质性的，而且是精神性的。虽然三里屯在文化旅游的融合发展过程中，时尚文化仍存在诸如城市管理、文化同质性、商业性过于凸显等因素，但其毕竟符合转型时期人们尚新的心理追求，对整个城市的发展与创新仍不可或缺。

第十二章　首都文化与科技商务旅游融合发展的现状：问题与对策

在文化与相关领域日益交叉、渗透和融合的今天，文化与相关领域地相互渗透和融合也向深度和广度延伸。北京作为全国的政治中心、文化中心、国家交往中心和科技创新中心，有着得天独厚的优势和丰富多样的资源，进一步从深度和广度上推动文化与相关领域的融合发展，既有非常好的基础，也有很好的发展前景。本章重点就文化与科技、商务、旅游的融合发展现状、存在的问题进行考察，并具有针对性的建议。

一、文化与科技商务旅游资源融合发展的现状

加强顶层设计，从制度和规划上推进文化与科技、商务、旅游等资源的融合发展，是激发文化创新活力的重要保证。近年来，北京为从全方位推动文化与科技、商务、旅游等资源的融合，培育文化发展的新型业态，提升文化发展的质量和水平，着力加强组织规划，不断强化项目设计，文化与科技、商务、旅游资源一体化融合发展稳步、有序推进。

（一）出台相关的融合发展政策措施

加快实施《首都创新精神培育工程实施方案（2012—2015）》（以下简称《方案》），大力弘扬和培育创新精神，把实施创新创业环境优化工程、创新教育促进工程、创新文化建设工程、创新活动品牌工程和创新资源服务工程等作为2012—2015年北京创新工作的主着力点。近年来，北京继续以折子工程的形式逐步落实《方案》，并通过立规建制等方式加强文化与科技、商务、旅游融合发展的政策保障体系。

1. 文化科技融合层面

北京具有独特的文化科技资源优势，科技与文化双轮驱动是近年来北京加

快文化科技融合创新发展的重要战略措施，在文化科技融合发展方面，先后提出用互联网思维改造提升传统产业，推动移动互联网、物联网、云计算等产业加快发展，加快实施新媒体发展战略，数字社区文化站建设，制定实施加快中关村国家级文化与科技融合示范基地建设、加快发展设计创意、数字出版等融合型新业态，抓好国家广告产业园、出版创意产业园、北京核心演艺区、中国乐谷、怀柔影视基地等重大项目。

为坚持和强化北京作为科技创新中心的城市战略定位，北京在成功实施《"科技北京"行动计划（2009—2012）》的基础上，加快技术创新体系建设和产业发展，于2014年4月制定出台《北京技术创新行动计划（2014—2017）》（以下简称《行动计划》）。《行动计划》强调发展数字化制造技术创新及产业培育、现代服务业创新，并着力强调数字化增材制造（3D打印）创新及产业化、数字自动化成套装备创新及产业化、科技对设计产业支撑，以云计算、大数据、物联网等现代技术促进电子商务、现代物流等服务业的创新转型发展等。《行动计划》的出台与实施，意味着北京在转变城市经济发展方式和推动文化产业发展的过程中更加强调科技的作用，将科技创新对城市发展的支撑提升至一个新的高度。

为进一步增强科技对文化发展的支撑力度，着力促进科技成果转化，北京市在2014年先后出台《加快推进高等学校科技成果转化和科技协同创新若干意见（试行）》《加快推进科研机构科技成果转化和产业化的若干意见（试行）》，鼓励高校和科研机构参与科技创业和成果转化。意见指出充分发掘和利用高等学校和科研机构在首都创新体系建设中的作用，率先在首都城市发展中形成创新驱动的格局，并通过优化科技金融服务环境、支持科研机构深入开展协同创新、完善科研机构成果转化平台、广泛开展国际交流与合作等举措，发挥高校和科研机构在科研成果转化中的核心作用。

2. 文化商务融合层面

在文化商务融合层面，先后提出鼓励支持网络购物等新型业态发展，加快发展电子商务和跨境电子商务产业园；加快发展创建优势产品出口质量示范区和天竺文化保税区，培育新的外贸增长点。信息消费是近年来文化商务领域发展较为迅猛的一个方面，尤其是随着国民经济和社会信息化程度的不断提高，信息消费无疑将成为文化消费的重要组成部分。为进一步扩大网络消费和信息消费规模，北京市分别出台并实施《北京市人民政府关于促进电子商务健康发展的意见》（2013 年）、《北京市人民政府关于印发宽带北京行动计划（2013—2015）的通知》（2013 年）、《北京市人民政府关于促进信息消费扩大内需的实施意见》（2014 年），着力以信息产业发展转型升级来提高新兴信息服务业态对信息消费的引导，以推动信息消费持续增长来催生新兴经济增长点。

文化消费是文化商务性活动的重要内容。为进一步扩大文化消费，北京市在出台的《北京市文化创意产业提升规划（2014—2020）》（2014 年）中指出北京丰富的文化资源和人口资源，有着强大的文化消费需求，是进一步提升首都文化创意产业发展的优势。规划提出要积极开拓文化演艺消费市场，通过举办北京文化消费季，培养人民群众的文化消费理念，推动惠民文化消费。规划重点指出大力发展文化信息消费，推广发展移动社交、移动阅读和移动电子商务服务，扩大各类移动支付工具，完善移动金融服务体系建设，进而带动文化消费市场繁荣发展。在各类文化消费中，电子商务和信息消费是近年发展较为迅速的两种消费类型。

为大力推动首都跨境电子商务发展，推进外贸发展方式和政策管理创新，2014 年 3 月，北京市制定出台《市商务委关于推进本市跨境电子商务发展的实施方案》。方案紧紧围绕转变外贸方式和调整外贸结构，按照"建立机制、搭建平台、创新模式、培育企业、构建园区、规范发展"这一总体思路和要求，增强电子商务在推进商务贸易中的核心性作用。方案提出应通过完善电子商务管理政策、创新监管模式、搭建公共信息平台、培育示范企业、推进产业集聚发展和促进规范运营等路径，以"先试点运行、后全面推广"为要求，分阶段推进本市跨境电子商务工作，切实增强企业利用跨境电子商务进行商务贸易活动并参与全球市场竞争的积极性和主动性。

信息消费作为一种新型的文化生活方式已经成为当下北京文化消费过程中的重要内容。功能 / 智能手机、平板电脑、微型计算机、智能电视、IPTV 机顶盒以及通信语音服务、互联网接入服务、信息内容服务、软件应用服务等，逐渐成为信息消费产业链中的重要链条，为进一步增强信息消费在北京城市经济社会发展中的引擎性作用，2014 年，北京出台《关于促进信息消费扩大内需的实施意见》，明确促进信息产业转型升级和信息消费持续增长的指导思想、基本原则和主要目标，设立包含推进信息基础设施建设、培育信息消费需求、推动信息产业转型升级、推进信息消费与文化消费融合、促进电子商务快速发展、提升公共服务信息化水平、统筹信息资源开发利用、构建健康可信的信息消费环境在内的 8 项任务以及保障项目实施的相关措施。

3. 文化旅游融合层面

在文化旅游融合发展领域，以推动国家旅游综合改革试点工作为重点，推动旅游业对文化、经济、政治、社会和生态文明建设的促进功能。北京作为我国第一个省一级的国家旅游综合改革试点城市，为全面支持旅游产业发展，增强旅游与文化等要素的融合发展，北京市提出打造"大旅游"产业链，挖掘旅游与高端商务、会展、休闲度假等服务的融合发展能力，提升发展乡村旅游，并先后通过整治景区周边环境、优化消费环境、加强企业诚信经营监管等举措，全面探索国家旅游综合改革试点工作。

为深入增强文化旅游的持续健康发展，培育北京旅游产业发展新增长点，2013 年北京市出台并实施《关于促进北京主题旅游休闲场所发展的若干意见》，提出推动旅游资源多样化，大力发展休闲体验游，着力加强主题休闲旅游这一文化旅游的健康、可持续发展，推动地域特色文化资源与旅游业态融合。需要特别指出的是，这种融合是一种广泛意义上的融合，它涵盖文化、艺术、观光、休闲、文化创意、展览、娱乐、餐饮、修学、会议、康疗、运动、住宿、购物等多业态和多种资源，是高度的产业融合、业态融合和功能复合。

在文化旅游中，旅游与商务的融合涵盖购物、纪念品消费等内容。北京市是旅游文化资源最为集中的省市之一，北京市为加强旅游商品产业化、专业化，切实增强"北京礼物"具有的品牌效应，制定出台《北京旅游商品扶持资金管理办法》。办法紧密围绕提升北京旅游文化消费为目标，以市场化的运作模式，按照品牌化提升和特许经营的方式，积极鼓励和引导社会资本进入北京旅游商品的研发、生产和销售领域，打造能凸显北京旅游文化特色的商品品牌。办法强调"北京礼物"旅游商品营销体系建设的重要性，认为营销体系建设是推动文化旅游与商务等产业要素可持续融合发展的关键性路径。在这一体系中，景区商场、城市卖场是重要的节点，而"北京礼物"物流体系的专业化建设是核心支撑。

需要指出的是，文化与科技、商务、旅游等资源的融合发展，并不仅是两种要素之间的融合，而是在两种要素中渗入了其他的要素。或者说，文化科技的融合，其产业业态和产品形态，需要商务性、经济性的因素推动。文化商务的融合，其产业业态和产品形态同样需要旅游、科技等要素的支撑。即文化与科技、商务、旅游等资源的融合，是彼此之间相互作用、协同发展的结果。

（二）文化与科技商务旅游等资源融合的实践推进

文化与科技、商务、旅游等资源的融合发展，各种资源在市场和创意的支撑下进行要素配置，在生产、贸易、传播和消费的实践中涌现出了一些新的业态和特征。在实践中，融合发展的影响力集中体现为"三个提升"。

1.进一步提升科技对文化发展的支撑性作用

随着数字化、信息化在社会生活各领域的进一步渗透，科技作为文化发展的基本动力，其作用日益凸显。这不仅体现在科技为文化的发展搭建了最重要的载体和平台——互联网，并通过互联网为各行业植入了创新发展的基因。而且随着"互联网+"理念的提出并流行，依托互联网这一载体和平台，通过信息通信技术整合各行业的资源，推动产业间的融合，以实现创新产品和经营模式。

以互联网开放平台领域发展为例，目前北京汇聚着全国主要的互联网平台。百度开放平台、360开放平台、人人网开放平台、腾讯开放平台和淘宝开放平台是国内主流的开放平台。其中百度应用开放平台、360开放平台、人人网开放平台均在北京，这彰显出北京与其他城市相比，具有较强的科技吸引力和科技实力。根据《2015中国互联网招聘行业报告》发布的相关数据显示，北京互联网从业者占全国的35.5%，为互联网从业人数最多的城市。从与互联网相关的软件、网络及计算机服务的总收入情况来看，近年来北京呈现出连年增长的趋势。从总收入来看，软件、网络及计算机服务在北京文化创意产业中占的比例由2013年的37.07%增长至2014年的38.48%，增长幅度最为明显。解决的就业人数也略有增加，从2013年的84.8万人，增加到2014年的90.8万人，显示出这一行业在解决就业人口中的巨大作用。科技人才和科技开放平台的高度聚集，极大地增强了北京的科技创新实力。根据最新发布的数据显示，北京在全国所有省市中的科技创新排行中以6464.92的分值居第一位，与上海、香港两大城市处于科技创新的第一集团，广州、台北、深圳虽也有较强的科技创新实力，但实力远不及北京、上海、香港等城市（见表12-1）。

表 12-1　北京软件、网络及计算机服务行业收入及从业人数

类别	收入（亿元）		从业人数（万人）	
	2013 年	2014 年	2013 年	2014 年
数量	4587.7	5380.0	84.8	90.8

资料来源：北京市统计局。

互联网平台以及科技创造能力，为北京社会经济的发展奠定了坚实的基础。北京在科技创造领域具备较强的实力之外，还影响着其他领域的发展。就文化产业的发展而言，科技促进了文化产业多屏互动的全媒体运营（手机、IPad、电视、电脑、可穿戴设备等）和全产业链整合的大繁荣（新闻、电视剧、电影、线下活动、游戏、动漫、音乐等）。科技与文化的充分融合，催生出许多新的文化业态，同时也影响着消费者的消费方式和习惯。

在生产中，数字技术将文字、图像、语音、影像、音乐等文化内容予以信息化、数据化、流量化，大力推动和提升网络服务、动漫影音、网络游戏、数字出版等创新性强的行业发展，切实加快了这些行业和部门升级换代的节奏，促进了电视、报纸、广播、电影、杂志等传统媒体与新兴媒体的融合创新发展，网络剧、3D 电影、电子杂志等新生事物层出不穷。如电子书 APP 阅读器是近年的新兴媒体，由于它具有智能化、移动化、便携性、交互性和多媒体性等特点，作为传统出版向智能数字出版的产业形态，一经出现便成为市场中的宠儿。根据 2014 年 4 月央视新闻频道等 7 家媒体联合调查推出的《中国网民阅读大数据》显示，各种类型的阅读 APP 客户端迅速增加。首都是文化科技行业融合较深的城市，从 360 手机助手收录的电子书阅读 APP 客户端制造商的下载量来看，下载量较高的几款软件掌阅 iReader、书旗小说和阅读等均隶属首都企业，彰显出首都科技在推动媒体融合中具有的技术优势和产业优势（见表 12-2）。

表 12-2　电子书 APP 阅读器使用状况

电子阅读器	下载量（万次） （至 2014 年 12 月）	公司总部所在地
掌阅 iReader	11296	北京
书旗小说	8767	北京
和阅读	4046	北京

续表

电子阅读器	下载量（万次） （至 2014 年 12 月）	公司总部所在地
安卓读书	2700	福州
QQ 阅读	2539	深圳
多看阅读	2142	北京
起点读书	1477	上海
开卷有益	1309	上海
宜搜小说	784	深圳
360 小说大全	390	北京

2. 积极提升发挥文化消费对经济发展的推动力

文化与商务的融合发展最集中地体现在文化消费活动中。文化消费是实现文化创意产业发展的必要条件，这是因为生产的目的就是为了消费，是生产的动力和目的，没有消费就没有生产。从产业链条的发展来说，消费是整个产业链中最重要的环节，是生产最为核心的要素。随着文化创意产业的快速发展以及国民收入的普遍提升，文化消费的潜力得到进一步挖掘，而且稳步增长为经济的新亮点。进入新世纪以来，北京的市场消费总额逐年提升，服务性消费在整个文化消费中所占比重日益提升，呈现出较快的发展态势。在整个服务性消费中，人均文化娱乐和教育消费、信息消费的贡献率明显提升。文化消费对经济发展的动力性支撑表现在以下三个方面。

其一，人均文化娱乐教育消费增长明显。北京市文化娱乐教育支出从新世纪初的人均 2000 元，增长至 2014 年的 4170 元，支出额度增长了 1 倍。文化娱乐用品支出和文化娱乐服务支出是文化娱乐教育消费中的两大重要构成。从变化趋势来看，文化娱乐用品消费和文化娱乐服务消费的总额度均呈现上升趋势。2009 年文化娱乐用品消费和文化娱乐服务消费的人均额度分别为 821 元、909 元，至 2014 年文化娱乐用品消费和文化娱乐服务消费的人均额度分别增长至 926 元、2238 元，均比 5 年前有较大提升。文化娱乐服务消费比文化娱乐用品消费的增长趋势更为明显，5 年中增长了 1 倍，展示出较高的增长率。文化娱乐服务消费无论在总额还是增长率方面均高于文化娱乐用品消费，这说明居民对较为纯粹的精神文化生活的需求超出物质层面文化娱乐用品的需求，精神性的文化满足已经成为文化消费的主要发展趋势（见图 12-1）。

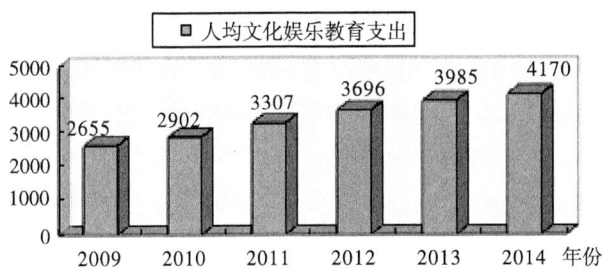

图 12-1　北京市人均文化娱乐教育支出（单位：元）

资料来源：北京市统计局。

其二，信息消费总额不断扩大。信息消费与互联网以及互联网通信终端的普及存在着紧密联系。信息消费总额的不断扩大，一方面推动着消费结构的调整升级，而随着新兴服务性消费点的不断培育，信息消费对整个服务性消费的拉动力不断增强。2014 年，在信息服务消费中，互联网信息服务消费增长明显，比 2010 年增长了将近 1.8 倍，远超过传统电信服务消费的增速。2015 年 1~10 月，与信息消费相关的消费总额同比增长 49.5%，拉动全市商品性消费增长 5.4 个百分点。可以说，从发展趋势来说，服务性消费的增速有望长期保持高速增长，且会超过一般商品性消费对经济的拉动力，成为支撑经济平稳增长的关键性力量。

其三，文化贸易进出口总额持续稳定增长。新世纪以来，随着文化创意产业的快速发展，北京的文化产品和服务持续稳定增长，文化贸易由出口和吸收外资为主逐步转向进口和出口、吸收外资和对外投资并重的发展道路。尤其是近年来经济运行呈现出整体下行的背景下，北京市实行了更为积极主动的开放战略，不断改革创新，完善与社会经济发展相适应的外向型经济发展体制。从全国来看，北京地区文化产品进出口规模在各省（市）中居于前列，统计显示，2012 年，北京地区文化产品进出口总额达 6 亿美元，同比增长 6.3%，其中出口额达 1.6 亿美元。北京地区文化产品进出口规模占全国文化产品进出口规模的 30.7%。文化贸易进出口总额达到 30.54 亿美元，同比增长 15.55%。在总体的文化贸易中，影视类节目进出口增长较快。2009 年，北京地区电视节目贸易总额为 411.6 万元，2012 年已增长至 5263 万元。其中出口总额增长较为明显，已从 2009 年的约 285.6 万元，增长至 2012 年的约 4180 万元。体现出在影视类文化产品在内容与创意等层面，已开始具有了影响世界的能力（见表 12-3）。

表 12-3   2009—2012 年北京电视节目进出口额   单位：万元

	2009	2010	2011	2012
进口总额	126	775	705	1083
出口总额	285.60	1508.37	5240.17	4180.84
贸易差额	159.60	732.37	4535.17	3097.84
贸易总额	411.60	2283.37	5945.17	5263.84

资料来源：北京市广播电影电视总局电视节目进出口统计年报。

3. 不断提高文化旅游对消费人群的吸引力

现代意义上的文化旅游，由于与科技手段、创意元素、商务元素等因素充分融合，能够让游客在文化的体验中，感受到科技带来的旅游产品的创新和服务，增强旅游者对旅游产品的直观体验，从深度提升文化旅游的吸引力。

从整体来看，北京文化旅游也保持着稳定发展，接待旅游人数和旅游总人数均有不同程度的提高。2006—2013 年，来京旅游人数总体上呈现出稳定增长趋势。2006 年，来京旅游人数约为 13590 万人，至 2013 年已经增长至 25189 万人，7 年中增长了将近一倍。旅游市场的升温推动了北京旅游收入的增加，旅游消费者在长途交通、市内交通、住宿、餐饮、购物、邮电通信、景区游览、文化娱乐等方面的花费总额均有不同程度的增加。从总体来看，北京的旅游外汇收入总额从 2006 年的 402600 万美元增长至 2013 年的 479468 万美元，国内旅游收入从 2006 年的 1482.7 亿元增长至 2013 年的 3666.3 亿元，均显示了旅游综合效益的大度提升（表 12-4）。

表 12-4   北京旅游收入一览表

年份	旅游外汇收入总额（万美元）	国内旅游收入（亿元）
2006	402600	1482.7
2007	458000	1753.6
2008	446000	1907.0
2009	436000	2144.5
2010	504400	2425.1
2011	541600	2864.3
2012	514900	3301.3
2013	479468	3666.3

从文化旅游的项目来看，随着旅游产业越来越多地融入文化、科技、商务等因素，旅游项目的观赏性、体验性、参与性等特质大幅增强。欢乐谷是近年来北京文化旅游市场中出现较为突出的具有科技和消费性含量的文化旅游项目。它依托于华强城这一数字娱乐平台，通过整合策划、传媒、游艺、影视、动漫等文化资源，围绕"家庭游"这一市场定位，打造数字文化产品。欢乐谷以海洋为主题的两大场馆，"奇幻海洋馆""欢乐世界"等室内体验式场馆为人们呈现出具有科技特效的、全景互动式的影视作品。景区中还运用先进的 4D 成像技术将世界各地的标志性建筑、景观、节庆文化以直接、互动的方式展示出来。可以说，在文化旅游项目的开发过程中，融合着文化景观、数字娱乐、游乐设施、互动演艺和异域风情的娱乐综合体将成为文化旅游未来的发展方向。正是在发展方向上欢乐谷符合这一趋势，欢乐谷项目自推出市场以来，游客满意度一度达到 98.7%，以丰富的科技含量和品牌感召力成为北京旅游市场中人气直逼故宫博物馆和八达岭长城的第三大旅游目的地。

文化与科技、商务、旅游等资源的融合发展，从整体上提升了北京文化发展的质量和水平。在融合发展的进程中，多种要素之间在市场的支撑下进行资源之间的相互配置，催生出许多新的文化形式和内容，使文化产品在制作方式、传播载体、经营模式等方面都发生了显著的变化，从而推动了文化产业发展的升级换代。

二、首都文化与科技商务旅游资源融合发展中存在的问题

融合创新发展已经成为时代发展的主题，推动文化与科技、商务、旅游等资源融合发展不仅是北京进一步建设创新型城市的必要条件，也是提升城市转型发展的重要动力。北京的文化与科技、商务、旅游等资源融合发展尽管在很多层面已经取得相当大的进展，但制约文化与科技、商务、旅游等资源融合发展的因素仍然存在，主要体现在以下几个方面。

第一，体制机制的束缚仍然存在。

文化与科技、商务、旅游等资源融合发展究其本质是行业之间跨界的过程，在这一过程中文化经历着科技化、产业化等。这就要求对文化行业的管理突破已有思维，在体制机制上进行创新。在这个层面上可以说，体制机制的创新是推动文化与科技、商务、旅游等资源融合的润滑剂。

从管理体制层面来看，存在着管理权力分散、权责条块分割的现状，目前对文化、科技、商务、旅游等行业的管理由文化委、商务委、科委、旅游委、广播影视、新闻出版、文资委等多部门组成，这就导致部门之间的职能交叉与重叠，同时也易造成管理的缺位和真空。从行业发展的角度来说，在文化与其他各部门的融合发展日益紧密的时代背景下，文化的科技化、科技的文化化、文化产业化、产业的文化化、文化的旅游化和旅游的文化化催生出了许多新的文化行业和产业类别，对这些行业的管理面临着政出多门、权责不明、职能重叠、推诿扯皮、效率低下等问题。

网络游戏作为文化科技融合创新发展的典范性行业，同时又是文化贸易和现代文化旅游项目开发中的重要内容，它在发展过程受多部门交叉管理的现象较为突出。在行业发展中，文化部门出台的《网络游戏管理暂行办法》、新闻出版部门推出的《互联网出版管理暂行规定》《出版境外著作权人授权的电子出版物（含互联网游戏作品）审核制度》《关于加强对进口网络游戏审批管理的通知》，广电影视管理部门出台的"网络游戏不得改编电视剧"的禁令等，从文化创意产业行政管理体制上看，是各负其责，但在实际操作中令出多门却不利于对网络游戏这一行业的统一有效管理。在某种意义上可以说，多部门交叉审批及监管的现行管理体制和方式，已经成为阻碍网络文化创意产业发展的障碍。因此，当下国家大力推进的取消和下放一批行政审批项目、"晒权力清单"等措施，有助于打破固有体制束缚，破除部门的本位主义，加强管理部门间的沟通、统筹与协调，以一种"大文化""大产业"的发展理念，探索部门之间的合作与联动机制，为促进文化与科技、商务、旅游等资源的融合发展提供机制保障。

第二，市场在融合发展中的主导性功能仍不完善。

市场在资源配置中发挥决定性作用是市场经济的一般规律，因此文化与科技、商务、旅游等资源融合是通过市场使文化与其他各领域的资源进行重新配置，使市场在系统性推动文化与科技、商务、旅游等资源融合发展中发挥核心性的作用。

目前，北京市乃至全国在文化科技融合发展的过程中，存在市场职能未能充分发挥、政府干预色彩过于浓重的倾向。其一，融合是政府要求的融合，而非市场主动寻求的融合。这典型体现在各级地方政府片面追求量的扩张，而不切实际地发展各类文化企业。目前，北京市共有各类文化企业法人单位 14.6 万个，但在仅有的 30 个市级集聚区却仅聚集着 742 家规模以上文化产业法人单位，不足总量的 1%。这充分说明企业或园区或在集约化、规模化等层面程度不够，或是重硬件建设，缺乏文化、科技、商务、旅游等资源融合发展的内容支持。其二，在某些行业融合发展的模式探索中，政府主导性的作用过于明显。博览会既是文化产业的重要类别，也是文化与科技、商务、旅游融合发展的重要载体。它不仅能为文化科技企业、文化商务企业和文化旅游企业提供展示和集聚的平台，且能够促进文化与其他各类企业之间的交流与合作。但存在的问题是，目前我国大多数的博览会以政府为主导，"政府办会"的色彩较为突出。中国北京国际魔术大会是首都近年异军突起的文化旅游并融科技、商务于一体的文化旅游项目，但在运作中采用的却是政府主导或主办的运营模式，相比较之下，行业协会和企业在博览会运营中的作用未能充分发挥。这就在某种程度上造成专而精的主题性展会的缺乏，从而不能够有效促进文化、科技、旅游等企业通过博览会形成充分对接。

第三，文化科技商务旅游融合发展与资本的对接不足。

文化与其他各领域的融合，需要创意的支撑，但创意项目的开发与推广需要资本的强力介入。但由于一些新兴的产业在发展初期，面临固定资产较少、盈利模式不确定、文化精品数量少等问题，再加上市场中缺乏必要的市场准入机制，相对完善的信用评估体系尚未建立等因素，严重影响了文化科技行业的融资规模。2014 年北京成立了国内首家文化融资租赁公司，即北京市文化科技融资租赁股份有限公司，可为文化科技企业提供 180 亿元的授信额度，但与北京地区 14.6 万余家规模不等文化企业的需求相比，可谓杯水车薪。根据第二次北京市国民经济普查的数据显示，许多文化科技企业的实际融资成本在 15%~20%，过高的融资成本已超出行业的毛利率，❶不利于行业的健康快速发展。

三、国内外重要城市融合发展的经验借鉴

本书前面的相关章节对国内外重要的文化与科技、商务、旅游发展的理论、实践以及重要发展模式进行了考察，它们有着可资借鉴的经验，对于推动

---

❶ 李慧：《喷涌而出的活力哪里来——盘点 2014 文化产业投融资新态势》，《光明日报》2014 年 12 月 4 日。

首都北京的文化与相隔领域的融合发展具有重要的启示。

（一）国外重要城市文化与科技商务旅游融合发展对北京的启示

第一，深刻把握城市发展战略定位，明确城市发展目标。

国外重要城市的融合发展大多是"危机反应"的产物，是全球城市竞争的结果，全球化影响了这些城市融合发展的重点。伦敦、巴黎、柏林、纽约、东京、新加坡六大城市都有过辉煌历史，此后不同程度上遭遇经济衰退、环境恶化等"城市病"，国际国内地位受到其他城市挑战。六城市推动融合发展基于相似的考虑：文化与科技、商务、旅游融合对于它们"去工业化"之后刺激经济持续增长，保持或恢复领先地位有着重要意义，创意产业作为融合发展的重要结果之一，是激发旧城和衰败地区活力的有力手段。如果某城市属于新兴工业化国家中工业、制造业 GDP 比重较大的城市，或者本身没有太好的文化资源条件，则没有那么强烈的意愿来推动文化与其他领域的融合发展。纽约一体化融合发展的特点首先注重的是文化与商务、旅游的融合，打造"商务旅游之都"。而东京则因为种种原因在 20 世纪 90 年代后期放弃了打造"世界城市"的计划，把建设"宜居城市"作为主要目标。2014 年 2 月，习近平总书记在北京市考察工作时对北京做出了新的战略部署和提出了新的战略发展要求，不仅从国际治理体系和治理现代化的战略高度强调要建设和管理好首都，而且提出要发挥各方面的优势，处理好国家战略要求与北京自身发展要求的关系，在服务国家大局中提高首都发展水平。习近平同志对如何推进北京的发展和管理工作提出五点要求，首先要求明确城市战略定位，坚持和强化北京作为全国的政治中心、文化中心、国际交往中心和科技创新中心的核心功能，深入实施人文北京、科技北京和绿色北京的城市战略，把北京建设成为国际一流和谐宜居之都。把握首都城市发展战略，坚持和强化北京作为全国政治中心、文化中心、国际交往中心和科技创新中心的核心职能，尤其是提出要把北京建设成为国际一流和谐宜居之都，需要从城市发展战略的高度，深刻把握和充分发展首都的资源优势，深化和拓展文化与相关领域的融合发展，"和谐宜居之都"既是一个综合的概念，也是一种深刻的阐释发展目标，更是一种战略实践，而融合创新发展是极为重要的战略措施。

第二，准确把握自身条件，明确融合发展的重点。

伦敦、巴黎、柏林、纽约、东京、新加坡六城市的融合发展既做到了门类齐备又有自身的特点。北京的文化与科技、商务、旅游融合发展与伦敦等国外重要城市相比，虽然存在种种不足，但也有自身的先天优势。即我国的国内市场规模巨大、发展潜力巨大，北京又是中国的政治中心、科技中心、文化中心。北京的融合发展在现阶段应当从城市战略定位和自身条件出发确定发展的重点领域，占领国内市场，壮大企业实力，积极参与国际竞争。在国际世界城市的文化体系中深入思考首都自身的文化问题和文化发展战略问题，在国际性的比较视野中系统、全面、深入地分析、梳理、研究首都的文化资源和文化实力，在比较研究的视野中提炼、突出、强化、弘扬和发展北京城市建设中的中国文化精神、北京文化特色和城市文化品格，找出北京在国际世界城市体系中的文化差距和文化差异性，从而确立北京文化建设和文化发展的战略定位和战略目标。尤其充分利用和发挥北京作为政治中心、文化中心、国际交往中心和科技创新中心的优势，以融合发展推动社会主义先进文化的传播、文化创意产业的发展、文化服务的提升、文化传播的拓展、文化魅力的彰显。

第三，加强北京城市融合发展的协调，深化融合发展格局。

整体规划、区域协同融合发展是融合发展的重要战略措施，如果规划不当，将会造成新的区域发展不平衡和资源浪费。如前所述，国外重要城市推动融合发展的背景和基础条件大多是内城衰败、郊区化发展和建设世界城市的战略定位，而中国的城镇化过程还在进行中，即使是北京、上海、广州、深圳也还没有出现类似纽约、伦敦的内城衰落，郊区的发展水平与内城还有很大差距，建设的一批新城还要解决产业化问题，过度强调国际金融中心功能或大规模重新建设内城的核心街区都有可能造成资源进一步集中，最终导致区域发展不平衡。北京的新区新城在推动融合发展方面并不理想，即使是昌平、通州等文化资源丰富的区县，也还没有充分利用其资源优势把文化要素融入全面的社会建设，只是承担了一些科技新区的功能，科技、文化、商业、旅游的融合程度比较低。

第四，完善协调管理，形成融合发展协同机制。

西方发达国家以及伦敦等重要城市为推动融合发展，都进行了管理机构的改革重组，进行管理的部门机构往往横跨多个产业领域，本身就体现融合发展的理念和成果，提高了工作效率。我国的国家文化科技创新工程由科技部、中宣部、财政部、文化部等部委联合启动，已经是很大的进步，但从城市层面看文化与相关领域的管理部门相对独立、缺乏协调，各部门、各机构推进文化与相关领域融合发展的工作定位、路径等都不够清晰，缺乏统一的行动方案。这是长期以来阻碍北京以及国内其他城市进行融合发展的一个难题，有必要在系统研究国外重要城市经验的基础上深化文化管理体制改革。

第五，积极发展文化与相关领域融合发展的旗舰企业。

北京的融合发展固然要首先立足于庞大的国内市场，主要满足北京市民和全国消费者的文化需求，但也要积极发展一些有世界视野、积极拓展海外市场、具有较高品牌价值的融合发展型旗舰企业。这些企业除了扩大北京的城市文化影响力之外还能对其他企业的融合发展起到示范带动作用。北京市除央企之外的科技文化融合型企业实力还有待进一步增强，企业规模普遍有限，特别是文化产品出口能力严重不足，主要集中在完美世界等少数几家电子游戏企业，在大型融合发展企业集团方面远远落后于伦敦、纽约、东京等大城市。要造就北京自己的大型融合发展企业集团，除发展万达集团这样自身纵向一体化发展起来的企业集团外，还意味着企业的大规模收购兼并重组，需要管理部门帮助扶持。

第六，积极推动创意集群从"自发自治"到"引导扶持"。

政府在城市融合发展中的角色主要是制定总体战略规划、进行顶层设计，而不宜做出过于具体的发展计划。由政府来制订发展计划、实施经济补贴，远不如引导扶持在市场中已崭露头角、显示生命力的创意阶层和融合型企业更加便捷有效，而仅仅依靠国家文化和科技融合示范基地来推动融合发展的产业化也是不够的。换言之，政府"自上而下"的推动还需要与社会各阶层"自下而上"的发展相结合。伦敦、巴黎、柏林、纽约等城市的一些创意园区、创意街区都出现过建立起文化品牌、扩大城市文化影响力之后无力为继的情况，同样利用老厂房建立起来的北京 798 艺术区，也出现租金飙升等问题，原本自发聚集于 798 的艺术家和创意者纷纷向宋庄等更远的郊区搬迁。要维护发展这些已经建立的城市文化品牌，须由政府回购土地或建筑，由开发商、城市规划设计者、艺术家和创意阶层等几方面一起制定开发方案。纽约下城的 SOHO 区、汉堡的甘厄区则是较为成功的自发兴起之后又由政府扶持的创意街区，其发展较为稳定。能否顺利解决这一问题，取决于城市决策层面和组织管理部门是否意识到这些创意企业和创意阶层已经使原有街区增值，取决于如何看待这些创意街区在城市整体发展中的作用。

（二）国内重要城市文化与科技商务旅游融合发展对北京的启示

文化科技融合是当今时代潮流，从中央到地方政府已逐步形成共识，以文化科技融合提升城市创新能力、加快经济增长方式转变，推动文化事业和文化创意产业发展。自 2012 年公布首批国家级文化和科技融合示范基地以来，我国的文化与科技、商务、旅游一体化融合发展加速推进，融合型的文化产业和文化事业得到显著提升，涌现了一批集聚效应显著、拥有较强创新能力和产业竞争力的基地、园区和龙头企业。北京较早把文化创新、科技创新"双轮驱动"明确为城市发展战略，北京的融合发展规模大、水平高，文化创意产业占城市 GDP 比重位居全国前列，对国家文化科技创新做出了很大贡献，以数字信息产业为特色的中关村园区也入选首批国家级文化和科技融合示范基地。而上海、天津、成都、西安、长沙、广州六城市与北京相比，其融合发展及其示范基地建设也有各自鲜明的特色和差异化发展的亮点，在示范基地和园区建设上，以融合创新推动传统文化产业改造升级、新兴文化产业跨越发展以及实施"文化走出去"战略四个方面都有具体经验，对北京进一步拓宽融合发展的思路方法，深入推进融合发展战略有借鉴意义。国内重要城市在公共文化服务方面的融合发展主要是做好基层文化服务设施的数字化、博物馆等"五馆"的数字信息化等工作，此外还有一些创新工程如西安等城市的智慧旅游、智慧社区。由于现阶段公共文化服务建设主要以标准化、均等化为目标，这里侧重分析国内城市融合发展的产业化建设经验。

1. 国内城市文化与科技商务旅游融合发展的经验总结

第一，突出示范基地的主体地位和引领作用。

国家级文化与科技融合示范基地是国内一线城市融合发展的产业化建设主体，国家级示范基地由文化部、科技部、中宣部、国家广电总局、新闻出版署五部门联合认定，本身就体现了国家在文化管理方式上打破原有条块分割、推动融合发展的思路。上海、天津、成都、西安、长沙五城市进入 2012 年首批认定的国家级文化和科技融合示范基地名单，广州进入 2013 年认定的第二批基地名单，各地除示范基地之外的优秀产业园区、集聚区也是推动城市融合发展的载体。六城市在创建国家级示范基地过程中都做了大量工作，还包括融合型示范企业认定和管理，为城市融合发展提供了很好的范本，起到了辐射带动作用。六城市的文化科技融合示范基地及重点园区都建立在各自优势产业基础之上，在全国有很强的竞争力：上海的张江基地以产业联盟推动服务平台建设，发展了以数字出版、网络文学、动漫网游、文化设备制造为特色的融合产业集群。天津滨海新区在文化科技融合发展方面突出了自身动漫影视和游戏产业发达的优势，以国家动漫产业综合示范园为主打项目，利用国家超级计算天津中心的技术支持，建成了国内最大的动漫影视专业渲染中心。成都示范基地以数字音乐、数字传媒、熊猫生态文化、蜀绣传统文化四大领域为融合发展重点产业。西安示范基地以文化旅游、广告会展、移动传媒、数字出版等为主要特色。长沙以动漫游戏、数字化广电传媒、创意设计等特色产业为突破口。广州示范基地以新媒体、动漫、文化设备制造为主要产业。这些国家级示范基地及重点园区大部分依托原有的高新技术开发区、文化产业基地，构建了较为成熟的由政府引导、企业为主体、高校科研机构积极参与的区域创新体系。

第二，旅游、传媒、出版等传统产业以多种方式改造升级。

融合发展首先表现在利用数字信息技术等现代科技手段改造传统文化产业以及把文化元素融入传统的旅游、制造、会展等产业，原有的部分产业园区也可以利用新技术进行转型升级。六城市对旅游、广电传媒、新闻出版等传统产业的改造升级成效最为显著。上海、成都、西安的文化旅游都创造性地利用了城市历史文化资源：上海利用以外滩"万国建筑博览群"为代表的历史建筑群和庞大的石库门民居建筑群，开辟了都市文化、商务、旅游融合发展的新天地。此外利用工业遗存发展文化创意产业的园区比北京更多，8号桥、莫干山艺术区、红坊艺术区等园区都成为上海新的城市文化品牌。成都、西安对历史文化遗产的保护利用及文化旅游发展都有"大集团、大产业、大项目"的发展思路。成都文化旅游发展集团运作了宽窄巷子、锦里、西岭雪山、平乐古镇等多个大型文化旅游项目，产生了极佳的经济效益和社会效益，由民间资本兴办的建川博物馆是全国规模最大、以镇为单位的博物馆集群，书写了民间博物馆的新历史。西安曲江新区由大唐芙蓉园、大唐不夜城、曲江海洋世界、大雁塔、法门寺文化景区、大明宫国家遗址公园、曲江国际会展中心等多个大型文化旅游商业项目组成，形成了历史文化、生态文化景区的集成式发展。广电传媒和新闻出版等传统文化产业在数字时代面临网络媒体的巨大挑战，广州、长沙等城市的传统产业通过与新媒体深度融合，在制作传播模式上进行变革，扩展在视频网站、移动终端的新市场，反而发挥了原有的内容产业优势。广州的羊城晚报、南方报业、广州日报三大报业集团积极发展"全媒体"产业，集印刷、发行、物流、新媒体、销售连锁、投资等多种业务于一身；而长沙以广播、电视、电信业引领融合发展，湖南卫视、金鹰卡通等"电视湘军"明星企业成为融合发展的领头羊，积极拓展了网络新媒体、移动传媒、电视购物、电子商务、电影、演艺、出版、有线网络增值等业务。

第三，利用电子信息产业基础推动新兴产业跨越式发展。

电子技术、信息技术起源于 19 世纪晚期，最初主要用于通信和电气设备制造，尤其对军事国防意义重大。"二战"以后特别是数字技术出现后，电子信息业开始对文化产业产生全面影响。在现代设计、新媒体、网络游戏等新领域领先的美、英、德等国无不拥有发展电子信息工业的传统，而我国在 1963 年也成立了"第四机械工业部"来专门推动电子信息产业，此后在全国的几个重点城市建立了我国的电子信息工业基地，这些国内较早发展电子信息工业的城市拥有极佳的发展新兴产业的基础，具备雄厚的研发和生产能力，可以为当地文化产业发展提供支持。成都作为既不沿海也不沿边的西部内陆城市，在地理位置上无优势，但由于 1949 年中华人民共和国成立后的国防及"三线建设"需要，很早就建设成为我国的三大电子信息工业基地之一，相关的高校科研院所众多，在高新区的天府软件园、天府新谷、东郊创意创业园区等地发展了新媒体、数字出版、集成电路设计、软件和信息安全等产业。天津滨海新区有雄厚的电子信息产业基础，建有国家超级计算天津中心，同样以此为依托在软件、3D 制作、设计、动漫等新兴产业领域有较大的发展，在由移动终端传播的游戏、动漫、传媒、出版等产业门类也取得了突出成绩。

第四，积极推动科技文化融合型产品"走出去"。

我国近年来积极推动文化"走出去"战略，扩大文化产品和服务出口，通过海外并购、联合经营、设立分支机构等方式开拓国际市场。从文化产品出口的现状看，传统的视听声像、印刷出版不如网络游戏等新兴文化产业领域增长快、贡献大，且随着 Unity3D、Html5 等技术手段的出现，游戏行业的开发门槛降低，我国还会有更多游戏企业活跃于国际市场。而一些传统产业如歌舞剧、杂技等也要依靠新的声光电技术来设计、表现，才能更好地进入国际市场。上海、广州都是中国最早出现的对外开放城市，从目前的对外文化贸易规模、文化产品出口额来看，长期处于全国领先位置，发挥着中国文化产品出口枢纽、集散地的作用，上海在外高桥保税区建立了中国第一个国际文化贸易服务平台。上海、广州等城市的文化科技型产品对外输出，除网络游戏等新兴产业之外还包括文化类技术服务输出。

2.国内城市文化与科技商务旅游融合发展对北京的启示

第一，提升园区集聚水平，加强融合型企业认定评估。

北京的中关村国家级文化和科技融合示范基地是我国融合发展及文化创意产业的高端集聚基地，产业规模很大，在国际国内都有相当的知名度。然而中关村目前采取的是"一区十园"的"大中关"发展模式，海淀、东城、西城、石景山、朝阳等区都有园区纳入中关村示范基地，此外北京还有其他数量众多的科技园区、文化创意产业园区，从总体上看，融合发展的集聚水平、经济效益还有待提高。由于我国全面推动文化与科技融发展战略的时间不长，融合发展的行业、企业认定和统计标准并未统一，各地都有自己的做法。要提高集聚水平和经济效益，就需要各管理部门和科研机构协同，及时总结现有的北京和广州、上海、天津、成都、长沙、西安等城市国家级示范基地及优秀园区的具体经验，建立一套科学的认定、评估体系，才能真正反映目前北京市文化与科技融合发展的产业化水平，在此体系基础上才有可能进一步建立科学的激励、退出机制，出台有针对性的金融等方面的扶持政策。

第二，扶植龙头企业，打造融合发展的战略支撑点。

文化与科技、商务、旅游融合发展取得成效的标志是产生一批规模大、水平高、产业链完整的龙头企业。北京的融合发展应当抓好战略支撑点，即大型一体化融合发展的文化产业集团，包括各类传媒集团、出版集团、影视集团、数字文化产业企业、文化旅游集团等。上海、广州、天津在新媒体、网络游戏、数字出版等方面有众多知名企业集团，西安、成都、长沙等地有大型文化旅游集团，在利用历史文化资源、旅游资源方面有许多大项目、大手笔。北京市目前影响较大的主要是央企和属地管理的民营企业，转企改制的单位竞争力不足，还没有300亿元市值的文化企业。过去领先的传媒业现在只是全国中游偏上的水平，电视、报业的活跃程度不及长沙、广州、上海等城市，水晶石等数字科技企业对市场订单的依赖程度较高，还没有发展成真正跨领域的龙头企业。北京要打造更多像万达这样的大型文化产业集团，必须在体制机制创新方面做出突破，在新媒体发展领域尝试混合所有制，鼓励具备条件的企业跨地区、跨行业、跨所有制、跨媒体兼并重组；融合发展的产业集团应当在集团层面统一规划，避免不同产业领域的企业合并为集团后仍各自为阵、力量分散的问题。

第三，加强共性技术攻关，鼓励融合型人才培养。

文化与科技、商务、旅游一体化融合发展在园区、硬件设施建设等方面相对容易操作，而软环境和区域创新体系的营造则有较大难度，如融合发展的共性技术攻关，复合型人才和高端创意人才的培养体系、激励机制、管理制度等，不仅需要人力财力投入，还需要建立长效机制，不可能期望短时间内就有大面积的收获。国内六城市在融合发展的人才培养和区域创新体系构建方面都有一些经验和亮点，例如天津的"科技小巨人"成长行动。北京应当利用"三网融合"建设、新一代移动通信、互联网发展的机遇，在数字技术、网络技术、新型显示技术、虚拟现实技术、多媒体交互点播等视听新媒体领域的关键共性技术上实现突破。要加强高校科研机构的艺术、设计、传媒、广告、营销等专业，尤其是数字媒体艺术的学科教育，以中心、研究所等形式进行跨学科综合，借鉴国外创意产业人才培养上的先进经验和模式。

第四，重视新兴产业领域，找到适合北京的新增长点。

北京的文化艺术、新闻出版、广播影视等传统行业，由于市场化程度不足、缺乏原创力等因素影响，其发展相对于国内一些重要城市较为滞缓，在市场竞争中并无优势。另外，北京拥有丰富的高校科教资源和很强的科技创新能力，因此应当更加注重新型文化业态培育，找到适合北京的新增长点，加快高新技术成果向文化领域的转化应用，在新领域较快建立起优势。目前已显示出巨大市场的新媒体、游戏、社交网络、移动互联网应用、文化电子商务、3D打印、绿色印刷、大数据服务、云计算等领域都应当是发展重点。

第五，加快文化科技融合型产业"走出去"步伐。

北京文化产品进出口总量长期位居全国前列，甚至是全国进出口规模的三分之一，近年来文化产品和服务出口数量也有所增长，然而文化贸易逆差极大，文化产品出口额远不如以亚太地区为主要市场的广州、上海等城市。北京文化产品和服务出口渠道狭窄，目前的主力军是一枝独秀的网络游戏尤其是"完美世界"等数家公司，而完美世界公司的市值仅有上海盛大游戏的一半。另外，文化企业的国际业务规模还不大，类似万达文化集团收购美国AMC院线这样的成功案例还很少。文化产品服务"走出去"的状况与北京文化之都形象并不相称，反映出北京文化产品的国际竞争力和传播力还有待进一步提升。具有自主知识产权、较高科技含量、以现代科技手段作为表现形式的文化产品将是未来文化产品出口的主流，北京应当利用建设"国际活动聚集之都""世界高端企业总部聚集之都""世界高端人才聚集之都"的契机，加快走出去步伐，在北京的三大优势产业——设计服务、会展、艺术品交易领域提高科技含量，建立大型文化集团，同时以成立海外分支机构、合资合作等方式拓展国际业务。

四、推动首都文化与科技商务旅游融合发展的对策建议

从政府层面的政策制定和机制运行出发，首都文化与科技、商务、旅游一体化融合还处在发展初期，以文化与科技融合为先导，今后需要积极推进四者的全面深度融合，通过探索切实稳健的政策规划和高效有序的政府管理运行体制来促进一体化融合发展，这需要北京市委市政府和各区县政府有全局意识，于政府、市场、企业的多重关系中分析理清、做好总体统筹规划。政府在把握经济社会总体局势和行业发展趋势的前提下通过颁布行业融合发展管理规范、出台优惠政策和颁布一系列财政、税收激励措施鼓励新型融合企业的发展，尤其是文化创意、高新技术企业、商务和会展旅游等涉及多领域的行业，一方面支持龙头企业做大做强，以品牌营销在国内外竞争中占据优势；另一方面鼓励中小微企业的发展，切实帮助中小微企业解决融资难、渠道窄的问题。在首都文化与科技商务旅游的融合创新发展研究中，需要政府扮演好主导和扶持的角色，有效利用北京的各种资源优势，并加强外部交流，配合京津冀一体化发展做好首都文化与科技、商务、旅游一体化融合发展。为进一步提升北京与科技、商务、旅游等资源融合发展的质量与水平，提高文化发展过程中对各类资源的统筹与协调能力，积极促进文化与科技、商务、旅游等资源的融合，实现北京社会经济文化转型创新发展，本书根据以上梳理出的相关问题，提出如下建议。

（一）树立全局观念，继续发挥好政府的综合统筹作用，在政府、市场与企业的多重关系中规范并完善一体化融合发展格局

在谋划首都文化与科技、商务、旅游一体化融合发展的结构和布局过程中，政府起着综合统筹、把握大局的作用，对于社会经济未来发展的趋势走向也需要有相对准确的判断，才能做好基础性和服务性工作，在政府、市场和企业之间营造一个和谐共生的环境。在一系列政府政策的支持和引导下，经过十多年的发展，北京市文化创意产业已经一跃成为第三产业中仅次于金融业的第

二大产业，借助连续稳定的产业政策规划，政府展示了在扶持产业发展、综合统筹多方力量方面的管理和执行能力，也为商务、旅游行业加快一体化融合步伐提供了良好的示范。首都融合发展除了文化领头外，科技、商务、旅游产业也要在今后的发展过程中努力发挥好各自的融合带动效应，从政府管理的层面上来看，需要继续颁布出台一些以科技推动一体化进程、以商务提升一体化的社会和经济效益以及以旅游部署新的产业格局促进一体化转型升级等政策条例，发挥好政府的统筹能力和优化资源配置能力，为市场资源要素的合理流动提供良好的外部环境和政策条件，并从企业的需求出发，在搭建发展平台、提供金融信贷支持、规范产权评估等方面提供及时有效的服务和信息。

北京市各级政府层面高度重视文化的创新力和科技的生产力，在科技创新、文化创新"双轮驱动"战略的总体部署下，以中关村为代表的文化科技融合取得了重要的成就。相较于文化科技的融合现状，文化与商务、文化与旅游的融合步伐还比较缓慢，不同行业之间的内在联系并不紧密，往往那些规模大、关注度高、社会效益好的融合项目如文化产品和服务的对外贸易、历史文化名胜旅游、老字号商业发展等才能进入决策视野，但这些并不能代表不同行业融合发展的普遍状况。很多情况下，政府融合发展政策的制定和规划对象集中在大项目和重点工程，往往在政策导向中倾向于追逐行业热点、追求产业规模效益。实际上，政府决策应该是而且始终是在尊重行业自身发展的规律的情况下起到引导和推动的作用，以文化、科技、商务、旅游等不同行业的融合提升整体效益，在全局视野的观照下有计划、分层次地提升重点项目，还要注意对产业融合发展的趋向性把握，制定长期的发展规划和管理规范，保证行业的长效健康发展，坚决杜绝盲目跟风、一哄而上的市场行为。

具体而言，针对文化与科技、商务、旅游一体化融合发展中行业融合不够、相关规划缺乏、跨领域发展能力有待增强的现状，政府需要加大力度部署深化融合措施：

重视市场需求，尊重市场在资源要素配置上的能力。当前，北京明显表现出了后工业社会的特征，社会经济领域中生产制造业缩减而服务业占比大幅提升，第三产业在北京地区生产总值中占比近年来已高达70%以上（见附表2），成为地区经济发展的重要引擎。第三产业对传统制造业的取代使传统大规模的生产逐步向面向特定消费者提供产品和服务转变，这一转向的重要标志就是以市场为导向、分工和专业化为基础的体现工业生活模式的福特主义（Fordism）

向以满足个性化需求为目的、依赖信息和通信技术的弹性生产模式——后福特主义（Post-Fordism）转变。如果说福特主义代表了 20 世纪中期以来大规模生产方式的全球传播和扩散，那么 20 世纪 80 年代以来后福特主义则体现了生产导向消费导向转向，定制生产和不同企业间优势联合（"新水桶原理"，即企业在新的生产环境下不再尽力修补短处，而是将自身优势与别家联合形成优势整合局面，从而提升整体竞争力）形成了既竞争又合作的市场结构。从福特主义向后福特主义转变的一大标志即依据客户的需求来进行生产，工厂化时期的大量生产模式转变为弹性生产，它强调了企业组织内外部之间的持续联系和协作关系，在此观点之下，传统大型企业因制度僵化面临诸多问题和挑战，而以创意为基础的中小企业具有更多的弹性和适应市场的能力，也因跨行业合作而更富活力。首都文化与科技、商务、旅游一体化融合发展正是强调跨领域合作，不同产业之间形成优势和资源互补来更好地满足消费者需求。如旅游产业通过与文化融合提升景区的人文内涵和思想品质，与科技融合为旅行者提供详细便捷的旅游导览和便民服务，与商务融合增加旅游产业的经济价值和集团化、品牌化效益。这种一体化集合了现代社会第三产业的主要行业，反映了后福特主义时代生产和消费的一般特点，以市场和需求来调整生产和服务领域的变化，以满足消费者的需求来更好地促进不同行业的有效整合。应该说，北京市第三产业快速发展体现了后福特主义的发展模式，首都文化与科技、商务、旅游一体化融合发展要充分重视市场需求与消费导向，重点发展北京市具有市场前景的战略性新兴产业，带动传统产业升级转型，以一体化融合推动经济结构的转型调整（见表 12-5）。

表 12-5　2008—2012 年北京地区生产总值构成　　单位：%

年份	地区生产总值	第一产业	第二产业			第三产业
				工　业	建筑业	
2008	100.0	1.0	23.6	19.2	4.4	75.4
2009	100.0	1.0	23.5	19.0	4.5	75.5
2010	100.0	0.9	24.0	19.6	4.4	75.1
2011	100.0	0.8	23.1	18.8	4.3	76.1
2012	100.0	0.8	22.7	18.4	4.3	76.5

资料来源：北京市统计局。

集中精力重点打造产业基地和产业园区（功能区），为企业提供孵化与成长的平台，提升产业整体实力和集聚效益。北京市目前最有影响力的园区是中关村国家自主创新示范区，区内集聚了国内外一大批具有重大影响力的自主创新企业，创新产业集群有着良好的经济和市场前景，目前中关村又积极把握发展趋势，在全球大数据时代背景下管委会出台《加快培育大数据产业集群推动产业转型升级的意见》，抓住机遇乘势而上，依据《中关村支持企业国际化发展行动计划》，鼓励支持园区内企业走出国门走向世界；在国内层面，积极探索京津冀协同发展新路，促进区域经济发展，针对小微企业成长困难，中关村获批成为全国首批小微企业信用体系建设实验区。今后，中关村高新技术园区需要进一步提高科技成果的转化率，引进国内外人才，做大做强区内龙头企业和优势行业，以良好的品牌效应把握发展先机，以高新技术企业加强融合发展的研究和实践。北京市文化创意企业在文创产业集聚区和国家文化园区内也充分享受了政策扶持和财政税收优惠，发展布局进一步优化，计划形成"一核、一带、两轴、多中心"的空间格局和"两条主线带动、七大板块支撑"的产业体系。在商务领域，文化商业街区和国家文化对外贸易基地、空港文化保税区还处于在建过程中，相关政府部门需要加大力度编制发展规划，利用优惠条件鼓励企业入驻，为企业成长搭建市场服务体系和现代发展平台，优化整体发展环境并构建国际化发展格局，使文化、商务、科技要素在基地内有效融合，提升基地实力和国内外竞争力。北京市旅游业发展方面，还主要围绕历史文化资源和自然资源的开发和利用展开，在巩固原有旅游资源的前提下，今后要加强旅游新兴业态开发，提高旅游业的科技含量和商务运作方式，加强如怀柔影视基地、平谷中国乐谷音乐城、通州万达文化广场等不同主题的旅游产业园区运作，从文化与科技、商务、旅游一体化融合的角度形成当地的主要产业支撑。对这些旅游基地的规划要有计划有步骤地进行，根据区县功能定位结合文化特色、运用科技手段和商业运营模式探索发展道路，还可以借鉴国外游乐园、影视基地等旅游业的文化和商业运作模式，这需要各地旅游委、宣传部等相关部门展开联合调研，在综合考量地区发展潜力、资源禀赋、现有条件等基础上制定旅游业长期发展规划。另外，对于文化、科技、商务、旅游各行业都需积极探索从创意、研发、生产到交易的完整链条，形成不同产业的渗透融合，积极拓展跨行业、跨地区的产业链。

进一步解放和发展生产力需要有体制改革的强力支撑。北京在 2011 年 12

月出台的市委意见中已将改革创新视为北京未来发展的动力，强调通过实施文化创新、科技创新"双轮驱动"战略，发挥北京作为首都城市的全国文化中心示范作用。2105 年 12 月，《关于制定北京市国民经济和社会发展第十三个五年规划的建议》中着力强调构筑一种开放型的社会经济发展体制，建立统筹利用各级各类资源的体制机制，推动区域协同、部门协作的新格局。为了实现这一目标，一方面，北京应自觉树立和践行大文化的发展理念，统筹文化、科技、商务、旅游等资源融合发展中的各种关系，形成全社会共同推进文化科技融合发展的合力。另一方面，通过深化体制改革，加强文化与科技、商务、旅游等各部门间的协调，解决多部门共同管理的障碍，破除因权责交叉、政出多门等不利因素给文化与各行业融合发展带来的制约，积极探索多部门间的合作联动机制，在北京率先实现融合创新发展。

政府相关部门建立联席会议制度，成立联合工作办公室，健全一体化融合促进工作的长效机制。对于首都文化与科技、商务、旅游一体化融合发展，政府已经充分认识到不同部门加强合作，建立联席会议制度的重要性，主要是在融合推行阶段从相关部门抽调人员成立联合工作办公室，参与的各部门都有明确的职责分工，部门之间保持密切的沟通和交流，并依据实际需求不定期召开联席会议、制定工作规划。这种会议制度能有效整合各方资源，体现出较强的综合性，科技兴贸联合办公室和文化商务融合发展的联席会议制度具有推广的意义和价值，在文化与科技、文化与商务融合方面已做出了良好的示范，接下来旅游与文化、科技、商务等各行业的融合也可继续推行这一制度模式，以旅游委等政府相关部门为主导建立各部门通力合作的联席会议制度，以长效机制保证一体化融合的顺利开展，加强部门之间的协同合作，统筹和协调融合发展。

（二）继续加强政府的主导作用，稳步推进一体化融合发展

首都文化与科技、商务、旅游一体化融合发展是政府在准确把握现代社会产业发展的趋势和特征下倡导的发展模式，需要在政府的决策主导下进行。

重视政府层面政策制定的理论先导性。北京市城市规划和产业发展体现出较强的政府主导性，往往是政府的政策法规出台后，相关产业就会展现出良好的发展势头，如北京市文化创意产业从起步之初到发展成第三产业中仅次于金融业的第二大支柱产业，政府的政策扶持功不可没。从 20 世纪 80 年代末期以来，北京城市经济社会发展表现出从重视科技因素到重视文化、科技双重因

素的转变，从科技促进国民经济各产业发展到文化创新、科技创新"双轮驱动"经济社会发展的转型，在政府的决策支持下，社会经济展现出了强大的发展后劲和发展潜力。当下北京文化与相关领域一体化融合发展的提出，也是政府在全球一体化语境下把握社会发展趋势做出的正确决策。可以预见，强调跨领域、跨行业的一体化融合发展策略将会极大地推进北京市经济结构调整和产业升级转型，也将对首都实现高端引领、创新驱动、绿色发展的道路起到积极的助推作用。值得注意的是，在政府推行政策实施的过程中，应积极转变政府职能，变直接干预为提供系统科学的规范和服务管理，为相关企业的成长和发展提供良好的政策环境和政策咨询服务。也要看到，政府政策只能起到引导作用，各行各业发展不能仅靠政策利好，关键还是要做硬自身实力，在首都文化创意产业形势一片大好的氛围下，企业应准确把握良好的发展时机，抓住机遇乘势而上，深化融合发展。

　　进一步加强政策研究和制定，完善一体化融合发展政策体系。目前，北京市文化、科技、商务和旅游产业大多已制定产业集聚区（基地）管理办法和行业标准化管理条例，如中关村国家自主创新示范基地和北京市文化创意产业集聚区认定和管理办法，商务领域也出台了一系列商务活动管理条例，全国首家空港型综合保税区天竺综合保税区发布实施了《北京天竺综合保税区管理办法》和《北京天竺综合保税区促进产业发展暂行办法》，对口岸通关、保税物流、出口加工等环节提供"保税、免税、免证"政策优惠，区内国家对外文化贸易基地还在建设之中，建成后将集成国家、北京市和天竺综保区政策法规优势，成为对外文化贸易发展的重要平台；旅游领域也通过《北京市旅游管理条例》《北京智慧旅游乡村／旅行社／饭店建设规范（试行）》《北京市旅游商品扶持资金管理办法（试行）》等条例规范加强行业建设。这些管理办法或条例中，有的是针对单一行业领域，有的是行业本身就已是融合形态，从一体化融合的角度，还需以专门的篇幅研究制定文化、科技、商务、旅游一体化融合的支持促进条例。目前，北京市文化与科技融合、文化与商务融合走在了一体化融合的前列，接下来文化与旅游、商务科技与旅游以及科技与商务的融合还需从政策层面加强。

　　以北京市旅游业为例，近年来，国内游比例不断下降而出境游迅速增长，散客自助游取代团队游成为旅游市场的主力军，国旅、中青旅等传统旅游企业增长缓慢而携程、去哪儿等新生代迅速占领市场……旅游新兴业态的崛起带来的不仅是市场份额的变化，更体现了旅游行业的深刻变革，线性生产链逐渐被网络和智能终端为基础的旅游生态圈所取代，互联网巨头阿里、百度、腾讯等进军旅游行业必然掀起一场移动旅行时代的浪潮，人们由过去的通过报纸、电视、广播等渠道获取旅游信息转变为手机等智能终端随时接收，而且借助互联网络能在几分钟订好航班、酒店。针对旅游业传统业务萎缩、创新业态纷纷崛起的局面，旅游委等政府部门需从顶层设计上着力，从理论建构和经验探索两方面对行业进行战略性引导和培育，加快培育新的旅游生态圈并制定移动旅游的管理办法和实施条例，从旅游行业与文化资源、科技要素、商务资源等因素的结合探索北京市旅游业发展的新路。

为规范和完善首都文化与科技、商务、旅游一体化发展格局，政府相关管理部门应制定长期合理的发展规划。这方面，北京市文资办起到了良好的示范作用，文资办针对当前文创产业已走上稳定发展之路，需要进一步提升优化的需求，于2014年依照《北京市"十二五"文化创意产业发展规划》结合北京市文创产业发展实际进一步编制完成《北京市文化创意产业功能区规划（2014—2020）》和《北京市文化创意产业提升规划（2014—2020）》，前者加快建设文创功能区示范区，推动"从园区经济向区域经济转变，从行业发展向融合发展转变，从综合性政策向'共性＋个性'政策体系转变，从政府扶持向政府主导转变"❶，针对北京文创企业发展情况采取科学规划、针对性实施规划和完善产业空间布局；后者依据文创产业分类，确立并制定传统行业、优势行业、融合业态的分类发展措施，有重点、有计划地开展产业优化升级和转型发展工作，突出产业融合和协作发展，并在京津冀一体化发展布局下推动区域协同发展。前文在首都文化与科技、商务、旅游一体化融合发展的政策优势的分析中已经指出，北京市文资办的成立以文化为核心对推动文化与科技、商务、旅游一体化融合发展起到了支持促进作用，鉴于文化在首都经济社会转型和文化体制改革中的突出地位和作用，文资办的成立适当其时，对推进不同行业的整合发挥了关键作用；而科技、商务、旅游行业尚无成立专门组织机构的必要，这只会增加行政成本，但需要着手研究制定促进一体化融合的长效发展规划。北京市科委、商务委和旅游委可以借鉴文资办的做法，立足北京市科技、商务、旅游的发展现状，一是制定规划落实提升科技产业基地和园区、文化商务街区、北

❶《市文资办编制完成全市文化创意产业功能区规划和文化创意产业提升规划》，参见 http://www.bjwzb.gov.cn/index.html？Para=507，11。

京空港区对外文化贸易基地、综合演艺园区的建设，形成融合产业发展的强大平台支撑；二是从行业融合的角度制定融合发展长期规划，着手解决如何以科技促进产业升级转型、以商务提升行业经济价值和社会效益、以旅游推动新的产业业态成长和发展的途径和措施，为首都文化、科技、商务、旅游一体化融合提供决策参考和政策咨询。

建立融合发展的专项资金，加强财政金融支持，完善投融资体系。首都文化与科技、商务、旅游一体化融合需要资金保证，包括设立政府专项发展资金，颁布实施产业发展专项资金管理办法并成立基金管理办公室，对资金使用进行动态日常管理。其次，资金来源和市场主体需要多样化，政府可以是直接出资人，也可以通过政策和财政优惠吸引社会力量参与到专项基金设立中来，放开市场准入度，鼓励社会力量和民间资本投入创新融合企业和项目建设，以基金的方式实现多方共同管理；支持对有潜力的中小微融合企业进行风险投资和天使投资，鼓励银行、信托基金等金融机构打包为融合企业融资，加强融合企业和资本有效对接等。北京市融合发展的金融支持体系现在还远远不够完善，尤其是知识产权评估和企业知识产权抵质押标准和具体细则还未出台，而众多融合项目（工程）、融合企业依靠创新创意提升产品和服务质量，知识产权和企业的信用额度是其中的关键，若相关细则不出台，企业借此贷款和融资的难度就比较大。中小微企业是创新创意的生力军，但他们往往享受不到政府的政策优惠，为激发北京创新创意活力，有待政府制定专门政策和财政扶持办法，并充分利用金融杠杆引导资金流向。随着机构组织的责权进一步明确和资金使用分配的规范化，北京市文化与科技、商务、旅游一体化发展将得到更好的助力和扶持。

以公共文化服务带动首都文化、科技、商务、旅游一体化融合发展。公共文化服务是由政府主导的、以保障公民基本文化权利并向公民提供公共文化产品和服务的制度和系统的总称，既包括公共文化基础设施、资源和服务，也包括人才、资金、技术和政策保障等方面的内容。我国公共文化建设经历了从无到有、从零散到体系的过程，政府在这一过程中的角色不断明晰。就文化与科技融合方面，北京市公共文化服务体系数字化建设一直是公共文化服务建设的重要内容，北京市十大惠民工程中的公共数字文化工程、公共文化数据库工程和区县级公共文化服务数字化供给都旨在依靠现代科技和数字化成果提升公共文化服务的品质。文化与商务融合方面，政府购买公共文化服务是尊重市场的自发性和资源配置能力又借助政府力量克服市场的盲目性和滞后性，达成了拉动社会力量与惠民文化服务的双赢。政府通过购买公共文化服务，一方面充分调动了社会力量和社会资本参与到公共文化服务体系建设中去，另一方面实现了公共文化服务供给的多样化，能更好地提升公共文化服务的能力和水平。文化与旅游融合方面，坐落在首都北京的多家大型博物馆、美术馆、国学中心、非物质文化遗产展示馆等公共艺术机构和公益文化设施集合了全国的优秀文化资源，吸引了大量的游客和观众，在进行文化、艺术、科学普及的同时极大地刺激了旅游业，聚拢的人气和周边衍生品交易对旅游业起到了提振的作业。可以说，公共文化服务本身是一个多面综合体，文化与科技、商务、旅游在这个综合体内得到有机融合。与文化产业发展不同，公共文化服务建设需要政策的主导和大量投入，并依靠政府政策获得良好的规划和整体发展，北京市在公共文化服务方面不断拓宽思路、积极创新，在城市公共文化服务供给中做出了表率，也有效地推进了文化与科技、商务、旅游的融合。

（三）充分发掘文化科技商务旅游在一体化中的贡献，突破各种资源要素的行业界限，加强一体化融合的优势整合

首都文化与科技、商务、旅游一体化融合发展是对首都文化、科技、商务、旅游等资源要素的综合运用，通过发挥各自优势和融合效益使整体水平得到提升。在《网络社会的崛起》一书中，卡斯特尔描绘了一幅网络社会的图景，网络社会的一大特征是信息主义精神。信息技术是一种具有基础性且影响广泛的资源形式，以知识和信息技术为载体的网络社会，将文化、科技、商务、旅游等要素都纳入一个跨行业的网络关系之中，彼此息息相关，相互之间寻求合作成为必然趋势。这种综合性、交融性的网络发展趋势对经济、政治、文化等各方面的发展和变革都起着广泛而深远的影响，并成为社会发展的主导趋势和基本动力。网络社会使纳入其间的资源要素以最便捷最有效的方式组合起来，而一体化融合发展是要达成不同组成部分的资源互补和优势联合，二者共同强调不同行业、不同领域的有效合作使网络社会背景下的一体化融合呈现出了社会发展融合化、多元化的复杂前景。从系统论的角度而言，借助一体化融合，不同企业通过组织和协调把既有共同利益又各自经济独立的合作伙伴联系起来，在企业之间进行资源优化配置，以客户为导向改进生产和销售，取得1+1＞2的效果。

　　首都文化、科技、商务、旅游一体化融合发展其中一个很重要的方面就是达成文化、科技、商务、旅游等资源要素的有机整合，凸显首都的整体实力和综合竞争力。在当今社会，资源生产力比劳动生产力具有更重要的价值，首都作为世界著名古都、历史文化名城以及现代化国际大都市有着丰富和优质的文化资源、旅游资源，作为全国教育中心、科技创新中心有着领先的科技资源和创新优势，而商务资源的增长同样也得益于国际交往中心的迅速发展。北京有着其他城市不可比拟的各种资源优势，但目前对资源的深入开发还不够、资源特色未得到充分挖掘，开发过程中存在的问题解决不力，尤其是旅游资源开发中部分存在监管、协调服务的缺失，需要不断加强政府的管理服务职能。另一方面各种资源之间的融合力度有待加强，资源集约效应有待彰显，除了文化与科技、文化与商务的融合在政府政策的主导下得到有效开展外，资源要素之间尚未形成稳定的优化配置局面，社会经济效益未得到充分释放。针对这一问题，下一阶段需要政府、企业与科研机构联合探索资源重组和资源优化配置的有效途径，当然，这需要从总体上对北京的资源构成、行业现状和综合经济发展状况进行深入把握，并结合国内外融合发展的成功案例，在此基础上思考资源互补和优势结合的具体可行性。

　　充分重视北京得天独厚的人才优势。北京市拥有多所国内外顶尖的高等院校、科研院所和实验室，在全国人才市场中居于前列，北京市政府还利用多项政策优惠积极引进海内外顶尖人才，他们为北京城市的发展和繁荣做出了巨大的贡献。但不可忽视的是，目前，市场上人才缺口仍然十分巨大，在于许多跨行业领域需要的复合人才和原创人才严重缺乏，今后要不断优化人才结构，变知识结构单一、能力结构单一的人才为跨学科、跨领域、跨行业的复合型人才，从人才培养和开发的层面做起，校企联合以市场导向优化高校相关专业的学科设置、提升企业的文化氛围和激励机制，加大投入力度，形成系统有效的人才培训和成长机制。在复合人才和创新人才培养方面，政府也可以采用设立人才基地的方式进行人才培养，如文创行业就已公布两批包括北京大学、中国传媒大学、北京洛可可科技有限公司、北京朝阳传媒影视技术服务中心等在内的共30个"北京市文化创意产业人才培养基地"，文化与商务、文化与旅游、商务与旅游等复合型行业同样也可采用人才基地的方式帮助相关从业人员迅速成长，为一体化融合打下坚实的人才基础。

（四）进一步巩固文化与科技融合的现有成果，深化商务与旅游的融合贡献率，加快首都文化与科技、商务、旅游一体化创新融合的进程

文化与科技是一体化创新融合的两大关键要素，文化作为融合发展的基础、科技作为融合发展的重要手段，二者的结合是首都创新发展的基础资源要素。今后需要进一步提升企业的原创研发能力、加大科技成果的转化力度，提高产品和服务的文化品质和文化内涵，推进完成从政府扶持向市场主导转变。政府需进一步明确职责，提高办事服务效能，发挥好管理作用，避免企业跟风和重复建设，依据实际情况有重点、有计划地部署融合发展格局，加大金融支持力度，使作为创意生力军的中小微企业得到更好的发展。北京市文化与科技融合中的产业扶持政策、示范基地和企业园区建设起到了良好的示范作用，相比之下，商务和旅游融入一体化的进程需要加快，虽然文化与商务融合政策在2014年2月已正式出台，北京市商务与文化融合还处于初期、远未达到文化与科技融合的成熟状态，在政府的主导下，新的热点文化消费还处于培育阶段，融合发展平台还在搭建之中，商务与科技和旅游行业的结合仍需要政府主导制定行业规则和法规条例保障健康有序的市场运作；而旅游与文化、商务、科技的融合应紧紧围绕历史文化名城保护开发、奥林匹克体育文化与周边区县的生态、创意游展开，尤其是历史文化名城的旅游开发应正确处理好传统与现代、保护与开发之间的关系，从业态融合的角度以严格的管理条例促进名城保护和利用，营造旅游开发和市场价值实现之间的平衡。同时鼓励周边区县加强政策引导和扶持，利用自身资源特色和功能定位进行现代旅游业开发。

积极引导市场竞争、优化资源优化配置。充分发挥市场的调节机制文化与各种资源的融合发展主要以一种产业的形式出现，在产业化的过程中，既需要政府宏观政策的大力引导，也应尊重企业主体在市场化中的作用，通过市场竞争、市场选择进行资源的优化配置，充分发挥市场的调节机制。其一，充分发挥市场对区域资源整合作用。市场整合是近些年市场化发展中的重要趋势，面对北京文化发展，尤其是产业发展、园区发展同质化以及区域间不平衡的发展现状，应在北京市加强对集聚区统筹管理的基础上，根据区县的功能定位和发展优势，以市场为导向，以"错位竞争"为原则，对区域文化资源进行整合，在区县范围内形成集聚优势、塑造集聚品牌，提升产业发展的竞争力。其二，充分发挥北京市文资办、北京市文促中心等相关部门对文化、科技、商务、旅

游融合发展的指导和宏观调控作用，逐步推动文化与其他行业的融合由"自上而下"的发展模式向"自下而上"的发展模式转变，切实树立以企业为主体的发展理念。尊重企业在文化融合发展中的意愿，鼓励企业在融合发展方式、发展路径、融资模式等方面的创新。支持企业通过市场建构产学研合作的平台，鼓励企业创办各种形式的技术研发平台、文化创意平台促进企业的融合创新发展。

完善文化金融配套服务体系。加大文化与金融资本的对接力度是推动文化与各领域资源融合发展的关键。一方面，充分发挥北京金融机构众多、文化企业众多的资源优势，鼓励金融机构在支持方式方面先行先试，探索出符合文化科技行业发展的商业银行或租赁公司的金融运营模式。虽然，近年来资本市场不断"跑马圈地"，通过上市、并购等方式拓展市场占有额，进军旅游、电影、视频、文学、游戏等领域，使股权交易市场、证券交易市场风生水起。但其发展的前期及运营过程中均需要大量资金，"烧钱"是这个行业的别称。所以，随着市场份额和产业规模的扩大，对融资的需求就更为迫切，而破解文化企业融资难的问题，需要在信用担保、股权质押、平台搭建等多方面进行努力。另一方面，建立健全信用评估体系。由于文化行业的产品形态多为文化创意产品，属于"轻资产"，产品或项目本身具有价值隐形性或不易定量等特点，就需要对融资过程中对企业的信用资质进行信用评估。北京具有全国较多的评估机构或第三方服务机构，在信用评估体系的探索与建立等方面，可充分发挥首都资源优势，积极探索信用评估体系建设，推动文化与金融的融合发展。

（五）从政策层面加强区域协作与对外开放，打造一体化融合发展的良好外围环境

抓住机遇乘势而上，构建京津冀一体化融合发展格局。在经济全球化的大背景下，已有研究者指出全球城市区域的形成，全球城市区域是指以全球城市为核心的城市区域，它是由多个核心城市组成的空间扩展结构，全球城市区域的多个城市间有着普遍而密切的联系，它们分别承担着不同的功能和角色，相互之间处于一种充满合作和竞争的张力结构之中，共同形成了特色的城市区域。全球城市区域是现代社会经济空间的重要组成部分，当下提出的京津冀协同发展无疑就是要打造独特的城市区域。首都文化与科技、商务、旅游融合需要立足北京，同时联合外围的天津市、河北省，实现资源共享和优势互补，共

同推动一体化进程。京津冀一体化主要是疏解北京的城市功能，转移传统制造业、劳动密集型产业和高能耗高污染产业，同时增强北京市的辐射带动作用，带动周边落后地区尤其是环京津的河北贫困带的发展共荣，有学者称之为打造中国经济增长的第三极。在京津冀大背景下的首都文化与科技、商务、旅游一体化融合发展，应该说充分适应了国家推进新型城镇化、实现经济结构转型升级、全面深化改革的潮流趋势，但尚需用整体的眼光看待融合发展问题。既要充分正视北京得天独厚的文化底蕴、旅游资源和高科技产业，又要在京津冀这盘大棋下整合创新资源、实现协同发展。在京津冀一体化的格局下，北京的经济功能被弱化，由天津和河北来共同承担，相应地现代制造业、机械装备、原材料加工、科技转化基地等需要逐渐转移，而天津的港口优势、河北的广阔腹地资源有待进一步开发，这需要借助高一级的行政力量来做出统一部署，根据具体情况制定多目标、分层次的城市区域整体规划和相应的协调解决机制。因此，首都的文化与科技、商务、旅游一体化融合发展的政策制定要适应新的局面，在凸显自身特色的同时跟周边的天津、河北互相配套，对三地功能定位和产业布局中的交叉和重叠予以重视，避免重复建设和竞争，从互补合作的角度优化产业分工，在实现首都绿色发展、创新发展、低碳发展的同时推动区域协同发展。

加快对外开放步伐，营造国际化发展格局。全球化带来了世界范围内交流与合作的日益深化，首都文化与科技、商务、旅游一体化融合发展要不断深化国际交流，加强不同区域之间的协作，巩固优势、取长补短，以良好的国际品牌和形象彰显首都北京特色。第一，以北京全球"设计之都"建设提升一体化融合发展的创意品质，营造创意发展的良好政策环境。北京市积极融入全球创意城市网络，2012 年入选全球"设计之都"，2013 年即出台《北京"设计之都"建设发展规划纲要》。纲要指出要加快设计产业的发展，将北京的文化、科技等资源优势从潜能转变为现实，全面提升北京的设计创新能力。设计产业本身就具有极大的包容性，文化创意产业、高新技术产业、旅游产业、外贸业、商品零售业等基本上都离不开产品或服务设计。由此，北京"设计之都"建设对一体化融合将起到极大的助推作用，设计与创新是产业发展的重要竞争力，设计从加强产业链前端的原创设计环节为文化、科技、商务与旅游行业提供了融合的基础，也为一体化融合发展提供了自由的创意氛围。以设计美化城市环境，以创意打造知名品牌，北京"设计之都"建设将为首都文化、科技、商务、旅游的一体化融合提供新的发展机遇。第二，充分利用好北京的国际会展平台和对外文化贸易基地提升融合发展的品牌效益和国际影响力，探索走出去的政策模式和发展机制。北京市积极承办了许多大型国际展会和国际文体盛事，如北京国际文化创意产业博览会、北京国际科技产业博览会、北京国际商务及会奖旅游展览会、北京国际旅游商品博览会、北京国际电影节、北京国际时装周等业内盛会，也通过国家对外文化贸易基地积极向世界传达中国文化的符号和声音，为宣传和推广相关品牌和企业、积极融入国际市场提供了良好的契机，也为推动文化、商务、旅游、科技的协同融合式发展开拓了新的局面。下一步要以会展和基地对外文化贸易政策为主要施力对象，思考融合发展的政策着力点，带动文化对外贸易和出口的政策完善，优质的产品和服务增强这些展会的国际影响力，不断推陈出新，积极展示北京文化、科技、商务、旅游在国际上的知名度和影响力。

从总体来说，文化与科技、商务、旅游等资源的融合发展离不开机制、市场和金融的三大支撑。三大要素中市场是核心，它直接关系到文化科技融合的经济效益和市场生命力；机制是保障，它关系到文化科技融合过程中的外部运营环境；金融是动力，它关系到资源的转化利用和财富的再生产。作为一个系统性工程，文化科技融合涉及面广，三大支撑要素之下涵盖发展思维转换、政策的顶层设计、市场经济体制的完善、企业主体地位的发挥、投融资渠道的拓展与完善以及知识产权制度、信贷管理制度、中介服务体系等多个层面的内容，既有政策性也有实践性，既有长期性也有时效性，既有复杂性也有多面性。这就要求我们必须以一种开放的心态来认识文化与科技、商务、旅游等资源的融合，从高端总体战略设计出发，统筹各项改革，加强重点突破和配套服务跟进，在不断探索实践和经验总结中，将文化、科技、商务、旅游融合一体化向纵深推进。

参考文献

外文书籍或研究报告类

[1] Brian Winston: Media Technology and Society: A History: From the Telegraph to the Internet [M] . Routledge, 2002.

[2] Council of Europe/ERICarts, Cultural Policies in Europe: a Compendium of Cultural Policies and Trends [R] .2003 .

[3] Cultural Metropolis: The Mayor's Priorities for Culture [R] . 2009-2012.

[4] David B.Yoffie: CHESS and Competing in the Age of Digital Convergence, Competing in the age of digital convergence [M] .Harvard Business Press, 1997.

[5] Economic Contributions of Singapore's Creative Industries, Economic Survey Of Singapore First Quarter [R] .2003 .

[6] Economic Factor for Berlin: Tourism and Convention Industry [R] .

[7] Eric Schmidt: Google Is Buying One Company A Week [R] .

[8] Franco Bianchini: Remaking European Cities: the Role of Cultural Policies, Cultural Policy and Urban Regeneration: The West European Experience [R] .

[9] Global Technology Revolution [R] .2020 .

[10] Graham Murdock: Digital Futures: European Television in the Age of Convergence, Television Across Europe: A Comparative Introduction [M] . Sage Publications, 2000.

[11] Green Paper on The Convergence of the Telecommunications, Media and Information Technology Sectors, and the Implications for Regulation [R] .

[12] Greenstein & Khanna: What does industry convergence mean ? Competing in the age of digital convergence [M] . Harvard Business Press, 1997 .

[13] Herbert I. Schiller: Communication and Cultural Domination [M] .International Arts and Sciences Press, 1976.

[14] Housing Programs in the United States: A Survey of the 51 Most Populated Cities, The New School for Social Research [R] .

[15] Jeremy Tunstall: The Media Were American: U.S. Mass Media in Decline [M] .Paddyfield, 2008.

[16] Jiirgen Friedrichs and Jens S. Dangschat: Hamburg: culture and urban competition, Cultural Policy and Urban Regeneration: The West European Experience [R] .

[17] John Hartley, Jason Potts, Stuart Cunningham, Terry Flew, Michael Keane, John Banks: Key Concepts in Creative Industries, [M]. SAGE, 2013.

[18] London Tourism Action Plan [R] .2009–2013 .

[19] Michael H. Schill: Housing and Community Development in New York City: Facing the Future Suny[M] .Press1999.

[20] Mike Fromowitz: Unlocking the potential of Singapore's Creative Industries. [R] .

[21] Paris Region: Key Figures 2014[R] .

[22] Peter Hall: Cities in Civilization [M] . New York: Pantheon 1998.

[23] Philip N. Cooke, Luciana Lazzeretti: Creative Cities, Cultural Clusters and Local Economic Development [M] .Edward Elgar Publishing, 2008.

[24] Senatsverwaltung für Stadtentwicklung. Creative Industries in Berlin Report [R] . 2008 .

[25] Stephen Muecke: Textual spaces: aboriginality and cultural studies. [M] .New South Wales University Press, 1992 .

[26] The Global Competitiveness Report [R] . 2013‑2014 .

[27] Zizi A. Papacharissi, A Private Sphere: Democracy in a Digital Age [R] .Polity, 2010.

中文版图书类

[1]（澳）戴维·思罗斯比 . 经济学与文化 [M] . 王志标，等译，北京：中国人民大学出版社，2011.

[2]（巴）埃德娜·多斯桑托斯 .2008 创意经济报告——创意经济评估的挑战　面向科学合理的决策 [M] . 张晓明，周建钢，等译 . 北京：三辰影库音像出版社，2008.

[3]（法）弗雷德里克·马特尔 . 论美国的文化 [M] . 周莽译，北京：商务印书馆，2013.

[4]（加）D. 保罗·谢弗 . 经济革命还是文化复兴 [M] . 高广卿，等译，北京：社会科学文献出版社，2006.

[5]（加）麦克卢汉 . 理解媒介：论人的延伸 [M] . 何道宽译，北京：商务印书馆，2000.

[6]（美）艾伦·J. 斯科特 . 城市文化经济学 [M] . 董树宝，等译，北京：中国人民大学出版社，2010.

[7]（美）布莱恩·贝利 . 比较城市化——20 世纪的不同道路 [M] . 顾朝林，等译，北京：商务印书馆，2012.

[8]（美）道格拉斯·霍尔特，道德拉斯·卡梅隆 . 文化战略——以创新的意识形态构建独特的文化品牌 [M] . 北京：商务印书馆，2013.

[9]（美）葛洛蒂 . 数字化世界 [M] . 张国志译，北京：电子工业出版社，1999.

[10]（美）理查德·佛罗里达 . 创意阶层的崛起 [M] . 北京：中信出版社，2010.

[11]（美）罗兰·罗伯森 . 全球化：社会理论与全球文化 [M] . 梁光严译，上海：上海人民出版社，2000.

［12］（美）迈克·费瑟斯通.消费文化与后现代主义［M］.刘精明译,南京:译林出版社,
2000.

［13］（美）迈克·费瑟斯通.消解文化——全球化、后现代主义与认同［M］.杨渝东译,北
京:北京大学出版社,2009.

［14］（美）莎朗·佐京.城市文化［M］.张廷佺,杨东霞,谈瀛洲译,上海:上海教育出版
社,2006.

［15］（美）英格哈尔特.发达工业社会的文化转型［M］.北京:社会科学文献出版社,2013.

［16］（美）约瑟夫·派恩,詹姆斯·吉尔摩.体验经济［M］.北京:机械工业出版社,2002.

［17］（意）阿尔多·罗西.城市建筑学［M］.黄士钧译,北京:中国建筑工业出版社,2006.

［18］（英）彼得·纽曼,安迪·索恩利.规划世界城市:全球化与城市政治［M］.刘晔,汪
洋俊,杜晓鑫译,上海:上海人民出版社,2012.

［19］（英）大卫·赫斯蒙德夫.文化产业［M］.北京:中国人民大学出版社,2007.

［20］（英）哈罗德·史内卡夫.都市文化空间之整体营造:复合使用计划中的文化设施
［M］.刘蘎卿,蔡国栋译,台北:创兴出版社,2006.

［21］（英）吉姆·麦奎根.重新思考文化政策［M］.何道宽译,北京:中国人民大学出版
社,2010.

［22］（英）罗伯特·保罗·欧文斯等.世界城市文化报告［R］.黄昌勇,等译,上海:同济
大学出版社,2012.

［23］（英）迈克·费瑟斯通.消费文化与后现代主义［M］.刘精明译,南京:译林出版社,
2000.

［24］（英）诺亚·霍洛维茨.交易的艺术:全球金融市场中的当代艺术品交易［M］.张雅
欣,昌轶男译,大连:东北财经大学出版社,2013.

［25］（澳）约翰·哈特利.创意产业读本［M］.曹书乐,等译,北京,清华大学出版社,
2007.

［26］（法）阿尔弗雷德·格罗塞.身份认同的困境［M］.北京:社会科学文献出版社,2010.

［27］（法）亨利·勒菲弗.空间与政治［M］.李春译,上海:上海人民出版社,2008.

［28］（法）莫里斯·哈布瓦赫.论集体记忆［M］.上海:上海人民出版社,2002.

［29］（美）安东尼·范·阿格塔米尔.世界是新的:新兴市场崛起与争锋的世纪［M］.蒋永
军,等译,北京:东方出版社,2007.

［30］（美）丹尼尔·贝尔.后工业社会的来临——对社会预测的一项探索［M］.王宏周,等
译,北京:商务印书馆,1984.

［31］（美）德波拉·史蒂文森.城市与城市文化［M］.北京:北京大学出版社,2007。

［32］（美）戈特迪纳、（美）哈奇森.新城市社会学［M］.黄怡译,上海:上海译文出版社,
2011.

［33］（美）理查德·E.凯夫斯.创意产业经济学［M］.北京:新华出版社,2004.

［34］（美）乔尔·科特金.全球城市史［M］.王旭,等译,北京:社会科学文献出版社,
2010.

［35］（美）乔纳森·弗里德曼.文化认同与全球性过程［M］.北京：商务印书馆，2003.

［36］（美）约瑟夫·S.奈.软力量［M］.钱程，吴晓辉译，北京：东方出版社，2005.

［37］（英）查尔斯·兰德利.创意城市：如何打造都市创意生活圈［M］.杨幼兰译，北京：清华大学出版社，2009.

［38］（英）汤林森.文化帝国主义［M］.冯建三译，上海：上海人民出版社，1999.

［39］《中共中央关于全面深化改革若干重大问题的决定》辅导读本［M］.北京：人民出版社，2013.

［40］《中共中央关于深化文化体制改革推动社会主义文化大繁荣大发展若干重大问题的决定》辅导读本［M］.北京：人民出版社，2011.

［41］北京市社会科学院.北京文化产业研究［M］.北京：北京出版社，1999.

［42］毕娟.北京文化与科技融合模式与路径［M］.北京：知识产权出版社，2013.

［43］鲍宗豪.国际大都市文化导论［M］.上海：学林出版社，2010.

［44］曹子西.北京史苑·第四辑［M］.北京：北京出版社，1988.

［45］陈少峰，张立波.文化产业商业模式［M］.北京：北京大学出版社，2011.

［46］韩骏伟，胡晓明.文化产业概论［M］.广州：中山大学出版社，2009.

［47］胡惠林，李康化.文化经济学［M］.上海：上海文艺出版社，2003.

［48］胡慧林.国家文化治理：中国文化产业发展战略论［M］.上海：上海人民出版社，2012.

［49］黄永林.从资源到产业的文化创意——中国文化产业发展现状评述［M］.武汉：华中师范大学出版社，2012.

［50］蒋三庚.文化创意产业研究［M］.北京：首都经济贸易大学出版社，2006.

［51］金元浦.北京：走向世界城市［M］.北京：北京科学技术出版社，2010.

［52］金元浦.文化创意产业概论［M］.北京：高度教育出版社，2010.

［53］课题组.推进全国文化中心建设［C］.北京：红旗出版社，2012.

［54］孔繁任.在创意经济高地上舞蹈［M］.北京：中信出版社，2008.

［55］孔寒冰.科技人力资源能力建设研究［M］.北京：中国人民大学出版社，2010.

［56］李建盛.北京公共文化服务体系与惠民工程建设［M］.北京：知识产权出版社，2013.

［57］李建盛.北京文化60年［M］.北京：北京大学出版社，2010.

［58］李建盛.北京文化发展报告（2013~2014）［M］.北京：社会科学文献出版社，2014.

［59］李建盛，北京文化发展报告（2014~2015）［M］.北京：社会科学文献出版社，2015.

［60］李思屈.中国文化产业政策研究［M］.杭州：浙江大学出版社，2012.

［61］刘藩.电影产业经济学［M］.北京：文化艺术出版社，2010：19.

［62］刘牧雨.北京文化创意产业研究报告［M］.北京：首都师范大学出版社，2008.

［63］马化腾，等.互联网＋，国家战略行动路线图［M］.北京：中信出版社，2015.

［64］牛维麟.国际文化创意产业园区发展研究报告［M］.北京：中国人民大学出版社，2007.

［65］欧阳坚.文化产业政策与文化产业发展研究［M］.北京：中国经济出版社，2011.

[66] 彭立勋，等．文化软实力与城市竞争力［M］．北京：中国社会科学出版社，2008.

[67] 沈洪波．全球化与国家文化安全［M］．济南：山东大学出版社，2009.

[68] 唐燕，等．创意城市实践：欧洲和亚洲的视角［M］．郭磊贤，等译，北京：清华大学出版社，2013.

[69] 腾讯科技．跨界　开启互联网与传统行业融合新趋势［M］．北京：机械工业出版社，2014.

[70] 涂成林，陈仲球，易卫华．会展：现代城市发展的杠杆［M］．北京：中央编译出版社，2008.

[71] 西沐．中国艺术金融产业引论［M］．北京：中国书店出版社，2012.

[72] 许明，等．当代中国的文化发展［M］．北京：中国大百科全书出版社，2008.

[73] 叶苹，等．视觉设计与创意［M］．沈阳：辽宁美术出版社，2008.

[74] 张帆．文化产业与文化创新［M］．镇江：江苏大学出版社，2011.

[75] 张庭伟，田莉．城市读本［M］．北京：中国建筑工业出版社，2013.

[76] 赵大伟．互联网思维［M］．北京：机械工业出版社，2014

[77] 赵弘．总部经济新论 城市转型升级的新动力［M］．南京：东南大学出版社，2014.

[78] 赵有广．文化产品生产方式创新研究［M］．北京：经济科学出版社，2013.

[79] 郑天翔．行程纪略［M］．北京：北京出版社，1994.

[80] 中国国际贸易促进委员会、北京国际会议展览业协会等．北京会展业发展报告［M］．北京：对外经济贸易大学出版社，2010.

[81] 周振华．信息化与产业融合［M］．上海：上海人民出版社，2003.

[82] 周瑜，何莉莎．一个影响世界的地方：服务经济时代的CBD［M］．北京：知识产权出版社，2014.

中文期刊类

[1]（法）阿梅尔·余埃特．21世纪的城市世界：从技术逻辑到"去中心化"的人本空间［J］．同济大学学报（社会科学版），2005(6).

[2]（法）史蒂芬·基罗．法国时尚产业给中国上的五堂课［J］．商业评论，2012（3）.

[3]（美）沃尔特·赖斯顿．比特、字节与外交［J］．外交事务，1997-9-10.

[4]（美）弗兰克·卢斯夏诺．数字帝国主义与文化帝国主义［J］．黄华莉，编译，马克思主义与现实．2003（5）.

[5] 中共北京市委关于发挥文化中心作用加快建设中国特色社会主义先进文化之都的意见［J］，前线，2012（1）.

[6] 安琳莉．浅议街头艺术的城市景观功能［J］．美术大观，2010（12）.

[7] 曹昌智．论历史文化街区和历史建筑的概念界定［J］．城市发展研究，2012（8）.

[8] 陈劲，等．中关村：未来全球第一的创新集群［J］．科学学研究，2014（1）.

［9］陈柳钦.产业融合的发展动因、演进方式及其效应［J］.郑州航空工业管理学院学报，2007（4）.

［10］陈少峰.文化与经济融合驱动经济发展［N］.中国投资，2012-5-8.

［11］陈少峰.以文化和科技融合促进文化产业发展模式转型研究［J］.同济大学学报，2013（1）.

［12］陈涛.逾八成当代艺术扛鼎拍品由798起步［N］.北京日报，2013-12-6.

［13］程德俊，赵曙明.资源基础理论视角下的战略人力资源管理［J］.科研管理，2004(5）.

［14］单霁翔.重视老字号的保护与发展［J］.中国文物科学研究.2006（4）.

［15］邓细锋.长沙文化与科技融合发展加快［EB/OL］，来源湖南统计信息网.

［16］邓奕.北京胡同空间形态演变浅析［J］.北京规划建设，2005（4）.

［17］杜晓.网络游戏管理仍面临部门协调难题［N］.法制日报，2010-8-12（4）.

［18］方彬楠.中关村企业海外上市再提速［N］.北京商报，2012-11-12（C03）

［19］耿波.旧北京天桥广场及其现代启示［J］.西北师大学报，2009（4）.

［20］龚亮.北京文化创意人才遭遇到什么？［N］.光明日报，2011-11-23（15）.

［21］郭建宁.文化全球化的可能、现实与应对［J］.社会科学，2003（4）.

［22］郭全中.80余项改革大多都是"硬骨头"［N］.中国新闻出版报，2014-3-20（1）.

［23］韩炳越，崔杰，赵之枫.盛世天街——北京前门大街环境规划设计［J］.中国园林.2015（4）.

［24］花建.上海文化产业的空间布局［N］.解放日报，2012-11-17（8）.

［25］金元浦.论文化产业发展的新阶段［J］.文艺理论与批评，2003（3）.

［26］李翅、贺凯.现代化进程对北京天桥传统民俗表演的影响［J］.北京规划建设，2011（5）.

［27］李春满.论文化资产的价值属性［J］.中国资产评估，2013（5）.

［28］李岚，罗艳.加快经济发展方式转变与广播影视产业发展研究［J］.现代传播，2011（9）.

［29］李平，曾国屏.伦敦"隐性创新"：知识密集型服务活动在城市创新体系中的作用［J］.科技进步与对策，2012（12）.

［30］李启军，刘可心.广州中心城区创意产业园区空间组织特征及动力机制研究［J］.规划师，2013（9）.

［31］李小彤.加快创新驱动发展 发挥集聚辐射带动作用［N］.中国劳动保障报，2014-9-6.

［32］李晓光，等.三里屯酒吧街的兴起与发展［J］.当代北京研究，2011（3）.

［33］李英.旅行社是现代旅游业迅猛发展的支柱［J］.合作经济与科技，2012（4）.

［34］厉无畏.产业融合与产业创新［J］.上海管理科学，2002（4）

［35］林佳梁，等.城市文化导向下的城市公共设施设计［J］.郑州轻工业学院学报，2007（4）.

［36］林宗.文化经济论的时代意义［J］.思想战线，2006（1）.

［37］刘德秀.环城市带旅游住宿业研究［J］.经济社会与发展，2003（2）.

[38] 刘虹蕴，等.2012年北京法院十大知识产权典型案例 [J].电子知识产权，2013（3）.

[39] 刘淇.全力推动首都科学发展 为建设中国特色世界城市而努力奋斗 [N].北京日报，2012-7-5（1）.

[40] 娄月.前门大街迷思：追市场还是续传统 [N].北京商报，2013-2-1（5）.

[41] 楼嘉军.休闲文化结构及作用浅析 [J].北京第二外国语学院学报，2002（1）.

[42] 陆昀.CBD成为现代服务业龙头基地 [N].中华工商时报，2005-7-13（9）.

[43] 潘鲁生.设计产业与城市发展 [J].深圳大学学报，2010（2）.

[44] 祁述裕，刘琳.文化与科技融合引领文化产业发展 [J].国家行政学院学报，2011（6）.

[45] 钱中文.文化全球化的展望和思考 [J].民族艺术研究，2002（3）.

[46] 曲少杰.广州"三旧"改造中历史文化保护与利用研究 [J].城市观察，2011（2）.

[47] 沈明欢."智慧城市"助力我国城市发展模式转型 [J].城市观察，2010（3）.

[48] 宋革新.解读中国现代商业杂志 [J].出版发行研究，2005（3）.

[49] 孙九霞.旅游：世界文化遗产保护与发展的多赢平台 [J].旅游学刊，2012（6）.

[50] 唐铮.首钢搬迁长达20年的博弈 [N].北京日报.2005-7-4（11）.

[51] 田川流.论艺术品与艺术商品的价值 [J].山东师范大学学报，2012（6）.

[52] 王传涛.故宫游客世界第一，服务也该争第一 [N].工人日报，2013-12-11（3）.

[53] 王吉鹏.仅靠政策红利难以释放文化产业活力 [N].中国企业报，2013-12-10（G02）.

[54] 王林生.创意经济视角下景观影像的三大特征 [J].中华文化论坛，2014（1）.

[55] 魏潾.关于经济软环境的基本理论研究 [J].学术交流，2004（09）.

[56] 闻科.推进文化与科技融合，开创文化科技工作新局面 [J].艺术百家，2011（1）.

[57] 武睿琦.中关村五年之变 [N].中国信息报，2014年07月29日008版.

[58] 徐日丹.北京：侵犯知识产权犯罪呈六特点 [N].检察日报，2013-4-20（1）.

[59] 许建.体验经济时代下体验旅游产品开发策略 [J].资源开发与市场，2010（01）.

[60] 薛强，赵静.文化科技融合视阈下科技中介机构的功能分析 [J].新疆大学学报，2013（3）.

[61] 杨淦.北京期待"文化航母"——北京文化创意产业发展策论 [N].北京日报，2010-3-22（18）.

[62] 杨浩鹏，白炜.打破民间资本进入文化产业的"玻璃门" [N].中国文化报，2012-7-20（5）.

[63] 叶南客.当代文化经济一体化的生成动因与实现途径 [J].江海学刊，2004（4）.

[64] 叶薇.创意设计助推上海产业转型 [N].新民晚报，2013-8-27(A3).

[65] 于华鹏."文广合并"深化6成地市完成 [N].经济观察报，2013-01-28(4).

[66] 于文萍，海棠.老字号文化价值剖析 [J].前沿，2012（1）.

[67] 余柏椿."人气场"：城市风貌特色评价参量 [J].规划师，2007（8）.

[68] 袁俊萍.我国文化娱乐业的现状及出路 [J].重庆工商大学学报，2003（3）.

[69] 袁平，王伍，谷博学.未来北京CBD应充分发挥服务业的主导作用 [N].中国税务报，2011-12-7（8）.

［70］张东林.北京前门将重现古都盛世繁华［N］.中国建设报，2003-2-12（1）.

［71］张世标.商业街发展模式探索［J］.现代商业，2013（2）.

［72］张树武.科技与文化：融合发展的机制与模式［N］.光明日报，2013-8-19（13）.

［73］赵弘.知识经济背景下的总部经济形成与发展［J］.科学学研究，2009（1）.

［74］赵宁宇，杨紫苏等.中国演艺经纪公司调研报告［J］.当代电影，2012（5）.

［75］赵鹏飞.北京两会求解"城市病"［N］.人民日报（海外版），2014-1-21（5）.

［76］赵珊.北京推出高端文化旅游产品［N］.人民日报（海外版），2012-6-2（7）.

［77］赵小芸.旅游产业的特殊性与旅游产业链的基本形态研究［J］.上海经济研究，2010（6）.

［78］赵玉海.以高新技术促进文化发展［N］.中国文化报，2012-1-10（7）.

［79］周宇.转型时期基于消费文化视角的创意产业空间再生产研究［J］.现代城市研究，2013（11）.

［80］周振华.产业融合：产业发展及经济增长的新动力［J］.中国工业经济，2003（4）.

［81］朱峰.科技创新与文化创新双轮驱动的路径［J］.前线，2011（11）.

网站类

［1］TechCrunch 中国：http：//techcrunch.com.

［2］柏林 - 勃兰登堡统计局网站：https：//www.statistik-berlin-brandenburg.de.

［3］柏林旅游局网站：www.convention.visitberlin.de.

［4］北京市国有文化资产监督管理办公室：http：//www.bjwzb.gov.cn.

［5］大巴黎城建与政治研究所网站：http：//www.iau-idf.fr.

［6］大伦敦政府官网：www.london.gov.uk.

［7］东京都官网：http：//www.metro.tokyo.jp.

［8］竞技网：http：//www.campaignasia.com.

［9］兰德公司官网：http：//www.rand.org.

［10］联合国贸发会官网：http：//www.unctad.org.

［11］美国对外关系委员会网站：www.cfr.org.

［12］纽约市经济发展局网站：http：//www.nycedc.com.

［13］世界经济论坛官网：http：//www.weforum.org

［14］首都之窗：http：//www.beijing.gov.cn/.

［15］新加坡文化社区与青年部网站：www.mccy.gov.sg.

［16］游戏邦网站：http：//gamerboom.com/.

［17］中国国际贸易促进委员会：http：//www.ccpit.org/.

此外，还查阅了北京、上海、天津、南京、西安等省市的统计局网站。因网站数量众多，不再一一列出，特此说明。

后　记

　　本书是 2013 年立项的北京市宣统筹课题"首都文化科技商务旅游一体化融合发展战略研究"的最终成果。本书的目的是想在全球化语境中或者说在跨领域间的融合发展大背景下研究首都北京的相关领域的融合发展问题。

　　随着城市现代化的持续进程乃至全球化的不断发展以及所带来的跨区域跨领域的流动，不同领域之间、不同产业之间的融合发展进程进一步加快，融合发展的问题也成为了国内外理论和实践的重要课题。融合发展既是近几十年来兴起的理论问题，更是当代社会经济和文化科技发展中的实践性问题。自从 20 世纪 80 年代以来，全球产业结构呈现出一种重要的转变，即从工业型经济向服务型经济、从物质性生产向非物质性生产的转变。在这个转变中，融合发展在产业转型中发挥着极为重要的作用。本书的研究表明，这种挑战是全方位的。既然融合发展是一个全球化和地方化的过程，那么，融合发展也就既是一个全球化的问题，同时也是一个地方化的问题。在这个全球化的语境中，中国当代的发展既是一个不断现代化的过程，同时在某种意义上也是一个全球化的问题，毫无疑问也是一个地方化的问题，现代化、全球化和地方化的问题同时并存。因此，对于首都北京的文化与科技、商务和旅游的融合发展问题的研究，就必须具有一种国际融合发展的理论和实践视野，也必须具有一种融合发展的中国视野，必须在这个视野中紧密结合北京文化与相关领域融合发展的实际来聚焦北京文化与科技商务旅游融合发展的问题，这是本书的基本思路。

　　本书在国内外融合发展的实践和理论语境中探讨北京的文化与科技商务旅游的融合发展问题，在课题调研和研究中碰到的问题和难题比预想的要大得多，融合的方式、融合的模式、融合的机制、融合的形态都极为复杂，有时难以理清楚。这也是本书经过了几年的时间才得以完成的缘故。在课题研究过程中，课题组既做了大量的调研，也举办了多次学术研讨会。本课题的研究得益于许多专家提供的宝贵学识和智慧。清华大学熊澄宇、赵萌、李季教授，北京大学张颐武、陈少峰教授，中国人民大学金元浦教授，北京师范大学朱红文、刘勇教授，中国传媒大学范周、阎玉刚教授，首都师范大学邱运华教授，北京邮电大学王文宏教授，中央财经大学魏鹏举、何群教授，北京交通大学皇甫晓涛教授，中国艺术研究院王列生、刘藩教授，北京科技研究院张京成教授，首都经贸大学王晖教授，等等。这里仅列举部分专家学者，他们都在本课题的研讨会上就相关问题做了主旨发言，对本课题相关的问题提供了重要的学术参考和思想启迪。本院和本所的相关学者对本课题的研究给予了多方面的支持，尤其是文化研究所的同仁们给予了重要的支持，除了参加课题组的调研外，积极组织和参加本课题的每一次研讨会，特别是本研究所的研究员沈望舒先生，多次参加学术研讨会并做多次研讨主持。在此，对所有提到的和没有提到的曾经支持和鼓励本研究的专家学者们表示衷心的感谢。

本研究的课题组成员主要有李建盛研究员、陈镭助理研究员、王林生副研究员、晏晨助理研究员、黄仲山副研究员。陈镭、王林生、晏晨、黄仲山分别在不同的高等院校和研究院所获得博士学位后，来到北京社会科学院跟随我从事博士后研究，并且他们的博士后研究报告都是我给的关于北京文化研究方面的"命题作文"，不知他们是否欣然接受，但我知道他们都狠下功夫，因此，在博士后在站期间他们都实现了很好的学术研究转型。如今，他们均已成为文化研究所的研究人员和重要科研力量。在本课题研究过程中，他们都做了大量的工作，尤其是陈镭、王林生全程参与本课题的申报、课题调研、课题撰写和统稿校稿工作。

全书各章节的撰稿分工情况如下：

李建盛：整体框架、基本思路和章节设置；撰写第一章和后记；陈镭：第二、四章；张洪玲：第三章；晏晨：第五章；王林生：第六、七、八、九、十、十一章；第十二章为课题组集体撰写。全书由李建盛定稿。

无论是融合发展的理论问题还是融合发展的实践问题都非常复杂，书中对国内外融合发展的理论与实践研究以及对首都文化与科技商务旅游的融合发展研究，都只是初步的，有许多的理论问题和实践问题都需要做进一步的更加深入、更加系统、更全面的分析、研究和探讨。如果本书能够为融合理论和实践的发展，尤其是能够为北京城市的相关领域的融合发展提供一些理论和实践的前沿视野，能够对进一步深入研究有所启发，对推动相关领域的融合发展有所助益，本书的目的也就达到了。

最后，非常感谢知识产权出版社和赵军先生以及责任编辑认真负责的工作。

李建盛

2016 年 9 月